本书为 2018 年度最高人民检察院检察理论研究课题一般课题"我国新时代检察官职业伦理研究"（GJ2018C06）阶段性研究成果

深圳学派建设丛书

（第五辑）

司法官职业伦理研究

廖大刚　著

A Study of the Professional

Ethics of Judiciary

中国社会科学出版社

图书在版编目（CIP）数据

司法官职业伦理研究/廖大刚著. —北京：中国社会科学出版社，
2018.5

（深圳学派建设丛书. 第五辑）

ISBN 978 - 7 - 5203 - 2447 - 2

Ⅰ. ①司…　Ⅱ. ①廖…　Ⅲ. ①法官—职业道德—研究—中国

Ⅳ. ①D926.17

中国版本图书馆 CIP 数据核字（2018）第 091080 号

出 版 人	赵剑英	
责任编辑	马　明	
特约编辑	李溪鹏	
责任校对	任晓晓	
责任印制	王　超	

出　　版	中国社会科学出版社	
社　　址	北京鼓楼西大街甲 158 号	
邮　　编	100720	
网　　址	http://www.csspw.cn	
发 行 部	010 - 84083685	
门 市 部	010 - 84029450	
经　　销	新华书店及其他书店	

印　　刷	北京明恒达印务有限公司	
装　　订	廊坊市广阳区广增装订厂	
版　　次	2018 年 5 月第 1 版	
印　　次	2018 年 5 月第 1 次印刷	

开　　本	710×1000　1/16	
印　　张	14.25	
插　　页	2	
字　　数	212 千字	
定　　价	59.00 元	

凡购买中国社会科学出版社图书,如有质量问题请与本社营销中心联系调换
电话:010 - 84083683

总序：学派的魅力

*王京生**

学派的星空

在世界学术思想史上，曾经出现过浩如繁星的学派，它们的光芒都不同程度地照亮人类思想的天空，像米利都学派、弗莱堡学派、法兰克福学派等，其人格精神、道德风范一直为后世所景仰，其学识与思想一直成为后人引以为据的经典。就中国学术史而言，不断崛起的学派连绵而成群山之势，并标志着不同时代的思想所能达到的高度。自晚明至晚清，是中国学术尤为昌盛的时代，而正是在这个时代，学派性的存在也尤为活跃，像陆王学派、吴学、皖学、扬州学派等。但是，学派辈出的时期还应该首推古希腊和春秋战国时期，古希腊出现的主要学派就有米利都学派、毕达哥拉斯学派、埃利亚学派、犬儒学派；而儒家学派、黄老学派、法家学派、墨家学派、稷下学派等，则是春秋战国时期学派鼎盛的表现，百家之中几乎每家就是一个学派。

综观世界学术思想史，学派一般都具有如下特征：

其一，有核心的代表人物，以及围绕着这些核心人物所形成的特定时空的学术思想群体。德国 19 世纪著名的历史学家兰克既是影响深远的兰克学派的创立者，也是该学派的精神领袖，他在柏林大学长期任教期间培养了大量的杰出学者，形成了声势浩大的学术势力，兰克本人也一度被尊为欧洲史学界的泰斗。

其二，拥有近似的学术精神与信仰，在此基础上形成某种特定的学术风气。清代的吴学、皖学、扬学等乾嘉诸派学术，以考据为治学方

法，继承古文经学的训诂方法而加以条理发明，用于古籍整理和语言文字研究，以客观求证、科学求真为旨归，这一学术风气也因此成为清代朴学最为基本的精神特征。

其三，由学术精神衍生出相应的学术方法，给人们提供了观照世界的新的视野和新的认知可能。产生于20世纪60年代、代表着一种新型文化研究范式的英国伯明翰学派，对当代文化、边缘文化、青年亚文化的关注，尤其是对影视、广告、报刊等大众文化的有力分析，对意识形态、阶级、种族、性别等关键词的深入阐释，无不为我们认识瞬息万变的世界提供了丰富的分析手段与观照角度。

其四，由上述三点所产生的经典理论文献，体现其核心主张的著作是一个学派所必需的构成因素。作为精神分析学派的创始人，弗洛伊德所写的《梦的解析》等，不仅成为精神分析理论的经典著作，而且影响广泛并波及人文社科研究的众多领域。

其五，学派一般都有一定的依托空间，或是某个地域，或是像大学这样的研究机构，甚至是有着自身学术传统的家族。

学派的历史呈现出交替嬗变的特征，形成了自身发展规律：

其一，学派出现往往暗合了一定时代的历史语境及其"要求"，其学术思想主张因而也具有非常明显的时代性特征。一旦历史条件发生变化，学派的内部分化甚至衰落将不可避免，尽管其思想遗产的影响还会存在相当长的时间。

其二，学派出现与不同学术群体的争论、抗衡及其所形成的思想张力紧密相关，它们之间的"势力"此消彼长，共同勾勒出人类思想史波澜壮阔的画面。某一学派在某一历史时段"得势"，完全可能在另一历史时段"失势"。各领风骚若干年，既是学派本身的宿命，也是人类思想史发展的"大幸"：只有新的学派不断涌现，人类思想才会不断获得更为丰富、多元的发展。

其三，某一学派的形成，其思想主张都不是空穴来风，而有其内在理路。例如，宋明时期陆王心学的出现是对程朱理学的反动，但其思想来源却正是前者；清代乾嘉学派主张朴学，是为了反对陆王心学的空疏无物，但二者之间也建立了内在关联。古希腊思想作为欧洲思想发展的源头，使后来西方思想史的演进，几乎都可看作是对它的解释与演绎，"西方哲学史都是对柏拉图思想的演绎"的极端说法，却也说出了部分的真实。

其四，强调内在理路，并不意味着对学派出现的外部条件重要性的否定；恰恰相反，外部条件有时对于学派的出现是至关重要的。政治的开明、社会经济的发展、科学技术的进步、交通的发达、移民的会聚等，都是促成学派产生的重要因素。名震一时的扬州学派，就直接得益于富甲一方的扬州经济与悠久而发达的文化传统。综观中国学派出现最多的明清时期，无论是程朱理学、陆王心学，还是清代的吴学、皖学、扬州学派、浙东学派，无一例外都是地处江南（尤其是江浙地区）经济、文化、交通异常发达之地，这构成了学术流派得以出现的外部环境。

学派有大小之分，一些大学派又分为许多派别。学派影响越大分支也就越多，使得派中有派，形成一个学派内部、学派之间相互切磋与抗衡的学术群落，这可以说是纷纭繁复的学派现象的一个基本特点。尽管学派有大小之分，但在人类文明进程中发挥的作用却各不相同，有积极作用，也有消极作用。如，法国百科全书派破除中世纪以来的宗教迷信和教会黑暗势力的统治，成为启蒙主义的前沿阵地与坚强堡垒；罗马俱乐部提出的"增长的极限""零增长"等理论，对后来的可持续发展、协调发展、绿色发展等理论与实践，以及联合国通过的一些决议，都产生了积极影响；而德国人文地理学家弗里德里希·拉采尔所创立的人类地理学理论，宣称国家为了生存必须不断扩充地域、争夺生存空间，后来为法西斯主义所利用，起了相当大的消极作用。

学派的出现与繁荣，预示着一个国家进入思想活跃的文化大发展时期。被司马迁盛赞为"盛处士之游，壮学者之居"的稷下学宫，之所以能成为著名的稷下学派之诞生地、战国时期百家争鸣的主要场所与最负盛名的文化中心，重要原因就是众多学术流派都活跃在稷门之下，各自的理论背景和学术主张尽管各有不同，却相映成趣，从而造就了稷下学派思想多元化的格局。这种"百氏争鸣、九流并列、各尊所闻、各行所知"的包容、宽松、自由的学术气氛，不仅推动了社会文化的进步，而且也引发了后世学者争论不休的话题，中国古代思想在这里得到了极大发展，迎来了中国思想文化史上的黄金时代。而从秦朝的"焚书坑儒"到汉代的"独尊儒术"，百家争鸣局面便不复存在，思想禁锢必然导致学派衰落，国家文化发展也必将受到极大的制约与影响。

深圳的追求

在中国打破思想的禁锢和改革开放 30 多年这样的历史背景下，随着中国经济的高速发展以及在国际上的和平崛起，中华民族伟大复兴的中国梦正在进行。文化是立国之根本，伟大的复兴需要伟大的文化。树立高度的文化自觉，促进文化大发展大繁荣，加快建设文化强国，中华文化的伟大复兴梦想正在逐步实现。可以预期的是，中国的学术文化走向进一步繁荣的过程中，具有中国特色的学派也将出现在世界学术文化的舞台上。

从 20 世纪 70 年代末真理标准问题的大讨论，到人生观、文化观的大讨论，再到 90 年代以来的人文精神大讨论，以及近年来各种思潮的争论，凡此种种新思想、新文化，已然展现出这个时代在百家争鸣中的思想解放历程。在与日俱新的文化转型中，探索与矫正的交替进行和反复推进，使学风日盛、文化昌明，在很多学科领域都出现了彼此论争和公开对话，促成着各有特色的学术阵营的形成与发展。

一个文化强国的崛起离不开学术文化建设，一座高品位文化城市的打造同样也离不开学术文化发展。学术文化是一座城市最内在的精神生活，是城市智慧的积淀，是城市理性发展的向导，是文化创造力的基础和源泉。学术是不是昌明和发达，决定了城市的定位、影响力和辐射力，甚至决定了城市的发展走向和后劲。城市因文化而有内涵，文化因学术而有品位，学术文化已成为现代城市智慧、思想和精神高度的标志和"灯塔"。

凡工商发达之处，必文化兴盛之地。深圳作为我国改革开放的"窗口"和"排头兵"，是一个商业极为发达、市场化程度很高的城市，移民社会特征突出、创新包容氛围浓厚、民主平等思想活跃、信息交流的"桥头堡"地位明显，是具有形成学派可能性的地区之一。在创造工业化、城市化、现代化发展奇迹的同时，深圳也创造了文化跨越式发展的奇迹。文化的发展既引领着深圳的改革开放和现代化进程，激励着特区建设者艰苦创业，也丰富了广大市民的生活，提升了城市品位。

如果说之前的城市文化还处于自发性的积累期，那么进入新世纪以来，深圳文化发展则日益进入文化自觉的新阶段：创新文化发展理念，实施"文化立市"战略，推动"文化强市"建设，提升文化软实力，争当全国文化改革发展"领头羊"。自 2003 年以来，深圳文化发展亮点纷呈、硕果累累：荣获联合国教科文组织"设计之都""全球全民阅读典范城市"称号，原创大型合唱交响乐《人文颂》在联合国教科文组织巴黎总部成功演出，被国际知识界评为"杰出的发展中的知识城市"，三次荣获"全国文明城市"称号，四次被评为"全国文化体制改革先进地区"，"深圳十大观念"影响全国，《走向复兴》《我们的信念》《中国之梦》《迎风飘扬的旗》《命运》等精品走向全国，深圳读书月、市民文化大讲堂、关爱行动、创意十二月等品牌引导市民追求真善美，图书馆之城、钢琴之城、设计之都等"两城一都"高品位文化城市正成为现实。

城市的最终意义在于文化。在特区发展中，"文化"的地位正发生着巨大而悄然的变化。这种变化首先还不在于大批文化设施的兴建、各类文化活动的开展与文化消费市场的繁荣，而在于整个城市文化地理和文化态度的改变，城市发展思路由"经济深圳"向"文化深圳"转变。这一切都源于文化自觉意识的逐渐苏醒与复活。文化自觉意味着文化上的成熟，未来深圳的发展，将因文化自觉意识的强化而获得新的发展路径与可能。

与国内外一些城市比起来，历史文化底蕴不够深厚、文化生态不够完善等仍是深圳文化发展中的弱点，特别是学术文化的滞后。近年来，深圳在学术文化上的反思与追求，从另一个层面构成了文化自觉的逻辑起点与外在表征。显然，文化自觉是学术反思的扩展与深化，从学术反思到文化自觉，再到文化自信、自强，无疑是文化主体意识不断深化乃至确立的过程。大到一个国家和小到一座城市的文化发展皆是如此。

从世界范围看，伦敦、巴黎、纽约等先进城市不仅云集大师级的学术人才，而且有活跃的学术机构、富有影响的学术成果和浓烈的学术氛围，正是学术文化的繁盛才使它们成为世界性文化中心。可以说，学术文化发达与否，是国际化城市不可或缺的指标，并将最终决定一个城市在全球化浪潮中的文化地位。城市发展必须在学术文化层面有所积累和突破，否则就缺少根基，缺少理念层面的影响，缺少自我反省的能力，就不会有强大的辐射力，即使有一定的辐射力，其影响也只是停留于表面。强大的学术文化，将最终确立一种文化类型的主导地位和城市的文化声誉。

近年来，深圳在实施"文化立市"战略、建设"文化强市"过程中鲜明提出：大力倡导和建设创新型、智慧型、力量型城市主流文化，并将其作为城市精神的主轴以及未来文化发展的明确导向和基本定位。其中，智慧型城市文化就是以追求知识和理性为旨归，人文气息浓郁，学术文化繁荣，智慧产出能力较强，学习型、知识型城市建设成效卓著。深圳要建成有国际影响力的智慧之城，提高文化软实力，学术文化建设是其最坚硬的内核。

经过30多年的积累，深圳学术文化建设初具气象，一批重要学科确立，大批学术成果问世，众多学科带头人涌现。在中国特色社会主义理论、经济特区研究、港澳台经济、文化发展、城市化等研究领域产生了一定影响；学术文化氛围已然形成，在国内较早创办以城市命名的"深圳学术年会"，举办了"世界知识城市峰会"等一系列理论研讨会。尤其是《深圳十大观念》等著作的出版，更是对城市人文精神的高度总结和提升，彰显和深化了深圳学术文化和理论创新的价值意义。

而"深圳学派"的鲜明提出，更是寄托了深圳学人的学术理想和学术追求。1996年最早提出"深圳学派"的构想；2010年《深圳市委市政府关于全面提升文化软实力的意见》将"推动'深圳学派'建设"载入官方文件；2012年《关于深入实施文化立市战略建设文化强市的决定》明确提出"积极打造'深圳学派'"；2013年出台实施《"深圳学派"建设推进方案》。一个开风气之先、引领思想潮流的"深圳学派"正在酝酿、构建之中，学术文化的春天正向这座城市走来。

"深圳学派"概念的提出，是中华文化伟大复兴和深圳高质量发展的重要组成部分。竖起这面旗帜，目的是激励深圳学人为自己的学术梦想而努力，昭示这座城市尊重学人、尊重学术创作的成果、尊重所有的文化创意。这是深圳30多年发展文化自觉和文化自信的表现，更是深圳文化流动的结果。因为只有各种文化充分流动碰撞，形成争鸣局面，才能形成丰富的思想土壤，为"深圳学派"的形成创造条件。

深圳学派的宗旨

构建"深圳学派"，表明深圳不甘于成为一般性城市，也不甘于仅在世俗文化层面上造点影响，而是要面向未来中华文明复兴的伟大理想，提升对中国文化转型的理论阐释能力。"深圳学派"从名称上看，是地域性的，体现城市个性和地缘特征；从内涵上看，是问题性的，反映深圳在前沿探索中遇到的主要问题；从来源上看，"深圳学派"没有明确的师承关系，易形成兼容并蓄、开放择优的学术风格。因而，"深圳学派"建设的宗旨是"全球视野，民族立场，时代精神，深圳表达"。它浓缩了深圳学术文化建设的时空定位，反映了对学界自身经纬坐标的全面审视和深入理解，体现了城市学术文化建设的总体要求和基本特色。

一是"全球视野"：反映了文化流动、文化选择的内在要求，体现了深圳学术文化的开放、流动、包容特色。它强调要树立世界眼光，尊重学术文化发展内在规律，贯彻学术文化转型、流动与选择辩证统一的内在要求，坚持"走出去"与"请进来"相结合，推动深圳与国内外先进学术文化不断交流、碰撞、融合，保持旺盛活力，构建开放、包容、创新的深圳学术文化。

文化的生命力在于流动，任何兴旺发达的城市和地区一定是流动文化最活跃、最激烈碰撞的地区，而没有流动文化或流动文化很少光顾的地区，一定是落后的地区。文化的流动不断催生着文化的分解和融合，推动着文化新旧形式的转换。在文化探索过程中，唯一需要坚持的就是敞开眼界、兼容并蓄、海纳百川，尊重不同文化的存在和发展，推动多元文化的融合发展。中国近现代史的经验反复证明，闭关锁国的文化是窒息的文化，对外开放的文化才是充满生机活力的文化。学术文化也是如此，只有体现"全球视野"，才能融入全球思想和话语体系。因此，"深圳学派"的研究对象不是局限于一国、一城、一地，而是在全球化背景下，密切关注国际学术前沿问题，并把中国尤其是深圳的改革发展置于人类社会变革和文化变迁的大背景下加以研究，具有宽广的国际视野和鲜明的民族特色，体现开放性甚至是国际化特色，也融合跨学科的交叉和开放。

二是"民族立场"：反映了深圳学术文化的代表性，体现了深圳在国家战略中的重要地位。它强调要从国家和民族未来发展的战略出发，树立深圳维护国家和民族文化主权的高度责任感、使命感、紧迫感。加快发展和繁荣学术文化，尽快使深圳在学术文化领域跻身全球先进城市行列，早日占领学术文化制高点，推动国家民族文化昌盛，助力中华民族早日实现伟大复兴。

任何一个大国的崛起，不仅伴随经济的强盛，而且伴随文化的昌盛。文化昌盛的一个核心就是学术思想的精彩绽放。学术的制高点，是民族尊严的标杆，是国家文化主权的脊梁；只有占领学术制高点，才能有效抵抗文化霸权。当前，中国的和平崛起已成为世界的最热门话题之一，中国已经成为世界第二大经济体，发展速度为世界刮目相看。但我们必须清醒地看到，在学术上，我们还远未进入世界前列，特别是还没有实现与第二大经济体相称的世界文化强国的地位。这样的学术境地不禁使我们扪心自问，如果思想学术得不到世界仰慕，中华民族何以实现伟大复兴？在这个意义上，深圳和全国其他地方一样，学术都是短板，与经济社会发展不相匹配。而深圳作为排头兵，肩负了为国家、为民族文化发展探路的光荣使命，尤感责任重大。深圳的学术立场不能仅限于一隅，而应站在全国、全民族的高度。

三是"时代精神"：反映了深圳学术文化的基本品格，体现了深圳学术发展的主要优势。它强调要发扬深圳一贯的"敢为天下先"的精神，突出创新性，强化学术攻关意识，按照解放思想、实事求是、求真务实、开拓创新的总要求，着眼人类发展重大前沿问题，特别是重大战略问题、复杂问题、疑难问题，着力创造学术文化新成果，以新思想、新观点、新理论、新方法、新体系引领时代学术文化思潮。

党的十八大提出了完整的社会主义核心价值观，这是当今中国时代精神的最权威、最凝练表达，是中华民族走向复兴的兴国之魂，是中国梦的核心和鲜明底色，也应该成为"深圳学派"进行研究和探索的价值准则和奋斗方向。其所熔铸的中华民族生生不息的家国情怀，无数仁人志士为之奋斗的伟大目标和每个中国人对幸福生活的向往，是"深圳学派"的思想之源和动力之源。

创新，是时代精神的集中表现，也是深圳这座先锋城市的第一标志。深圳的文化创新包含了观念创新，利用移民城市的优势，激发思想的力量，产生了一批引领时代发展的深圳观念；手段创新，通过技术手段创新文化发展模式，形成了"文化＋科技""文化＋金融""文化＋旅游""文化＋创意"等新型文化业态；内容创新，以"内容为王"提升文化产品和服务的价值，诞生了华强文化科技、腾讯、华侨城等一大批具有强大生命力的文化企业，形成了读书月等一大批文化品牌；制度创新，充分发挥市场的作用，不断创新体制机制，激发全社会的文化创造活力，从根本上提升城市文化的竞争力。"深圳学派"建设也应体现出强烈的时代精神，在学术课题、学术群体、学术资源、学术机制、学术环境方面迸发出崇尚创新、提倡包容、敢于担当的活力。"深圳学派"需要阐述和回答的是中国改革发展的现实问题，要为改革开放的伟大实践立论、立言，对时代发展作出富有特色的理论阐述。它以弘扬和表达时代精神为己任，以理论创新为基本追求，有着明确的文化理念和价值追求，不局限于某一学科领域的考据和论证，而要充分发挥深圳创新文化的客观优势，多视角、多维度、全方位地研究改革发展中的现实问题。

四是"深圳表达"：反映了深圳学术文化的个性和原创性，体现了深圳使命的文化担当。它强调关注现实需要和问题，立足深圳实际，着眼思想解放、提倡学术争鸣，注重学术个性、鼓励学术原创，不追求完美、不避讳瑕疵，敢于并善于用深圳视角研究重大前沿问题，用深圳话语表达原创性学术思想，用深圳体系发表个性化学术理论，构建具有深圳风格和气派的学术文化。

称为"学派"就必然有自己的个性、原创性，成一家之言，勇于创新、大胆超越，切忌人云亦云、没有反响。一般来说，学派的诞生都伴随着论争，在论争中学派的观点才能凸显出来，才能划出自己的阵营和边际，形成独此一家、与众不同的影响。"深圳学派"依托的是改革开放前沿，有着得天独厚的文化环境和文化氛围，因此不是一般地标新立异，也不会跟在别人后面，重复别人的研究课题和学术话语，而是要以改革创新实践中的现实问题研究作为理论创新的立足点，作出特色鲜明的理论表述，发出与众不同的声音，充分展现特区学者的理论勇气和思想活力。当然，"深圳学派"要把深圳的物质文明、精神文明和制度文明作为重要的研究对象，但不等于言必深圳，只囿于深圳的格局。思想无禁区、学术无边界，"深圳学派"应以开放心态面对所有学人，严谨执着，放胆争鸣，穷通真理。

狭义的"深圳学派"属于学术派别，当然要以学术研究为重要内容；而广义的"深圳学派"可看成"文化派别"，体现深圳作为改革开放前沿阵地的地域文化特色，因此除了学术研究，还包含文学、美术、音乐、设计创意等各种流派。从这个意义上说，"深圳学派"尊重所有的学术创作成果，尊重所有的文化创意，不仅是哲学社会科学，还包括自然科学、文学艺术等。

"寄言燕雀莫相啅，自有云霄万里高。"学术文化是文化的核心，决定着文化的质量、厚度和发言权。我们坚信，在建设文化强国、实现文化复兴的进程中，植根于中华文明深厚沃土、立足于特区改革开放伟大实践、融汇于时代潮流的"深圳学派"，一定能早日结出硕果，绽放出盎然生机！

序 一

孙 谦[*]

《孟子·离娄上》曰，"徒法不能以自行。"防治司法腐败，保障司法公正，司法官具有关键性作用。司法官职业伦理则对规范司法官职业行为，具有最为紧密的联系和实际的效用。研究我国当代司法官职业伦理的改革发展，既要认清世界发展大势，顺应时代潮流，借鉴和吸纳西方两大法系国家中为我国所认可的法治发展的普遍规律，重点是具有较强相似性的大陆法系国家的成功经验及司法制度，又要具有鲜明的现实性，具备实践智慧，将实践落地为认识来源并作为目的，不断探索属于中国自身的发展模式和道路，清醒地认识到作为外部环境和条件的中国特色社会主义司法制度及法治体系，进而逐步凝聚我国新时代司法官职业伦理发展模式的共识，树立发展道路自信，戮力前行而行稳致远，从而更加有利于促进司法公正，坚守维护社会公平正义的最后一道防线。

廖大刚博士《司法官职业伦理研究》这本专著，是我国首部对司法官职业伦理问题进行全面系统理论研究的力作。我对司法官职业伦理问题十分感兴趣，进行过较长时间的思考，因此，在他的研究过程中，提出了许多意见和建议。我认为，职业伦理是对司法人员职业要求的底线，是必需的、基本的行为标准；同时，在精神层面，职业伦理更深刻的是职业理念、人文精神。我希望这一专著，能够在新时代政治清明、反腐倡廉的主旋律下，在如火如荼、不断向深水区推进的司法体制改革背景下，对司法官职业伦理的理论探讨有所创新，能够运用新的研究方法，形成有价值的研究成果，能

---

* 孙谦，最高人民检察院副检察长，二级大检察官，法学博士，教授、博士生导师。

够针对司法实践中根本性、基础性、现实性问题，提出具有一定指导性、操作性、符合实际的理论回答及解决方案。我欣喜地看到，廖大刚博士为此做出了积极的努力与可贵的尝试。

该书创新之处主要体现在两个方面：首先，该书在研究方法上具有一定程度的创新。表现为两点：一是采取"中国道路"的比较分析范式。在司法官职业伦理研究中，如何看待西方两大法系国家和我国当代司法官职业伦理之间的关系？"中国道路"的比较范式提供了较好的解答。在这一分析范式中，司法制度及法治没有唯一模式，它既具有普遍性，又具有发展特殊性。我国的司法制度类型及法治发展模式在最大公约数意义上与西方两大法系国家具有普遍性，同时又丰富了作为特殊性模式的多样性。据此，在我国当代司法改革实践及法治建设进程中，司法官职业伦理的改革创新，就是要在普遍性与特殊性相结合的司法制度框架及法治背景下，明确我国当代司法官职业角色定位，从而不断推进我国新时代司法官职业伦理模式的发展实践。二是运用"社科法学"的研究方法。司法官职业伦理问题，不仅涉及司法制度及法治等法律问题，还涉及司法官职业角色定位及功能、职业伦理观、职业伦理规范及职业伦理惩戒制度等伦理问题，因此，不局限于"规范法学"，采取"社科法学"的研究方法，也就是在社会伦理学视野下，从角色伦理角度出发研究司法官职业伦理，这一跨学科研究方法的运用显然会更加深入地推进对司法官职业伦理问题的研究。尤为重要的，在这本专著里，伦理学的研究方法，还对应着"法治"与"德治"的范畴。司法官职业伦理的伦理学视野与进路，区别于"规范法学"，可以归之于"德治"的国家治理方式。"法治"与"德治"两者作为国家治理体系和治理方式的重要组成部分，"法治"辅之以"德治"，"德治"对"法治"予以充分肯定和做出强有力的支持。"德治"的发展，更加有利于促进作为治国理政基本方式的"法治"的实现，更加有利于推动我国国家治理体系和治理能力的现代化。因此，表现为"德治"的伦理学研究方法无疑是推动司法官职业伦理问题研究的重要维度。

其次，该书形成了具有一定价值的研究成果。表现为两点：一是借鉴司法制度类型理论建构新的理论框架。司法制度类型理论将司法与国家权力之间的关系、司法与政府职能的关系两种研究视角结合起来观察司法制度的全景。基于这一理论，将我国当代司法官职业作为整体，不再局限于检察官或者法官职业角色的单独研究，才具有了可行性。同时，它也为司法官职业角色及职业伦理设定了理论分析的场域。总体来看，司法官职业伦理理论框架的建构，为我国理论界开展此类研究做出了有益的探索。二是聚焦司法官职业伦理模式的核心内容，也即是司法官职业的责任与独立之间的关系，在我国具体为司法官承担主体责任与发挥主体性之间的"张力"关系。从发展来看，全面依法治国、厉行法治，在深入推进司法体制改革及全面落实司法责任制过程中，必然要求更加尊重司法规律及司法特性，注重发挥司法官职业的主体性。

廖大刚是我在吉林大学指导的博士，他充分汲取了吉林大学"求实创新、励志图强"的精神，无论是在理论研究还是为人处世上都能够做到求真务实，拼搏奋进。他从最初确定研究司法官职业伦理问题到现在专著即将付梓，全身心投入了数年时间。正是他的勤于钻研，锲而不舍，才凝集而成现在具有一定开创性的学术专著，我为此感到非常欣慰！当然，该书还存在不足之处，比如理论深度需要进一步挖掘，在行文措辞上还需要进一步推敲，这些都需要他接下来更加严谨、更加扎实、更加努力！

我希望他不忘初心，奋发有为，在新时代的事业征程上取得更大的成绩；也希望他这本专著起到抛砖引玉的作用，进一步推动理论界和实务界关注司法官职业伦理问题的探讨、研究，共同为这一领域的学术繁荣和我国司法官职业伦理的实务落地而砥砺奋进！

2018 年 3 月 20 日

序　二

吴振兴[*]

　　作者希望我为他的著作作序，考虑到这一研究领域我乃外行，起初未敢允诺。然有感于其再三恳请，我只好勉为其难。

　　廖大刚博士是我们吉林大学法学院刑法专业的学生，我原来又是吉林大学法学院的刑法老师，在他写作的几年里，曾经多次听取我的修改意见和建议。在这个过程中，我对这一研究课题也多少有所了解，因此，不揣冒昧，谈几点个人看法，似无不可。在我看来，这本专著至少有如下三个特征：

　　首先，这本专著填补了司法官职业伦理研究领域的学术空白。在这本专著之前，我国学术界单独研究检察官职业伦理、法官职业伦理的论著时而有之，但是从来没有一本专著以作为两者整体的司法官职业伦理为研究对象。开展这一研究，是有很大难度的。如果说"司法官"概念和含义可以预先予以界定的话，那么，如何从我国政治体制及司法制度角度论证"司法官"存在的合法性、合理性，进而提出概念化的司法官职业伦理，这就需要找到一套具有体系性的理论框架作为支撑。作者在这本专著中借鉴达玛什卡的"司法类型学"的理论，结合我国当代司法制度体系，明确我国司法官职业角色定位，提出了属于我国的司法官职业伦理模式并进行展望。显而易见，作者这一学术成果开拓了新的研究疆域，理应予以高度评价。

　　其次，这本专著的跨学科研究殊为不易。现有研究检察官、法官职业伦理的论著，绝大部分是从法学自身出发，个别虽然有伦理

---

* 吴振兴，原吉林大学法学院副院长，刑法专业博士生导师组组长，教授、博士生导师。

学者加入，但也多浅尝辄止。研究这一课题，需要融合法学、伦理学、社会学及政治学等领域的知识，开展跨学科研究，需要极大的理论勇气。作者从社会伦理学的角色伦理角度出发，在伦理关系中认识作为社会职业角色的司法官，进而提出司法官角色必须符合的社会职业伦理期待及行为规范的体系性伦理要求。毫无疑问，这本专著在理论深度上推进了司法官职业伦理的研究，应予肯定和鼓励。

再次，这本专著的研究框架极为清晰平实。作者在构建这本专著的研究框架时，将基础理论放在前面，西方两大法系国家的司法官职业伦理模式、我国司法官职业伦理模式紧随其后，最后通过全面比较展望新时代我国司法官职业伦理模式的发展实践。这一结构在内容上比较顺畅，也避免了论述上的交叉和重复，有一定的合理性。我认为，阐述新的学术问题，进行理论创新，研究框架一定要清晰明朗，平实不平淡，易于分析理解。这本专著，在占有大量研究资料的基础上，全面充实和极大完善了这一研究框架。不容否认，他的努力富有成效，研究水平达到了新的高度，值得充分肯定。

目前，廖大刚博士这本专著已经顺利通过各界专家评审，获得深圳市宣传文化事业发展专项基金的资助，即将付梓，在此特别予以祝贺。他的勤奋好学精神，我比较欣赏。虽然他多年来一直从事实务工作，但是他始终坚持进行学术研究，笔耕不辍，这没有一定毅力和发自内心的追求是难以做到的。现在来看，这本专著，无论对于推动司法官职业伦理领域的理论研究，还是促进司法官职业伦理在实务上的落实，都具有重要的现实意义。希望廖大刚博士继续发扬这种勤于学习、乐于钻研的精神，明辨笃行，学以致用，在未来工作中做出更大的业绩。

是为序。

2018 年 3 月 20 日

目　录

绪　论

一　研究背景和目的

　　腐败是一个大问题也是一个真问题，十八大以来，反腐败斗争已经呈现压倒性态势，尽管如此，新时代夺取压倒性胜利还有大量工作需要推进。对于司法官及司法机关如何才能惩治腐败及防止自身腐败成为一个重大课题。我国对于腐败问题的认识和解决之道从总体上也适用于司法领域。习近平总书记对于腐败问题做出很多重要论述，如"人民群众最痛恨腐败现象，腐败是我们党面临的最大威胁"[①]。"腐败是社会毒瘤。如果任凭腐败问题愈演愈烈，最终必然亡党亡国。"[②] "要加强对权力运行的制约和监督，把权力关进制度的笼子里，形成不敢腐的惩戒机制、不能腐的防范机制、不易腐的保障机制。各级领导干部都要牢记，任何人都没有法律之外的绝对权力，任何人行使权力都必须为人民服务、对人民负责并自觉接受人民监督。"[③] 等等。如何解读习近平总书记的一系列论述，学术界和实务界的认识大体一致：首先是腐败的严重性，我国反腐败不仅具有极其重要的地位，而且已经到了不反不行的程度。其次是反

[①]　《中共十九大开幕，习近平代表十八届中央委员会作报告（直播全文）》，2017年10月24日，中国网（http：//www. china. com. cn/cppcc/2017－10/18/content_ 41752 399. htm）。

[②]　《回顾：习近平总书记在中央纪委历次全会上的重要讲话》，2016年4月17日，新华网（http：// news. xinhuanet. com/politics/ 2016－01/12/c_ 128620810. htm）。

[③]　《习近平在十八届中央纪委二次全会上发表重要讲话》，2016年4月17日，新华网（http：//news. xinhuanet. com/politics/2013－01/22/c_ 114461056. htm）。

腐败工作的途径,反腐败应该围绕"公权力"的制约和监督进行。有学者在《光明日报》刊文进行深入解读,即"于国、于党、于民而言,党风廉政建设和反腐败都将是一场输不起的斗争。我们只有以规范权力的行使为治本之策,以'零容忍'的态度来严惩腐败,并促进反腐败社会共识的形成,才能早日赢得反腐败斗争的胜利"①。如何对"公权力"进行制约和监督以规范权力运行?笔者赞同运用法律和道德两种手段共同推进对"公权力"的制约。王岐山同志对此有专门的论述:"我们这么大一个国家、13亿人,不可能仅仅靠法律来治理,需要法律和道德共同发挥作用。法律法规再健全、体系再完备,最终还要靠人来执行。领导干部一旦在德上出问题,必然导致纲纪松弛、法令不行。……中华传统文化中蕴含着深厚的治国理政、管权治吏思想,有丰富的礼法相依、崇德重礼、正心修身的历史智慧。"② 对于道德作为规范"公权力"手段作用的讨论,由于存在削弱法治理论影响力的可能,很多学者都是避而不谈。笔者认为,首先,对于道德手段作用的认识应当以法治和德治两者关系的清晰认知作为前提,唯有如此,才能给予道德手段的正当性。已故著名伦理学家罗国杰先生曾在《德治新论》一书中对正确理解法治和德治的关系做了非常经典的阐释,笔者认为可资借鉴。罗国杰先生指出:"第一,德治不但不是对法治的否定和削弱,而且是对法治的进一步肯定和强有力的支持。……第二,德治不是超越法治,而是在社会主义法治国家框架内施行德治。……第三,德治不是针对法治提出的另一个新的治国方略,而是对依法治国方略在道德上的重要补充,以使人们更加注重道德的作用,更加重视法律和道德的相辅相成、不可或缺的关系。"他强调,"德治"是在肯定"法治"重要基础上的"德治",新型的社会主义"德治"观强调"以德治国",绝不是也绝不能夸大道德功能,把道德说成是"万能"的,而只是使它与"法治"并行不悖,共同秩序社会,促

---

① 《光明日报:反腐败是一场输不起的斗争》,2016 年 4 月 17 日,人民网(http://theory.people.com.cn/n/2015/0822/c40531 – 27500700.html)。

② 《王岐山在中央纪委四次全会上发表讲话(全文)》,2016 年 4 月 17 日,中新网(http://www.chinanews.com/gn/2014/10 – 25/6716945.shtml)。

进社会发展。① 其次，道德作为规范"公权力"的手段，对于法律手段具有支持和促进作用。道德手段同法治手段一样都是规范公权力的基本手段。道德手段不仅不会削弱，还是法律手段的补充，避而不谈并不能否认道德手段的重要性，反而为后来研究者和实践者提供了一片可供开垦的处女地。

司法领域的腐败与反腐败，是我国腐败与反腐败工作的重要组成部分。司法作为社会公平正义的最后一道防线，公平正义是整个司法工作的灵魂。"徒法不足以自行"，司法权由司法官行使，司法官对于司法公正具有关键作用。司法官职业伦理建设，作为规范司法官职业行为，防治司法官职业腐败的一项重要手段，既是司法制度改革的一部分，又能促进司法体制改革，不仅对于治理司法腐败，促进司法公正，而且对于解决社会腐败，乃至促进社会公正，都具有积极意义。从道德功能角度研究司法官职业伦理建设，是当前学界研究较为缺乏的领域，笔者认为对这一领域进行探索将促进司法体制改革和法治建设，对于规范司法权行使及防治司法腐败必将发挥具体而切实的作用。

综上来看，我国腐败与反腐败的环境，司法腐败与规范司法权的司法改革，从道德出发研究及规范司法官权力的现状等，都是笔者开展研究的背景因素。

本书研究的目的，从道德作为手段的角度着手，以社会伦理学角色伦理的视角，研究西方大陆法系和英美法系国家（以下简称两大法系国家）司法官职业伦理，遵循法治和司法规律，对司法官及其司法权的行使进行规范，找寻到一条适合我国新时代司法官职业伦理发展进路。对于两大法系国家司法官职业伦理的研究，不仅是一个探寻司法官职业伦理普遍性和特殊性规律的过程，也是借鉴和探索一种适合我国新时代司法官职业伦理模式的过程，这一过程，需要对本国司法制度及法治背景下是否存在接纳移植和保障发挥实际效用的先决条件进行高度审慎的考察，同时，基于考察结果的司法改革和实践，将极大程度避免由于仓促和鲁莽的司法制度移植所

---

① 葛晨虹：《罗国杰德治理论及其新德性主义伦理学》，《道德与文明》2015年第4期，第5页。转引自罗国杰等《德治新论》，研究出版社2002年版，第5页。

导致的不良后果和无谓成本。落地而言，我国当代司法官职业伦理的改革创新，应该是学习和借鉴两大法系国家与我国当代司法官职业伦理具有普遍性的内容，即以"责任和独立"作为司法官职业伦理的核心，重点是大陆法系国家"司法责任型"司法官职业伦理模式。新时代，深入推进司法体制改革及全面落实司法责任制，在立场上要立足司法官的"司法责任"担当，在发展上要强调发挥具有相对"独立"意味的主体性。此处，需要重点关注、充分认识到我国司法官职业伦理的特殊性，即中国共产党对司法机关的领导以及党纪对司法官职业伦理的主导和引领作用。

二   研究现状

笔者主要选择三组词语作为"篇名"内容，即"司法官职业伦理"与"司法官惩戒"，"检察官职业伦理"与"检察官惩戒"，"法官职业伦理"与"法官惩戒"，在国家数字图书馆、中国期刊网、Google 学术上进行检索，①并进行了初步统计和归纳，具体如下：

第一，以"司法官职业伦理"与"司法官惩戒"为篇名，搜索到相关论文 6 篇，无相关专著，其中有代表性的文章 2 篇。

（1）《法国有一套严格的司法官惩戒程序》，作者施鹏鹏、谢鹏程，发表于 2015 年 1 月 20 日的《检察日报》第 3 版。该文主要研究了法国的司法官惩戒程序。

（2）《再析司法官惩戒》，作者陈文兴，发表于 2007 年第 2 期《中国检察官》，该文认为司法官惩戒制度对保证司法官队伍的廉洁公正，推动司法官职业意识的养成，促进司法公正起着重要作用，应予以高度重视并加以深入研究。同时，还对我国司法官惩戒提出了四点建议，一是惩戒事由法定化、规范化；二是切实发挥惩戒制度监督和规范司法官行为的作用；三是建立统一的司法官惩戒机

---

① 最后访问日期：2017 年 3 月 7 日。

构；四是完善惩戒程序；惩戒手段应与职业特点相适应。

第二，以"检察官职业伦理"与"检察官惩戒"为篇名，搜索到相关论文60余篇，无相关专著，其中有代表性的文章4篇。

（1）张志铭教授两篇论文，第一篇是其与徐媛媛合作撰写的《对我国检察官职业伦理的初步认识》，发表于2013年第5期《国家检察官学院学报》。该文对我国的检察官职业伦理与国际规定进行比较，评析了我国检察官职业伦理的特色。另一篇是其与于浩合作撰写的《国际检察官职业伦理评析》，发表于2014年第1期《国家检察官学院学报》。该文主要对联合国《检察官角色指引》和国际检察官联合会《检察官专业责任守则和主要职责及权利的声明》两份文件进行研究，对检察官职业伦理的主要内容在法律义务和道德义务上做出类型化分析。在此基础上，该文指出检察官职业伦理与检察官个人伦理、法官职业伦理以及律师职业伦理等存在的差异，抽象出检察官职业伦理以修善为指向，以修独、修睦为基本的内容结构。

（2）山东大学王永的博士学位论文《我国检察官职业伦理规范研究》，成文于2012年4月。该文对西方国家、亚太国家及地区以及国际性和区域性检察官职业伦理规范分类进行研究，深入探讨了如何完善我国检察官职业伦理规范以推进法治发展。

（3）《责任与独立：检察官纪律惩戒的双重维度》，作者邓辉、谢小剑，发表于2010年第5期《环球法律评论》。该文比较研究了大陆法系检察官惩戒程序，提出"制度设计必须寻求通过惩戒实现检察权责任与相对独立之间的平衡。检察官纪律惩戒程序改革应强化惩戒主体的独立性，实现专业自治，体现社会参与，并使程序公正"。

第三，以"法官职业伦理"与"法官惩戒"为篇名，搜索到相关论文130余篇，专著5本。其中有代表性的文章5篇，丛书1套（4本），专著1本。

（1）《论法官的角色伦理》，作者曹刚，发表于2004年第5期《伦理学研究》。该文提出了角色伦理的理论视角，将法官视为一个角色集加以探讨。

（2）《法官惩戒制度的司法评价——兼论我国法官惩戒制度的完善》，作者蒋银华，发表于 2015 年第 3 期《政治与法律》。该文主要对法官惩戒事由进行比较研究，分别分析了英美两国和德法两国的惩戒事由，提出我国司法惩戒事由应该建立"错案追究"与"不适当行为"共同构成的二元机制。

（3）《法官职业伦理的法治功能》，作者王淑荣，发表于 2011 年第 12 期《社会科学战线》。该文从法治视野来看待法官职业伦理的作用和功能，强调要维护法律的公正，法律人的职业伦理水平是关键要素，故法官职业伦理的理论研究在法治建设过程中的地位不可忽视。

（4）《中外法官职业伦理比较》，作者李军、陈淑萍，发表于 2013 年第 3 期的《内蒙古民族大学学报》（社会科学版）。该文认为世界各国法官所需要遵守的职业伦理有自己的特色，并列举了美、英、德等国职业规范对法官的伦理要求，通过比较，指出我国法官职业伦理存在着司法行政体制不分、职业化程度不高的问题，笔者据此提出了针对性完善措施。

（5）吉林大学唐瑛的硕士学位论文《法官职业伦理研究》，成文于 2008 年 3 月。该文指出处于社会转型期的中国，法官的职业伦理对于法官队伍建设的重要性。作者认为在现代法治社会中，构建规制法官职业行为与日常行为的职业伦理体系，需要植根于中国国情、中国文化与世界法律文化。

（6）法官行为与职业伦理丛书，该丛书由怀效锋主编，2006 年由法律出版社出版，包括 4 本论文集，分别是《法官行为与职业伦理》《司法惩戒与保障》《法院与媒体》和《法院与法官》。其中论文集《法官行为与职业伦理》，将域外法律专家就法官的行为与法官的职业道德、行为规范问题的论述集结成册。论文集《司法惩戒与保障》，将域外法律专家对法官行为惩戒的论述及法律依据集结成册。该丛书作为研究国外法官职业伦理的第一手资料，具有极为重要的价值。

（7）专著《法官惩戒制度比较研究》，作者全亮，2011 年由法律出版社出版。该书对法官惩戒制度得以生成的基本理念和赖以运作的基本原理进行了较为系统的论述，对美、德、法、日四国法官惩戒制度及其运作进行了全方位的介绍与评述。在此基础上，作者对中国法官惩戒制度的现状进行了较为系统的观察和剖析，指出了制约中国法官惩戒制度运作实效的诸种掣肘，力图给中国法官惩戒制度的改革提供一种有益的思路，而不仅仅是生硬的措施。

在对 Google 学术进行检索时，笔者将上述三组词语按照其英语、法语和德语对应词汇进行检索，发现国外研究往往是将司法官职业伦理（检察官或者法官）作为一个专题，与司法作用放在一起综合考虑，并且通常是围绕"司法独立与司法责任"的关系范畴展开。

在上述三组词语之外，笔者还检索了"检察官制度""检察官职业道德""法官制度""法官职业道德"等词语，对搜集来的文章进行阅读和归纳后，笔者发现其研究范畴和深度并没有超出前述论著研究范围，因此，此处就不再重复论述了。

对于司法官职业伦理（包括司法官惩戒），我国学者做出了积极的探索和思考。首先，学者们对域外国家间、区域间和两大法系国家的司法官职业伦理存在一定程度的认识，包括共性与个性两个方面。共性方面尤其体现在伦理价值层面，司法官职业伦理往往具有相通性。个性方面认识到由于政府权力基本结构、司法制度不同导致司法官职业伦理的差异；同时司法官职能定位、职权范围也衍生对应的职业伦理。其次，对我国司法官职业伦理存在的问题有着较为清晰的认识。如我国法官职业伦理存在着司法行政体制不分、职业化程度不高以及惩戒主体、事由和程序需要进一步完善的问题等。再次，推进司法官职业伦理的完善和发展，不仅要学习和移植域外司法官职业伦理，还要立足国情和司法现状。

然而，学者们的研究仍然存在不足之处，表现在如下方面：

第一，系统研究我国司法官职业伦理主题的论著较少、关注度仍然不够。从研究内容看，研究司法官职业伦理，主要是单独研究检察官、法官职业伦理，将检察官、法官作为整体研究较少。从发表刊物来看，在国内知名社会科学、法学刊物上发表的司法官职业伦理相关内容的文章较少。再从研究学者来看，国内法学研究者、伦理学者研究司法官职业伦理也是较少的。

第二，学者极少采取跨学科方法研究司法官职业伦理。司法官职业伦理的研究，涉及伦理观、伦理规范等问题，使用伦理学的观点和方法进行研究是比较好的途径。目前来看，国内只有极少数几位伦理学者对这一主题进行研究，寥寥几篇文章。绝大部分法学研究者对司法官职业伦理的研究，基本是站在"法律之内谈法律"，视角和方法过于单一；学习和移植两大法系国家的司法官职业伦理，也基本上停留在现象层面，缺乏关于司法官职业伦理存在的正当性和价值的论证，出现"自说自话"或者"自以为有理"的现象。

第三，关于司法官职业伦理的研究内容存在广度、深度上的不足。前述归纳中，很明显可以看出以下三个方面问题，一是在分析司法官职业伦理内容时，司法官职业伦理的研究路径、司法制度类型及法治背景等没有论及，司法官职业伦理的研究没了载体和依托，似乎成为"无本之木""空中楼阁"的问题。二是有"司法官职业伦理的差异来自于政治制度等"的观点，却没有各国政治制度、基本政治框架的研究以及政治制度如何影响着司法官职业伦理的论证。三是在进行司法官职业伦理规范比较时，往往只是对两大法系国家的司法官职业伦理规范进行简单的罗列，忽视了司法官职业伦理存在着内在发展路径上的差异，而这种差异来自于两大法系国家司法制度类型化，研究中必须论及这方面的内容。

三　研究思路与理论前提

本书研究缘起，就是为了规范司法权行使，防治司法腐败，而要想做到这些，司法官职业是关键。具体的切入点和目的，就是将道德作为手段，通过司法官职业伦理比较，借鉴和探索一条符合我国背景的司法职业伦理发展路径。为了达到这一研究目的，笔者的研究思路，就是要以社会伦理学角色伦理为视角，深入剖析和借鉴两大法系国家司法制度类型下司法官职业角色及司法官职业伦理模式，提出适合我国司法官职业伦理改革发展的基本路径、策略及展望。

笔者选择这一思路，主要是以社会伦理学角色伦理的理论作为基础，运用司法制度类型理论构建司法官职业活动的场域，并以刑事司法为例进行分析，从而具体界定司法官职业伦理的概念及构建分析框架。

首先，司法官职业伦理的基础理论，也就是社会伦理学及角色伦理的理论。它对于研究司法官职业伦理具有重要的方法论意义。笔者主要参考和借鉴了中国人民大学宋希仁教授及河北师范大学伦理学研究所田秀云教授的观点。角色伦理，它是作为职业伦理的上位概念而存在。它是社会根据角色的身份地位形成的权责关系提出的应然之责、道德规范和伦理行为模式。① 应然之责，是社会成员对处于伦理关系之中的社会角色符合伦理秩序的普遍性的诉求，是社会成员对社会角色的伦理期待和伦理原则。道德（伦理）规范，是社会角色作为处于社会关系体系定位中的具体人，必须符合的一套行为规定。伦理行为模式则是社会角色蕴含着伦理原则和伦理规范的社会实践活动。基于角色伦理的理论并加以借鉴，对于笔者研究司法官作为社会职业角色的伦理要求，就会有较为清晰的分析框架。

由此继续推导，必须为职业伦理设定范围和具体对象，这是司法制度类型理论解决的问题。当代比较法学家达玛什卡司法制度类型理论提供了一套极具解释力的理论框架。司法官职业角色及其职业伦理模式应由所处的司法制度类型所规定。司法官职业角色的实践活动总是处于司法制度类型中，作为指引和规范司法官职业角色实践的伦理要求也就被司法制度类型所决定。达玛什卡司法类型学的理论不仅对于两大法系国家，而且对于我国当代司法制度类型都具有极大的解释力。达玛什卡从政治和司法的关系角度提出其司法类型学，司法官职业角色与其所属的司法类型具有一致性。达玛什卡对司法类型的划分如下：

---

① 田秀云：《角色伦理的理论维度和实践基础》，《道德与文明》2012年第4期，第119页。

（1）在政府权力的组织形式上，提出了司法"科层官僚制"和"协作式"模式；在两种模式影响下，形成了两种法律程序，即"科层理想型程序"和"协作理想型程序"。

（2）从"政府功能"出发，分为"回应型国家"和"能动型国家"，两种国家类型影响下的法律程序被称为"纠纷解决型程序"和"政策实施型程序"。

在刑事司法领域，两大法系司法制度类型分为大陆法系的科层型权力组织的政策实施程序，英美法系的协作式权力组织的政策实施程序。因此，在两大法系的司法类型下，司法官职业伦理也应该具有不同的含义和伦理要求。在这里，笔者特别指出，在全球化视野里，认识我国司法制度及法治发展，绝不能将我国排除在司法制度及法治的普遍性之外，而是作为特殊性发展路径，与两大法系国家共处于普遍性的疆域内。这一思路，认可了司法制度类型理论对于中国的解释力，既是达玛什卡司法制度类型理论的暗示，也是这一理论在我国的新发展。

四　研究方法

法学研究大体有两种进路，一种是"规范法学"，另一种是"社科法学"。学者陈瑞华对这两种研究方法的特征进行了深入的解读，"规范法学"的共同特征就是"将研究对象定位为法律规范本身，尤其是那些成文化的'书本法律'；关注法律规范的建构和立法的完善，将构建良法美制作为研究的归宿；注重法律规范内部的逻辑演绎和规范分析，强调成文法体系结构的完整性；追求法律规范的有效实施，注重从立法完善的角度解决法律实践中的问题……"[1]；所谓"社科法学"，实际是一种将法学研究纳入社会科学研究轨道的学术尝试。社会科学是以人类社会和人类行为为研究对象的学科集群。按理说，每一种社会科学都有自己特有的研究方

---

[1]　陈瑞华：《法学研究方法的若干反思》，《中外法学》2015年第1期，第22页。

法，如社会学方法、人类学方法、经济学方法、政治学方法等。研究者运用这些方法所进行的法学研究，可形成一种新的法学研究方法，如法社会学、法人类学、法经济学、法律政治学等。这里所说的"社科法学"，既可以是上述任何一种特定的法学研究方法，也可以是将社会科学的一般经验运用到法学研究之中的方法。"社科法学"的出现，意味着法学研究者要借助于其他社会科学的成熟方法来对法律问题展开全新的研究，也意味着法学研究者不能满足于传统的"规范法学"方法，而应该将法学研究拉回到社会科学研究的主流轨道。①

目前，国内外对于司法官职业伦理的研究多为"规范法学"的研究进路，"社科法学"的研究进路相对较少。"规范法学"的研究进路，在研究初期，这种方法效果明显，不仅推动翻译了国外大量涉及司法官职业伦理的法律法规、行为指南，还翻译了一批国外学者专家、司法官员对这一主题的研究成果，这些工作为全面认识司法官职业伦理打下了基础。但是，当试图深入研究的时候，就会发现如果研究仅仅停留在法学领域，是很难获得创新性研究成果的。原因就在于，司法官职业伦理这一主题，不仅涉及政治制度及司法制度等法律问题，还大量涉及司法官职业角色定位及功能、职业伦理观、职业伦理规范及职业伦理惩戒制度等伦理问题，这就呼唤采取跨学科尤其是运用伦理学的理论探讨司法官职业伦理问题。

"社科法学"的研究进路，国内学者较少采用。在笔者看来，运用跨学科（伦理学）理论是深入研究司法官职业伦理最为重要的方法和途径，本书即采取这种研究方法。实际上，对司法官职业伦理的研究，从伦理学的视野出发，运用伦理学的具体研究方法展开，也存在一个定向的问题。这种定向，就是运用社会伦理学及角色伦理的方法研究法学问题。

第一，社会伦理学作为应用伦理学伦理范式的存在。20世纪下半叶在哲学伦理学领域，应用伦理学兴起。应用伦理所表达的伦理学范式指向社会伦理学。"应用伦理"的概念本身至少可以从三个

---

① 陈瑞华：《法学研究方法的若干反思》，《中外法学》2015年第1期，第23页。

维度来理解：其一是问题域的维度。"应用伦理"首先是由一系列生活实践所提出的问题域。它表达的是现代性社会分工及这种分化对传统伦理学提出的挑战，是伦理学本身问题域的转变。由于问题域维度的转变，就直接引起了伦理学本身内容与方法的变化。其二是与理论伦理学相对应的实践伦理学的维度。"应用伦理"的核心在于"应用"，而"应用"的主旨强调"实践"，是在实践中对既有理论、观念、规则的验证、辩驳、诘难，并通过这种验证、辩驳、诘难为理论伦理学的发展提供源头活水。其三伦理学研究方法、范式的维度。由于"应用伦理"的核心是"应用"或"实践"，因而，"应用伦理"除了其表达的内容特征以外，亦表达了一种伦理学理论研究方法及其范式特征，这就是不同于元伦理学的规范伦理学方法与范式。"应用伦理"的三个维度最终指向社会伦理。"应用伦理"的问题只有纳入社会伦理体系结构内才能得到更好的解释，同时，社会伦理在其具体领域的具体化任务正是基础理论向具体领域的应用。① 应用伦理学的兴起意味着社会伦理学的诞生。在此基础上，社会伦理学对于现实实践的分析，具体到司法官职业角色伦理，采取两个基本维度就是实践伦理学和规范伦理学的范式，在司法官职业伦理观、伦理规范及伦理惩戒制度上得到了具体应用。司法职业伦理观的内容不再是主观的，而是客观制度类型决定的观念，并且落实于具体道德原则的规定；伦理规范及伦理惩戒制度也落实于具体制度的客观运行，以他律的参与而非纯粹自律的形式存在。

第二，社会伦理学以其硕大的包容性，将道德和法律都纳入其中。社会控制的主要手段是道德和法律。法律是道德实在化、实证化的表现，道德为法律提供价值合理性的基础。社会伦理学的调控方式，不仅是道德的也是法律的，法律以其作为最低限度的道德纳入社会伦理。这里，对于司法官职业角色伦理的社会伦理调控，既包含了法律的又包含了道德的方式。

第三，社会伦理学视域下的角色伦理理论为社会职业角色伦理

① 宋希仁主编：《社会伦理学》，山西教育出版社 2007 年版，第 24—25 页。

的分析提供了理论基础。在社会伦理学的视域下，角色伦理作为社会伦理学重要的现实和实践应用。每个确定的、现实的、具体的人或组织都是特定的社会角色，都在社会关系之网中占有特定的位置，与现实社会有着特定的联系，并形成特定的伦理关系，由此也就具有了角色责任、职责和使命等社会伦理的规定性。[①] 这种社会规定性，就是作为一种社会角色，都要遵守与这种社会角色相对应的伦理原则和道德行为规范，按照与角色身份地位相符合的一套伦理行为模式行事，毫无特殊和例外，否则，就会被认为不称职或角色扮演不成功。[②] 角色伦理落实于司法官职业角色的伦理，依据角色伦理对于司法官职业角色的要求来分析其伦理结构和内容。

　　基于社会伦理学的研究进路，对于司法官职业伦理的理解，就是司法官作为社会职业角色的伦理，它的社会规定性，就是基于其在政治体制、司法制度中形成的司法官身份地位之权责定位，在实践其司法权责时，必须符合社会对司法官的伦理期待及行为规范的总体伦理要求。

　　在这里，还有必要区分社会伦理学的视野与国家治理的视野，以进一步明确选择社会伦理学作为研究方法的原因，同时也必须认识到站在国家整体性角度的重要性。国家治理的视野作为研究角度，这几年学术界研究较多，它与社会伦理学的视野存在很多交叉的地方。围绕"司法官职业伦理"的主题，两者的联系与区别如下：首先，两者联系。其一，两者拥有共同的角度和功能要求，也即是将司法官职业角色及其功能作为社会或者国家整体功能的一部分而存在，这种功能是整体视野下的功能，并且在功能要求上具有统一性。在我国，"社会"与"国家"的概念既有联系又有区分，但是两者的紧密程度是远远超越西方国家的。在西方国家属于社会的事情，在我国很多会由国家来完成，这种满满的"父爱主义"是基于中国革命的影响并作为传统延续下来。对于司法权及司法官职业而言，作为最为重要的国家公权力领域，理所当然，"社会"与

　　[①]　田秀云：《角色伦理的理论维度和实践基础》，《道德与文明》2012 年第 4 期，第 118 页。

　　[②]　同上书，第 119 页。

"国家"在功能上的要求具有统一性，这也决定了司法官角色的定位应该从功能性方面加以界定。其二，两者都以政治体制和司法制度作为研究的基本要素。观察司法官职业，国家治理的视野下必须以司法制度类型及法治作为前提，社会伦理学的视野下则是将其作为最为重要的条件。其次，两者区别。在这里，主要是两种视野的研究会导致不同的侧重点。在社会伦理学那里，社会伦理包括法律在内作为基本的调控方式对司法官职业发生作用；在国家治理的视野下，司法领域的问题必须基于传统的政法关系这一现实，这就决定了必须采取政治及法律的方法作为调控方式。

基于以上分析，从社会伦理学角色伦理的视野研究司法官职业伦理，不仅在于角度的新颖性和创新性，还在于从包括法律、道德在内的社会伦理的研究具有更为宏大的视野。在这一视野下，不仅国家治理中的政治和法律要素得到了认可，而且党的领导（党性）作为最为重要的政治要素进入社会伦理，并因其在我国当代司法官职业伦理形成过程中的特性而得以探讨。

第一章

司法官职业伦理的基础理论

司法官职业伦理的基本理论，主要包括两方面问题，一是理论视野问题。从社会伦理学角色伦理的角度，来看待职业伦理的概念、结构及研究路径。在此基础上，界定司法官职业伦理的概念将其作为职业伦理的具体化。二是文章框架问题。运用司法制度类型理论，建构了从司法制度的"理想类型"、司法官角色定位到司法官职业伦理模式的分析框架。

一 职业伦理的社会伦理学视野考察

（一）职业伦理的概念评析及界定

对职业伦理的概念进行界定，从社会伦理学出发具有非常重要的现实意义。作为学科的社会伦理学，它的基本概念、研究内容、范围及方法等构成的理论体系是其作为社会伦理学的独特标志和存在基础。[①] 社会伦理学的基本概念，首要就是明确"道德"与"伦理"概念的区别与联系，这是前提。在此基础上，再对"职业道德"与"职业伦理"的概念加以辨识。在笔者看来，"道德"与"伦理"概念，两者既可互换又存在差异。两者共同点主要表现为两个方面，一是两者都蕴含着价值目的，并以此作为标准或者体系

---

① 对于社会伦理学的认识，笔者主要借鉴了中国人民大学伦理学研究所宋希仁教授的观点及论述。参见宋希仁主编《社会伦理学》，山西教育出版社 2007 年版，第 1—11 页。

对人的行为或者活动进行评价；二是两者强制性都较弱，更加强调自律，其中"伦理"具有高于"道德"的强制性，要求更多的他律，但是总体而言，两者不同于法律强制性较强，依靠他律。两者差异性主要表现为在严格的理论思维和概念的逻辑分析中，"道德"是区别于"伦理"的，"道德"与个体，"伦理"与社会相联系，"个人道德"与"社会伦理"是相对的范畴。基于上述对于"伦理"与"道德"共同点和差异性的认识，笔者对于日常交流中将"伦理"与"道德"两个概念等同使用的做法表示认同，并且在进行文献考察和引用经典名言时，仍然使用已有的固定名称；但是，在笔者对职业伦理相关概念演绎和推导时，则会遵从两者之间的差别，予以区别对待。当前学术研究和实务工作中，出现"职业道德"和"职业伦理"同时使用的情况，是否有冲突呢？笔者认为，考虑到"职业道德"作为复合词组而非偏正词组，具有社会、公共的含义，当然也可使用。但是，在官方正式文件及学术研究中，仍然建议使用更为确切的"职业伦理"一词。社会伦理学的研究内容，它是以社会伦理关系为研究对象，以权利——义务关系为核心，以人的自由为目的，是关于社会和谐秩序及其实现条件的社会公正的理论。① 社会伦理的研究范围，它是以客观、社会的方法研究伦理道德现象的方法论范畴，而不是主观、个人的研究立场，关注的是社会的政治理想、价值目标及其程序的合理性，是社会结构、社会制度、社会关系的正当性与公正性，是自由权利的基本保障与社会资源的合理分配，是社会关系、行为的伦理性，等等。② 社会伦理的方法，也即是规范伦理学方法与范式，这一方法不同于元伦理学，具有直面现实、关注现实、引导现实的特征。

在社会伦理学的视野下，职业伦理作为职业角色的伦理，必须明确两个方面的关系，一是社会角色与角色伦理的关系；二是角色伦理与职业伦理的关系，这两方面的关系以逻辑推进的方式从整体上认识职业伦理。首先，社会角色是角色伦理的基础。认识社会伦

---

① 宋希仁主编：《社会伦理学》，山西教育出版社 2007 年版，第 1 页。
② 同上书，第 60 页。

理学下的角色伦理，对于社会角色的认识是前提。角色社会中的个体，都是作为社会角色存在。在通常功能的意义上，角色是社会结构体系中的纽带，是社会结构网络中的实体性存在。每个人以其在社会结构网络中的具体位置而获得其角色的具体规定性，这即意味着角色要求对于个人来说是先在的，它所表达的是普遍对于特殊的规定性要求，是结构对于要素的要求，是社会对于其成员的要求，它所追求的是社会系统结构的整体功能。① 以此类推，社会职业角色，作为共同体的存在，是社会结构对于职业的功能性要求，而不论由任何个体从事该职业。有角色就必然有角色规范，这是在角色实现其功能过程中的内在要求。角色伦理就是角色的规范。角色伦理应当被理解为角色的权利—义务的统一体，而不是被简单理解为角色的责任、义务。同时，由于角色是基于功能性规定，那么，角色伦理只有在社会结构体系中才能得到说明。因此，对于社会结构体系下的角色伦理，也即是作为核心的权利—义务关系的理解，必须基于角色本身的考虑。这一考虑在于，基于角色本身内在地包含着所有要完成的特定功能或任务，包含着为完成某一特定功能所必需的权力，包含着对功能完成状况的反馈性评价，这种反馈性评价的具体存在就是激励。如果我们能够将所要完成的功能理解为责任义务，将权力与激励表达的利益损益统一理解为权利的话，那么角色就应当是权利与义务的统一体。② 河北师范大学伦理学研究所的田秀云教授对于角色伦理有着较为深入的研究。她认为角色伦理是以社会学与伦理学的交叉为学理依据，以伦理学为视角，研究社会角色的权责关系、角色道德及其伦理行为模式的一种理论维度。③ 对于角色伦理实践的具体内容，她认为，"角色伦理是角色实践的新模式。……首先，角色伦理是一种以角色伦理定位和角色伦理期望为调控方式的伦理行为模式。……其次，角色伦理不仅主张角色

---

① 宋希仁主编：《社会伦理学》，山西教育出版社2007年版，第60页。
② ［美］麦金泰尔：《德性之后》，中国社会科学出版社1995年版，第155—156页。转引自宋希仁主编《社会伦理学》，山西教育出版社2007年版，第62页。
③ 田秀云：《角色伦理的理论维度和实践基础》，《道德与文明》2012年第4期，第117页。

权利和义务的统一，在社会角色应有权利得到保障的前提下，凸显社会角色的应然之责。它通过对社会角色的权利和应负责任的强化，在社会中倡导一种角色责任伦理，强调每一社会角色在承担特定角色规定的本然之责即本分的同时，还要承担起作为社会成员的'应然之责'即社会责任和道德义务。……最后，角色伦理是以与社会角色身份和地位相一致的道德行为规范规导角色行为的伦理行为模式"①。笔者认为田秀云教授关于角色伦理的观点值得借鉴的地方主要表现为两个方面，一是认可角色伦理内在的权利—义务相统一的关系，同时，明确将权利作为前提，凸显和倡导角色责任。二是认为角色伦理与社会角色紧密相连，并作为伦理模式而存在。在前述基础上，笔者认为，角色伦理是基于社会伦理的逻辑推导。在这一逻辑推导中，社会角色作为社会功能性存在，具有功能性定位，与这种社会角色功能定位对应的则是角色伦理规范。于是，角色功能性定位与角色伦理之间产生了紧密联系，角色伦理作为规范社会角色的行为模式而存在。其次，在本书中，笔者将职业伦理作为角色伦理的下位概念。在职业范围内，职业伦理与角色伦理具有重叠关系，从事某一职业也就是充当特定角色，职业伦理就是职业角色伦理。为了论述方便，下文将统称职业伦理。因此，职业伦理，可以认为是当职业作为社会角色的身份地位得以确定后，对应于社会职业的角色伦理。职业角色通常不仅代表角色本身，而且往往是多重角色的统一体。因此，基于职业角色的伦理规范，也是多个角色伦理规范的统一体。

从社会伦理学出发认识职业伦理，还需要对职业伦理的概念界定进行辨析。目前，主要有两种职业伦理概念界定，一种是我国比较常见的界定，这一界定立足于社会层面的需要，强调职业伦理对个人的规范性和约束性。如唐凯麟教授在《伦理学》中将职业伦理界定为"是在一定的职业活动中所应遵循的，具有自身职业特征的道德原则和行为规范的总和"②。另一种多见于西方学者的界定，立

---

① 田秀云：《角色伦理的理论维度和实践基础》，《道德与文明》2012年第4期，第119—120页。

② 唐凯麟：《伦理学》，高等教育出版社2001年版，第387页。

足于社会需要与从业者个人权利及义务的结合，注重职业伦理对于从业者的可接受性、内化与践行。如米勒（Miller）和科蒂（Coady）所提出的职业伦理的概念：职业道德是指信仰、价值观和原则，它们是指导个人在其工作环境中的实践，理解他们的工作权利、职责，并采取相应行动的方式。① 上述两种概念界定都具有合理性，两者既具有共性，也具有个性。共性表现为两者都认为职业伦理包含了道德原则和道德规范。在个性方面，前者以我国经济所处阶段、德治思想、集体主义等因素作为背景，强调职业伦理的道德义务；后者则以市场经济作为背景，在西方是以法治、市场经济、功利主义等因素作为背景，强调权利与义务的结合以及职业实践。总体来看，在我国当代社会主义市场经济背景下，职业伦理的概念本身是可以确定的，它完全可以成为两种概念的有机综合体，并且符合"社会伦理"所强调的规范、实践的范式。此外，华东师范大学张海辉博士曾经对"职业道德"的特征进行概括，他认为"职业道德本质上属于精神层面的一种意识；同时规范也是职业道德的重要内在要素，这样职业道德也具有了规范性；并且职业道德是一种实践的精神，职业道德具有实践性"②。他的这一论断强调了职业伦理的规范性和实践性，但是对于职业道德属于意识的认识，笔者认为有待商榷。

综上所述，笔者认为，从社会伦理学角色伦理的角度出发，结合现有职业伦理的概念界定的合理内容，可以对我国职业伦理的概念进行界定：它是在一定社会结构及制度下，以权利与义务关系统一为核心，凸显社会职业角色义务或者责任，对社会职业角色进行调整的职业伦理观、伦理规范及伦理惩戒制度，职业角色据此开展职业活动。理解这一概念，可以分为四个方面：首先，职业伦理是基于一定社会结构下对于社会职业角色定位的认知，

---

① 张海辉：《现代化视域下的当代中国职业道德研究》，博士学位论文，华东师范大学，2010 年，第 18 页。转引自 Miller P. F and Coady, W. T. Vocational Ethics: Toward the Development of An Enabling Work Ethic. Springfield: Illinois Department of Adult, Vocational and Technical Education, *ERIC Document Reproduction Service*, No. ED088 062, 1986。

② 张海辉：《现代化视域下的当代中国职业道德研究》，博士学位论文，华东师范大学，2010 年，第 25 页。

职业角色定位由其社会功能及在社会职业关系中的职业权利和义务得以规定。其次，职业伦理以社会职业角色权利与义务的统一为核心。在承认职业权利是职业角色存在前提的同时，必须凸显职业角色的职业义务。在这里，认可职业伦理的权利性，意味着职业角色对其职业伦理的内化及自律；强调职业角色的义务性，则意味着职业伦理对职业这一社会角色的外在性约束。再次，职业伦理是以社会职业角色定位和职业伦理期望调控方式的伦理行为模式。在这里，职业角色定位是从职业功能角度的定位，往往由多重角色统一的角色集构成；职业伦理期望具体是指职业伦理价值观及伦理规范。职业伦理观与道德原则、伦理规范与道德规范具有一致性。最后，职业伦理不仅作为伦理价值观及伦理规范的理论层面，还应该落实为职业伦理惩戒制度的实践活动。由此，职业伦理的实践性得到实现。

（二）职业伦理的结构及形式

对于职业伦理的结构，笔者认为，基于职业伦理的概念界定，可以从广义和狭义两方面分别加以说明，在广义上，职业伦理包括了职业角色的功能定位以及职业角色的伦理模式。狭义上，职业伦理仅指职业角色的伦理模式。本书采取广义的组成机构作为理论分析的依据。现分述如下：一是作为前提的职业角色功能定位。职业角色是职业伦理的主体基础和伦理关系的连接点。田秀云教授认为，"每个确定的人、现实的人、具体的人都是特定的社会角色，都在社会关系之网中占有特定的位置，与现实社会有着特定的联系，并形成特定的伦理关系，由此也就具有了角色责任、职责和使命等社会伦理的规定性"[①]。作为社会角色的职业只有确定了身份地位，才会形成与之相适应的职业伦理的规定性。二是职业角色的伦理模式，包含职业伦理观、职业伦理规范以及职业伦理惩戒制度等内容。职业伦理观及职业伦理规范为从业者提供了价值理念及行为准则，职业伦理惩戒制度则是从实践上为从业

---

① 田秀云：《角色伦理的理论维度和实践基础》，《道德与文明》2012年第4期，第118页。

者提供了对于违反职业伦理观及规范行为的结果反馈。这一组成构成，便于从理论到实践、从行为到结果全面认识职业伦理的概念及结构。

职业伦理的存在形式，最为常见的看法，它是"主要依靠传统习惯、社会舆论、自身的信念来维持的行为规范的总和"①。但是，这一看法是不确切的。在社会伦理学的视野下，职业角色内容不同，则存在形式不同。职业伦理是社会范围内的职业规范，存在形式既有依靠自律的行会式的职业规范，又包括依靠他律的由国家予以规定的法律规范。特别是在行使国家公权力的职业那里，职业规范主要表现为国家规定的法律规范，违反这一规范，将会受到来自社会及国家强制力的制裁。

（三）职业伦理的研究路径

职业伦理以社会伦理学视野下的角色伦理理论为研究路径。在社会伦理学的视野下，角色伦理作为社会伦理学重要的现实和实践应用。每个确定的、现实的、具体的人或组织都是特定的社会角色，都在社会关系之网中占有特定的位置，与现实社会有着特定的联系，并形成特定的伦理关系，由此也就具有了角色责任、职责和使命等社会伦理的规定性。② 这种社会规定性，就是作为一种社会角色，都要遵守与这种社会角色相对应的伦理原则和道德行为规范，按照与角色身份地位相符合的一套伦理行为模式行事，毫无特殊和例外，否则，就会被认为不称职或角色扮演不成功。③ 总而言之，在角色社会，在一定的社会结构和制度下，职业角色具有特定的地位及功能，形成了特定的伦理关系，获得了社会规定性，进而必须遵守其作为社会职业角色的伦理行为模式。

---

① 张海辉：《现代化视域下的当代中国职业道德研究》，博士学位论文，华东师范大学，2010 年，第 15 页。

② 田秀云：《角色伦理的理论维度和实践基础》，《道德与文明》2012 年第 4 期，第 118 页。

③ 同上书，第 119 页。

二　司法官职业伦理的概念阐释

（一）司法官职业伦理的相关概念评析

目前，学界虽然没有对司法官职业伦理的概念进行界定，但是对应内容是有的，就是检察官职业伦理和法官职业伦理的概念，现对两者分别进行辨析。

首先，对于检察官职业伦理的概念，研究者多从检察官职业伦理的形成因素进行界定。代表性观点如下：张志铭教授和徐媛媛讲师认为"国际社会关于检察官职业伦理已形成大致明确的共识，我国检察官职业伦理既有与之共通的规范，也有体现本国特色的内容。国家的政制架构和政党制度、检察官的角色定位和职权定位的不同，是造成差异的主要原因"。同时，"没能很好地将检察官职业伦理与检察官职业特性做针对性勾连，操作性不够强，是当下中国检察官职业伦理建设需要认真对待的问题"[1]。王永博士认为，"检察官职业伦理既明确了职业者应当怎样做和必须怎样做，否则就会受到相应伦理制度和规则的制裁，同时也要告诉职业者怎样做才能最好，但做不到最好并不会受到惩罚"[2]。同时，检察官职业伦理"有别于普通公务员，亦有别于法官和律师。探讨检察官职业伦理的前提是什么？肩负着'检察官'的名衔与职权，除了具备法律人共通之伦理准则外，还有哪些内在的专业伦理要求？若想回答这些问题都，就必须首先搞清楚检察官在法治国家中的职能定位和职权内容"[3]。王永博士还在考察域外检察官职业伦理规范后指出，一是政治制度、检察体制不同导致伦理规范的差异；二是检察职能定位、职权范围衍生对应的伦理规范内容。[4]

---

[1]　张志铭、徐媛媛：《对我国检察官职业伦理的初步认识》，《国家检察官学院学报》2013 年第 5 期，第 36 页。

[2]　王永：《我国检察官职业伦理规范研究》，博士学位论文，山东大学，2012 年，第 15 页。

[3]　同上书，第 31 页。

[4]　同上书，第 76—78 页。

　　其次，对于法官职业伦理的概念，研究者多从角色伦理及职业特性的角度进行界定。代表性的观点如下：曹刚教授认为，"法官是一个角色丛，包括了官员和司法者二重基本角色，所以，法官的角色伦理不只是对其作为一个职业者的规范，而是二重角色规范的综合体，它反映了社会对法官的综合道德评价"①。王淑荣教授认为，"法官职业的特殊性决定了法官职业伦理的特殊性。法官职业伦理是指法官在司法过程中形成的比较稳定的道德观念、行为规范，以及一种内心自律。它主要包括法官在司法过程中表现出来的价值观念和道德品质。根据现代司法活动的性质和要求，法官的职业伦理融合了基本的法律价值因素，如公平、正义、独立、忠诚等"②。

　　综上，对于以上检察官职业伦理和法官职业伦理的概念界定，笔者看来，既有其合理性，也存在不足。合理之处在于研究者的观点比较中肯，角度也较为新颖、有说服力。如对于检察官职业伦理形成因素的认识、从角色伦理及职业特性的角度认识法官职业伦理等。不足之处，在于研究者观点论证比较单薄，角色伦理的研究也没有深入下去。如检察官职业伦理的形成因素有"国家的政制架构和政党制度、检察官的角色定位和职权定位"的观点，这一观点存在两个问题，一是检察官职业伦理的研究不涉足伦理学，深度难免不够；二是"国家的政制架构和政党制度"作为重要因素，存在于政治制度的基本层次，具体到司法领域是否有依托？"检察官的角色定位和职权定位"在司法领域由什么决定？是否与司法制度有关？再如从角色伦理来看待法官角色集，这一观点也存在两个问题，一是法官划分为官员与司法者的二重基本角色，存在何种法律依据？"官员"是公务员吗？二是在我国，如果法官角色集中不包含党员角色，这样的法官角色集完整吗？法官角色伦理的研究是否有现实意义呢？显而易见，笔者深入研究司法官职业伦理问题，不仅要汲取现有理论研究的合理之处，还要对不足之处加以完善。尤其是，司法官职业伦理，作为一个既非检察官又非法官的职业伦理存在，具有自身独特属性，社会伦理学的角

---

① 曹刚：《论法官的角色伦理》，《伦理学研究》2004 年第 5 期，第 68 页。

② 王淑荣：《法官职业伦理的法治功能》，《社会科学战线》2011 年第 12 期，第 179 页。

色伦理理论的观照也就极为重要。

（二）司法官职业伦理概念的本书界定

对司法官职业伦理的概念加以界定，以对司法官职业角色的清晰认知为前提。认识司法官职业角色，主要包括两个方面内容，一是"司法官"及其相关概念的确定；二是司法官职业角色的含义。

第一，对与"司法官"概念相关的"司法权""司法机关"等概念进行界定。在我国，由于"司法官"及相关概念含义并没有形成一致认识，这就导致了在学术研究和司法制度移植过程中概念使用混乱的问题。笔者拟对与"司法官"相关的"司法权""司法机关"等概念予以界定，作为探讨司法官职业伦理问题的基础。"司法权"一词，参照我国现有司法制度框架，主要是指检察院的检察权和法院的审判权；① 这一界定也就意味着，"司法机关"主要指检察院和法院；

---

① 对于"司法权"及相关概念，笔者从两大法系国家与我国相对应的概念两个方面进行分析，在此基础上再提出自己的观点。第一，两大法系国家的"司法权"及"司法机关"等概念。首先，作为语义背景，"司法权"通常意味着"三权分立"，独立的司法权，并与行政权、立法权相互制约。其次，在两大法系国家，行使"司法权"的司法机关的外延并不一致。比如，在大陆法系国家，法国宪法第八章的"司法机关"规定，最高司法委员会依职务性质分为法官、检察官两个部门；德国基本法则明确规定将司法权力委托给法官行使，没有检察机关地位的规定，只是在德国法官法上规定检察官在任职条件上等同于法官，因此，一定意义上，在德国，狭义上只有法院是独立的司法机关，检察机关只是广义上、形式意义上的司法机关。在英美法系国家，英美的法院属于司法机关，检察机关则属于行政体系。综上可知，两大法系国家的法院属于司法机关，这是没有争议的，但在检察官及检察机关是否属于司法机关上则具有不同的规定，广义上看的话，大陆法系都将检察官及检察机关作为司法机关，英美法系则将其作为行政体系一部分。第二，在我国宪法中，并没有关于"司法权""司法机关"等相关概念的规定，为了比较方便，笔者需要加以说明。首先，界定的中国背景。我国宪法规定"一元多立"的政府基本权力结构，这是完全不同于两大法系国家的构成。在一元权力——人民代表大会下，分出立法权、行政权、审判权、检察权、军事权，其中立法权留给人民代表大会自己直接行使，而将行政权、审判权、检察权、军事权分别授予行政机关、审判机关、检察机关、军事机关行使，这些机关都由人民代表大会产生，向人民代表大会负责。这一背景，决定了我国"司法权""司法机关"具有不同于两大法系国家的含义。其次，我国宪法规定审判机关和检察机关的职能都是按照特定的程序执行特定法律，在行使权力时不受行政机关、社会团体和个人的干涉，这一规定类似于两大法系国家形式意义上的、区别于行政的司法活动。综上，为了更加全面深入比较，笔者在界定"司法权""司法机关"等概念时，将检察权和审判权作为"司法权"的具体权能，检察院和法院两者共同作为司法机关。

"司法官"主要指向执行检察权的检察官和执行审判权的法官。① 需要说明的是，在我国，公安、司法行政部门以及国家安全部门属于行政机关，监察委员会属于监察机关，但是它们都具有司法权能，考虑到方便比较的原因，本书除在探讨检察院和法院权能时必须涉及内容外，其它机关人员并不作为重点阐述。由于笔者的概念界定以及下文将设立的比较框架，与西方两大法系国家对于司法权、司法机关及司法官等概念和框架存在差异，因此，在笔者进行比较研究时，采取以我国现行司法实践中界定的概念及设定的比较框架为主要参照，并以内容上的对应为原则，而不追求完全的相符与一致。由于司法活动，又可分为刑事司法、民事司法、行政司法等领域，为了比较方便，本书主要在刑事司法领域开展研究。

第二，全面认识司法官职业的含义，主要从两个方面进行，一是认识司法权的功能、根本属性及其对司法官职业角色的伦理要求；二是司法官职业角色是多重角色的综合。

首先，司法权的功能、根本属性及其对司法官职业的要求。作为一种公权力，司法权主要有两个层面职能，一是权力监督制约功能。司法权在政府基本权力结构中处于基础层面，可以监督制约其他权力。二是司法裁判功能。司法权定分止争，具体应用法律处理案件，作为社会职能的一部分而存在。司法权这两个层面的功能，通过司法活动实现。一般认为，司法权的职能，决定了司法活动具有裁判性、中立性、终结性和被动性等根本属性。但是，笔者认为这几项属性纯粹以审判活动为标准，其中被动性指向法院"不告不理"，终结性指向法院的终局裁判。如果同时结合检察活动的话，被动性和终局性这两项属性明显不能作为司法根本属性。因此，基于"司法权"区别于行政权、立法权，包括检察权和审判权这一界定，司法活动的根本属性，也即是检察院和法院司法活动的根本属

---

① 关于我国司法官主要由法官和检察官构成的文章，代表性的有以下几篇：张建军发表在《国家检察官学院学报》2005 年第 5 期的《我国司法官遴选制度的建构》；姚建宗发表在《法制与社会发展（双月刊）》2002 年第 2 期的《国家统一司法考试与我国司法官遴选：基本认识与框架设计思路》；王守安发表在《当代法学》2014 年第 1 期的《司法官职务序列改革的体制突破与司法价值》等。

性确定为裁判性和中立性两项属性较为确切。① 为了保障司法活动裁判性和中立性的根本属性，对应转化为对司法官职业的责任性与独立性要求。在责任性方面，由于司法活动的裁判性要求查清事实，依法做出决定，这就必然对司法职业有责任性要求。概括起来，就是要"权责统一"，即职权与职责的统一。司法官职业角色，为了完成司法职能或者任务而被授予司法公权，对于其行使司法职权的行为，必须通过司法责任或者义务进行规范，以防范权力滥用导致司法腐败。在独立性方面，由于司法活动的中立性要求，对司法官职业的独立性保障也就成为理所当然的选择，无独立则无公正。独立作为司法官的权利保障，目的是为了保障司法官职业角色完成职能或者任务，不受不当干预。但是需要说明的是，独立不是放任，不是无限独立，独立要以责任为边界，防止适得其反的情况发生。因此，司法官职业角色，作为功能性规定，就是在责任与独立的统一中履行司法专门职能。实际上，责任与独立并不是总能保持一致，绝大部分情况下，两者甚至呈现出不相称，或者是责任多/独立少，或者是独立多/责任少，当出现这种情况，毫无疑问司法专门职能将很难得到发挥，追求两者的基本统一也就成为发展方向。

其次，司法官职业角色是一个角色集，表现为与司法官职业属性关联的多重角色。司法官职业角色处于社会网络中，规定于角色的权利与义务关系中。由于社会结构及制度差异，司法官职业具有

---

① 在对司法权性质进行辨析的基础上，笔者提出了检察院、法院司法权性质主要为"中立性和裁判性"的推断。这一推断是否与司法权是"判断权"和"裁判权"的界定存在冲突？最高人民法院院长周强于 2016 年 11 月 22 日在《人民日报》发表文章《党的各级组织和领导干部必须在宪法法律范围内活动》，文中引用了党的文件的论断："习近平总书记指出：'司法活动具有特殊的性质和规律，司法权是对案件事实和法律的判断权和裁决权。'这是我们党自成立以来首次对司法权的性质作出明确定位。"张文显教授于 2016 年 9 月 7 日《法制日报》上发表文章《司法责任制与司法民主制》，该文对司法权性质为"判断权"和"裁判权"的定位进行了解读，他指出，习近平总书记在通常的语境下是把司法作为包括侦查、检察、审判、执行等国家专门活动在内的一个概念来理解，因此，由于司法权与司法具有一致性，司法权性质定位必然涉及侦查机关、检察院、审判机关和执行机关在司法活动中共性的特征。显然，两者之间在涵盖的对象上并不一致，推断自然也不一样，但是两者并不矛盾。

不同的角色身份，有时候兼具公务员角色和司法官专门职业角色双重身份，有时候兼具律师和法官双重身份，有时候司法官职业还具有政治性的党员身份，等等。

在前述全面认识司法官职业角色基础上，结合前述职业伦理的概念界定，笔者拟对本书司法官职业伦理的概念做如下界定：它是以一定的司法制度为前提，在司法官职业角色责任与独立的统一追求中，对司法官职业角色进行调整的职业伦理观、伦理规范及伦理惩戒制度，司法官据此开展司法活动。对于这一概念的理解，主要分为四个方面：首先，在社会伦理学的视野下，客观的社会结构、政治制度及政党制度等，在司法领域体现为司法制度及其法治背景。司法制度的客观性决定了司法官职业角色及其职业伦理具有客观性。其次，从社会伦理学角色伦理的角度来看，司法制度对于司法官职业及其功能具有决定作用，司法活动的根本属性决定了对司法官职业的要求，即以司法职业责任与独立为核心的职业伦理。由于司法官行使的是司法公权，有别于社会一般职业角色，职业伦理的调节过程更多强调义务性的特征，其义务性程度比一般职业角色而言更高。具体说来，就是要围绕"权责统一"，强调司法职责，也即是要求司法官的职业责任或者义务得到遵守，以达到完成司法职能的目的，而又防范司法腐败的发生。同时，司法官对于独立性的要求也是与其他职业不能比拟的，具有独特性，唯有如此，才能够保证公正行使职权。再次，司法官职业与职业伦理具有最为紧密的联系。司法官职业的多重角色身份意味着司法官处于多重角色规范的规制下，多重角色规范的统一有机构成了作为综合体的职业伦理。最后，社会伦理学强调司法官职业伦理也应该是规范，注重实践的职业伦理。司法官职业与其伦理规范之间具有最紧密的联系。从规范层面来看，职业伦理观、伦理规范及伦理惩戒制度不再停留在意识层面，还包括规范层面的建构，并且依托于具体规范。司法官职业伦理惩戒制度作为实践性的构建，是每一次职业伦理实践的前提，同时也是司法官职业伦理的具体化和事实化。

（三）司法官职业伦理的结构及形式

司法官职业伦理的结构，有广义和狭义之分，广义上司法官职业伦理包括了司法官职业角色的功能定位及职业角色的伦理模式，其中司法官职业伦理模式包含职业伦理观、职业伦理规范以及职业伦理惩戒制度等内容。狭义上，司法官职业伦理仅指司法职业角色的伦理模式。本书采取广义上的结构。

司法官职业伦理的存在形式具有多样性，主要有三种分类，一是以司法官职业伦理强制力为标准，分为行会式规范与法律规范。二是以司法官职业伦理的规范表现形式为标准，分为独立性规范和隐藏性规范。许多司法官伦理规范以完整独立规范形式呈现，如司法官职业道德规范、行为规范、司法官职业纪律处分的准则性文件等。也有很多事蕴含在法律规范中，特别是宪法、公务员法、司法官组织法、刑事诉讼法等。三是以司法官职业伦理的内容为标准，分为原则性规范和说明性规范。原则性规范，如公务员法、司法官组织法相关规定；采取说明式规范，如检察官准则等。总体来看，司法官职业伦理的形式尽管多样并存，但在不同法系国家，仍然具有不同的倾向性规定。

（四）司法官职业伦理的比较辨析

认识司法官职业伦理，还需要与其他职业伦理进行比较，尤其是与行政机关公务员的职业伦理和律师职业伦理的比较。

1. 司法官与行政机关公务员及监察官职业伦理的辨析

司法官与行政机关公务员及监察官职业伦理既存在共同点，也存在差异。在共同点方面，司法官职业角色与行政机关公务员及监察官职业角色三者都行使公权力，因此在职业伦理上，三者都强调对职权的规范，履行职责，防范公权滥用。在差异性方面，其一，三者的职业角色在"独立性"上的差异导致不同的职业伦理要求。司法官职业角色，具有较大的独立性，以确保司法中立行使裁判权。行政机关公务员及监察官这一职业角色，往往是强调"上命下从"，而非独立性保障，以促进办事效率。因此，三者的职业伦理要求具有强调"独立"还是强调"服从"的差异。其二，三者的职业角色在职能上的差异导致了不同的职业伦理要求。司法官与行政机关公务员及监察官具有不同的功能性定位，要完成不同的职业任务。司法官职业角色被赋予司法权，对涉及公民人身财产、自由和生命等重大利益的诉讼时依法裁判；行政机关公务员则从事社会管理职能，依据行政法规行使组织和管理公共事务以及提供公共服务；监察官被赋予监察职能，监察公职人员，三者在不同领域发挥职能，因此三者的职业伦理要求，很显然是专门技术性的要求。考虑到司法官职权涉及法益重要程度以及司法往往是作为维护社会公平正义的最后一道防线，特定意义上司法官职业伦理还有着更为严格的伦理要求。

2. 司法官与律师职业伦理的辨析

司法官与律师职业伦理既存在共同点，也存在差异。在共同点方面，司法官职业角色与律师职业角色两者共同参与诉讼活动，目标都是司法公正。因此，职业伦理在价值层面具有共同性。在差异性方面，其一，两者的职业角色在职业身份上的差异导致不同的职业伦理要求。司法官职业角色，被授予公权，代表国家行使职权；律师职业的权力往往来自于当事人委托或者国家指定，它是为犯罪嫌疑人或者被告人提供法律服务的执业人员。两者的职业身份上的差异，决定了两者必须承担不同的职责和伦理要求，司法官职业角色主要承担来自国家和社会的责任，律师职业的责任来源主要是维护犯罪嫌疑人或者被告人的利益。其二，两者的职业角色在职能上的差异导致了不同的职业伦理要求。司法官与律师具有不同的功能性定位，要完成不同的职责要求。司法官职业角色被要求客观中立，依法裁判；律师角色无论是受聘于控辩哪一方，都必须寻求雇用方的最大利益。因此，在诉讼中，两者在伦理要求上具有不同的倾向，司法官职业伦理更加强调公正，律师职业伦理则更加强调权利保障。

三 司法官职业伦理的基本范畴

前述，职业伦理的社会伦理学视野的研究，为司法官职业伦理的研究提供了理论基础；司法官职业伦理的概念界定，则是为职业伦理的应用确定了社会职业角色；在此基础上，职业伦理的研究路径或者形成过程也就是司法官职业伦理的研究路径或形成过程，两者是一个具体化的关系。司法官职业伦理的基本范畴，是司法官职业伦理形成过程中的根本要素，对于其基本内容的分析，既是揭示司法官职业伦理的形成机制，又能为下文的比较分析提供分析框架。在司法官职业伦理的形成过程中，司法制度及法治背景成为社会结构和制度在司法领域的载体，同时也为司法官职业角色的实践提供了活动场域，司法官职业角色因其在社会网络结构中特定的地位及功能，形成司法职业伦理关系，获得其社会规定性和确认，进而必须遵守其作为司法官职业的伦理行为模式，包括司法官职业伦理观、职业伦理规范及职业伦理惩戒制度等。因此，在确定的司法领域里，司法官职业伦理形成及其基本范畴，必须围绕司法制度类型、司法官职业角色定位及司法官职业伦理模式三方面开展研究。

（一）司法制度类型理论概述

1. 司法制度的研究路径

司法制度具有不同的研究路径，选择也就成为问题。米尔伊安·R. 达玛什卡教授的司法制度类型理论，作为对这一问题的回答，它是在原有三条最著名的比较法律程序的研究路径基础上，另辟蹊径，提出的新路径。笔者认同这一路径，并认为其在分析司法制度上具有较强解释力，尤其是该理论还将我国司法制度状况纳入分析视野。在达玛什卡之前，原有三条路径，第一条路径是纠问制诉讼与对抗制诉讼二元对立模式；第二条路径是从经济形态及社会组织的角度考察法律程序；第三条路径从主流政治意识形态或政治权力角度分析法律程序和它们之间的亲和性。① 在对这三条研究路径进行深入、审慎反思的基础上，达玛什卡提出自己的研究路径，首先，他提出所有可能对司法程序形式构成影响力诸因素中，权力组织机构的差异和国家职能类型的不同是导致程序机制根本性差异

---

① 黎敏：《比较刑事司法程序的一个绝好读本——读〈司法和国家权力的多种面孔：比较视野中的法律程序〉》，载苏力主编《法律书评》第三辑，法律出版社 2005 年版，第 137—140 页。

的结构性原因。① 这两种因素对应了考察现代国家中的司法制度的两种视角——一种视角主要关注于司法与国家权力之间的关系，另一种视角则把研究重点放在司法与政府职能的关系上。他试图将两种研究视角结合起来，以便透过一个双焦镜头来观察司法制度的全景。② 其次，从两种视角出发，达玛什卡提出了自己表现为"理想类型"的分析模式。达玛什卡的"理想类型"概念框架是"从历史的可能性中剥离出来的一种设计"，并"强化或夸大现实程序制度中的某些趋势和特征"，是"没有任何现实存在的制度完全吻合"的极端模型。③ 建构"理想类型"的材料来自使大陆法系司法制度与英美法系司法制度区分开来的主要因素。再次，以两种视角的"理想类型"分类为前提，在"双焦镜头"下，两大法系国家的司法程序作为"理想类型"的组合之间的形态得以考察。

值得予以特别强调的是，提出的这种"理想类型"对于考察社会主义国家尤其是我国的司法制度仅仅提供了可能性。达玛什卡的司法与国家权力的"双焦镜头"，主要指向具有司法制度及法治平台的西方两大法系国家，而社会主义国家及我国似乎并不具有这一法治平台。因此，对于作为司法制度类型理论前提的法治背景极为关键，它决定了理论的运用场景是否适合我国的法治建设。

2. 司法制度的法治前提

司法制度规定着司法官职业角色及其职业伦理，而作为法治一部分的司法制度，与法治具有最为紧密的联系。法治的不同状况意味着不同的司法制度类型，也就意味着司法官职业角色及职业伦理模式发展的不同方向。认识司法制度，必须对法治有着清晰的认知。对于法治概念，首要的就是法治存在普遍性和特殊性的观念。

---

① 黎敏：《比较刑事司法程序的一个绝好读本——读〈司法和国家权力的多种面孔：比较视野中的法律程序〉》，载苏力主编《法律书评》第三辑，法律出版社2005年版，第140页。

② ［美］米尔伊安·R.达玛什卡：《司法和国家权力的多种面孔——比较法视野中的法律程序》，郑戈译，中国政法大学出版社2004年版，第19页。

③ 周宗良：《中国司法转型的实然、应然与路径——从达玛什卡的司法类型学出发》，载《厦门大学法律评论》第十二辑，厦门大学出版社2006年版，第105页。转引自［美］米尔伊安·R.达玛什卡：《司法和国家权力的多种面孔——比较视野中的法律程序》，郑戈译，中国政法大学出版社2004年版，第14页。

这一观念，在承认法治经验普遍性的基础上，破除了在司法制度及法治上片面追求西方国家法治并将其作为法治模板的问题，我国的司法制度及法治具有独立意义，与西方国家法治具有同等的地位及共同的价值。基于这一认识，达玛什卡的司法制度类型理论将具有更大的、适用于社会主义国家尤其是我国的解释力。中国人民大学朱景文教授对法治属性做出较为精辟的论述，他认为，法治是一个既具有普遍性又具有特殊性的概念，问题在于什么是普遍性、什么是特殊性？不能把按照某种特定模式建立起来的法律制度，看作是普遍性的法治模式。因此，法治的普遍性必须从所有国家法律治理的模式中，寻找最大公约数。法治特殊性是不同国家或地区法律制度受到不同的社会历史条件、不同社会结构制约的特征。很难想象，各种不同社会发展背景的国家或地区的法律制度都是按照同一模式建立起来的。① 笔者对这一观点非常赞同，依据这一论述，一方面，基于法治的普遍性，法治与西方法治不能画等号，即使是西方两大法系国家法治共性部分，也不一定具有普遍性，未必适合我国法治发展，法治必须具有我国社会主义法治的存在及意蕴。同时，由于普遍性的存在，达到普遍性规则或者标准就成为法治建构国家的目标，这也为我国学习借鉴西方法治国家经验做法提供了理论依据。另一方面，基于法治的特殊性，选择一条适合我国法治发展条件和风格的道路，推动法治发展，具有充分的正当性。据此，在达到普遍性规则或者标准过程中，采取变通的方法或者非法治的方法以达到法治目标，具有合理性。综合来看，此处的法治是一个宏观整体的概念，司法制度和司法官职业伦理模式也蕴含其中，我国的法治发展的过程也概括了司法体制改革和司法官职业伦理模式完善的进程。

3. 司法制度的"理想类型"及解释力

在这里，笔者拟对司法制度的"理想类型"加以全面介绍，并对达玛什卡司法制度类型理论与西方两大法系国家司法制度及法治状况之间关系加以说明。同时，笔者提出，在法治存在普遍性及特

---

① 朱景文：《论法治评估的类型化》，《中国社会科学》2015 年第 7 期，第 110 页。

殊性的语境下，达玛什卡的司法制度类型理论对我国同样具有解释力。

（1）司法制度的"理想类型"

首先，从"权力结构"出发，政府权力组织分为"科层理想型"和"协作理想型"，这两种理想型对应了司法制度的"科层理想型程序"和"协作理想型程序"法律程序。"科层型权力组织"的特征：官员的职业化；严格的等级秩序；决策的技术性标准——技术官僚式取向和（逻辑而非实用主义的）法条主义。对于这一特征，尤其是对于官员的职业化，达玛什卡指出，"职务的常任化会创造出例行化和专门化的空间。职务活动的例行化意味着官员们不再把自己所处理的事务视为一个个呼唤'个别正义'的特殊情形。……作为惯习化和专业化的结果，一位职业官员的职务反应和个人反应可能会分离开来……职位与其占有者之间的这种分离促进了体制化的思维方式，在这种思维方式中，绕过了体制性利益并考虑自我良知的冲动被认为是太'像清教徒'了，因而是很难容忍的"。① "协作型权力组织"的特征：外行官员；权力的平行分配；追求实质正义—尊重共同体规范，容忍不确定性和特殊处理，专业人士与外行官员之间的协作等等。② 对此，达玛什卡指出，"从比较的角度来看同样令人惊讶的是官僚部门排他性的缺失：政府管理职能很容易被分配给甚至完全委托给外部人士——甚至业余人士或者非政府部门的专家——去履行"③。"科层型权力组织"对应着"科层理想型程序"。"科层理想型程序"存在严格的卷宗管理，程序按部就班地进行，倾向于用一套不可动摇的规则组成内部逻辑一致的网络来规制法律程序。下级受到上级的严格监督与审查，因而初审

---

① ［美］米尔伊安·R. 达玛什卡：《司法和国家权力的多种面孔——比较法视野中的法律程序》，郑戈译，中国政法大学出版社 2004 年版，第 28 页。

② 转引自范愉《当代中国法律职业化路径选择——一个比较法社会学的研究》，《北方法学》2007 年第 2 期，第 85 页，详见 ［美］米尔伊安·R. 达玛什卡《司法和国家权力的多种面孔——比较法视野中的法律程序》，郑戈译，中国政法大学出版社 2004 年版。

③ ［美］米尔伊安·R. 达玛什卡：《司法和国家权力的多种面孔——比较法视野中的法律程序》，郑戈译，中国政法大学出版社 2004 年版，第 348 页。

判决无终审性；"由于科层式的官僚系统服从于帕金森定理……以至于由私人推进的程序活动通通受到压制"。"协作型权力组织"对应着"协作理想型程序"。"协作理想型程序"活动往往委托给私人去进行。一个"充满激动和剧场效果"的"开庭日"取代了科层程序步骤的分散化，没有统一的材料汇集和记录保留。不存在常规的上级审查及严格的上下级监督关系，初审判决被推定具有终审性；虽然协作系统也存在复杂的技术规则，但"官员的自由裁量一直是这里的基调"，出于对实质正义的追求，他们享有拒绝执行规范性制度的自主权。[1]

其次，从"政府功能"出发，将国家分为"能动型"和"回应型"两种，这两种理想型对应了司法制度的"政策实施型"和"纠纷解决型"法律程序。"能动型国家"奉行干预主义的政治原则，"它信奉或致力于实践一种涉及美好生活图景的全面理论"，国家成为政治活动的中心，法律源自于国家并表达着它独立的政策，"个人为自己欲为之事的可能性被缩小到最低限度……个人自治不会受到重视"；司法表现出极强的价值取向性及能动性，司法程序由官方主导，其最终目的在于将国家政策贯彻到法官所审理的案件中。"回应型国家"奉行有限政府的意识形态，私人权利、个人权利或团体权利被奉为神圣，因此其法律并不体现和表达国家独立的价值或政策。市民社会成为政治活动的中心，国家的职能限定在维持社会均衡上，其司法永远意味着解决纠纷。"能动型国家"影响下的法律程序是"政策实施型程序"。"政策实施型程序"下的判决常被更改，显示出较强的不稳定性。为贯彻国家政策，官员行使着程序的控制权，并"几乎永远把公民个人视为需要加以引导的学生"。为达到案件的可欲结果，"程序法像影子一样追随着相关的实体法"，不受重视，律师的重要性相当有限，是处于当事人和国家夹缝中生存的可怜虫。"回应型国家"影响下的法律程序是"纠纷解决型程序"。"纠纷解决型程序"尊重当事人的自治权利，他们被赋予平等的权利，地位平等，并行使着程序控制权，律师受到欢迎并

---

① 周宗良：《中国司法转型的实然、应然与路径——从达玛什卡的司法类型学出发》，载《厦门大学法律评论》第12辑，厦门大学出版社2006年版，第106页。

充当着当事人的助手和利益积极维护人的角色。裁判者高度中立，程序正当化被强调，判决被赋予高度的稳定性。①

（2）司法制度"理想类型"的解释力

在达玛什卡看来，司法制度类型理论主要对两大法系国家具有解释力。达玛什卡对此有两个方面的论述，一方面，司法制度类型理论主要以西方两大法系国家的司法制度及法治发展为前提。他指出，"要想感受一下实际上的差异是多么的繁复，而话语共同体的限度又是多么的显著，我们不必越过'西方'的疆域"②。同时，他还指出，"为了使研究所涉及的问题保持在一个可以控制的限度之内，我将只建构两个职业化管理方式的理想类型。建构这两个理想类型的材料就是那些使欧洲大陆的司法制度和英美的司法制度区分开来的那些主要因素"③。另一方面，在司法制度类型上，存在两点差别，其一是在西方法治国家内部的大陆法系与英美法系，两者在共同性以外存在差别；其二是西方法治国家作为整体与曾经作为社会主义国家代表的苏联以及我国当代存在的差别。相较而言。前者之间的差别比较后者显得微不足道。他指出："普通法国家的法律家可能会认为西欧国家的司法机构和律师所扮演的角色过于狭隘不够广泛，但是，与苏联法官和律师所发挥的极为有限的作用相比，这种差别就不足为道了。社会主义体制下司法判决的易变性与传统的西方观念格格不入。"④ 综合来看，达玛什卡的观点显然认为其构建的司法制度类型理论与西方两大法系国家司法制度及法治之间关系紧密相连，社会主义国家及我国的司法制度及法治状况则很难纳入比较。在笔者看来，达玛什卡观点的关键在于社会主义国家及我国的司法制度及法治与西方两大法系国家存在基本的差别，那么，就这点而言，前文提出的法治普遍性和特殊性的观念解决了这一问题。因而，司法制度类型

① 周宗良：《中国司法转型的实然、应然与路径——从达玛什卡的司法类型学出发》，载《厦门大学法律评论》第 12 辑，厦门大学出版社 2006 年版，第 106—107 页。

② ［美］米尔伊安·R. 达玛什卡：《司法和国家权力的多种面孔——比较法视野中的法律程序》，郑戈译，中国政法大学出版社 2004 年版，第 2 页。

③ 同上书，第 15 页。

④ 同上书，第 3 页。

理论的解释力就可以及于我国。这样，达玛什卡的司法制度类型理论，不仅适用于对西方两大法系国家，同时适用于对我国司法制度形态的分析，并将全面运用于分析与司法制度类型对应的司法官职业角色定位及司法官职业伦理模式。

（二）司法官职业角色定位

在社会职业角色确定为司法官职业角色后，司法制度类型理论作为一种理论建构，为司法官职业角色提供了活动场域。司法制度类型及其法治背景对司法官角色而言，一方面确定了司法官的功能定位，另一方面又塑造和决定了司法官职业角色行为边界。司法制度类型及法治背景的不同，意味着司法官职业角色具有不同的定位。目前来看，基于司法制度类型理论的极大解释力，司法官职业角色不仅在两大法系国家，同时在我国，获得了其社会规定性，尽管这种社会规定性由于司法制度类型的不同而存在差异。司法官职业角色的社会规定性，主要体现在如下方面：

首先，司法权能规定了司法官职业角色的权能。司法权能来自于作为司法制度类型背景的法治前提，法治的实现首先就来自于政府基本权力分配。从法治的普遍性来看，司法权能的实现都追求对公权力的制约、监督和对自身权力行使的规范；从特殊性来看，司法权能在政府权能结构中的位阶，决定了司法权及司法官职业角色的定位。两大法系国家虽然都是"三权分立"的政府权力结构，但是，司法权的位阶和功能并不一样。我国的政府权力结构为党领导下的"一元多立"的结构，司法权的位阶和功能具有我国特色，除此之外，我国司法权的功能及司法官职业的主体作用并没有得到发挥。因此，两大法系国家及我国的司法官职业角色的定位既存在共性也存在差异。

其次，司法制度类型直接影响司法官职业角色具体定位。司法制度类型理论的"理想类型"来自于从"权力结构"与"政府功能"视角的观察，在这一"双焦镜头"的视野下，司法官职业角色体现于其职业关系，通过司法权的具体行使及功能的实现来确认其在职业关系中的定位。两大法系国家和我国具有不同的司法制度

"理想类型"的组合形态，在司法官职业关系中，大陆法系国家要求司法官承担更大的责任，授予其更多的公权力，具有优势地位；英美法系国家则要求司法官居中裁判，作为主持人的角色而存在，并将最为重要的定罪的权力交给陪审团，司法官只是协作者；我国在党领导下的司法官及司法机关，被要求对职业行为承担"无限"的责任直至奉献，司法官职业甚至表现为"流水线"式的共同定罪，具有强势地位。

最后，司法官职业角色定位是多重角色统一的角色集。司法官职业角色，由多重角色组成，司法从业者专门角色是最基础的定位。两大法系国家和我国司法官职业角色，具有不同的角色组成。大陆法系国家司法官职业既是公务员又是司法从业者；英美法系国家司法官职业既是律师又是司法从业者；我国司法官职业大部分情况下，首先是党员角色，同时是公务员和司法从业者角色身份。在两大法系国家和我国，司法官职业角色的多重角色是统一关系，但是在多重角色之间往往存在第一性的、从属的或者渊源关系。

（三）司法官职业伦理模式

在司法制度及法治背景下，司法官职业角色作为职业关系主体在其司法实践中必须符合司法官职业伦理模式的要求，司法官职业角色定位与司法官职业伦理模式具有最为直接的联系，司法官职业伦理模式作为对司法官职业最为重要的调控方式而存在，也即是从司法官职业伦理观、职业伦理规范及职业伦理惩戒制度等方面进行的、体现为社会伦理规范层面的调控方式。司法官职业伦理模式的核心是司法官职业的责任与独立之间的关系，它由司法特性所决定。司法官职业伦理模式，主要包括三个方面内容：

首先，司法官职业伦理观对于司法官职业角色的价值指引。司法官职业角色在司法实践中，总是被其职业伦理观引领实现司法功能。两大法系国家和我国的司法官职业伦理观，决定于司法官职业角色、司法制度及其法治背景的理念。两大法系国家由于法治理念上的相似性，司法官职业伦理观的规定也更为相近，我国由于在司法制度及法治道路上的特殊性，强调党的领导，因此，在司法官职业伦理观上也就具有自身特性，要求忠诚价值观中包含对党忠诚等。

其次，司法官职业伦理规范对于司法官职业关系的调控。司法官职业伦理规范调整司法官职业关系，明确职业关系各个主体的权利义务关系，从而实现司法职能。两大法系国家及我国的司法官职业伦理规范的内容，直接规范着司法官职业角色。大陆法系国家的司法官职业伦理规范，主要采取公务员义务、纪律加上判例的规定；英美法系国家的司法官职业伦理规范，主要由一系列的律师和法官的伦理指南和说明性伦理规范构成；我国当代司法官职业伦理规范，主要由党员义务、党的纪律和规矩以及公务员和司法官从业者的道德规范、行为规范等构成。

再次，司法官职业伦理惩戒制度对于司法官职业角色的调控。司法官职业伦理惩戒制度是对司法官职业角色违反其职业伦理观及职业伦理规范的结果反馈。两大法系国家和我国都建立了司法官职业伦理的惩戒制度以约束和规范司法官职业角色，大陆法系国家更加强调司法官责任，并且辅之司法官职业考评等司法监督方式；英美法系国家更加强调司法官独立，辅之以司法官权利保障等方式；总体来说，两大法系国家对于司法官职业角色的伦理惩戒都以不危及司法官独立为限。我国强调司法官要"奉献与服从"，以行政性惩戒为主，辅之以业绩考评等司法管理方式等，从发展而言，我国应当尊重司法规律及司法特性，在纪律惩戒制度上要注意保护司法官职业角色的主体性。

第二章

两大法系国家司法官职业伦理探析

接下来，笔者将以两大法系国家司法官职业伦理为依托，进行深入考察，从而为我国当代司法官职业伦理发展提供镜鉴。具体来说，主要从三个方面展开，一是两大法系国家司法制度类型；二是两大法系国家司法官职业角色定位；三是两大法系国家司法官职业伦理模式。

一 两大法系国家司法制度类型

认识两大法系国家司法制度类型，首先要认识两大法系国家司法制度类型的法治背景；随后，分别对两大法系国家的司法制度类型，即大陆法系国家的"科层型权力组织的政策实施程序"、英美法系国家的"协作型权力组织的政策实施程序"进行阐述。

（一）两大法系国家司法制度类型的法治背景

传统的两大法治主义浪潮：欧洲大陆的法治国理想和英美的宪政保障学说，就是两大法系国家不同的制度实践的反映。欧洲大陆的法治国理想，无论是历史还是现实，是以承认和赋予政府强大的权力以履行职责为前提，并在政府基本权力结构中予以体现。同时，在政府和个体之间，为平衡和保护处于相对弱势地位的个体权利，又对政府公权力加以约束和制约，防止公权滥用。与此相适应，在承认和赋予政府强力的前提下，特别重要的要求是保护公民的个人权利免遭国家的侵害，要求制定一部由人民代表机构制定的宪法文件，要求政府对议会负责，要求法律的统治即法治、特别是要求行政行为受到法律的约束，要求通过独立的司法体制保障公民权利的实现。① 以法国为例，在法国大革命时期，尽管有英国宪政和君主立宪，美国 1787 年宪法为参照，但是法国人最终选择了一条自己的发展路径。"虽然在法国并不缺乏强烈钦羡英国宪政的人，但他们不断受到各个政治派别的抨击。……"② "美国的故事曾让法国人兴奋不已，很快他们就发现细究之下并不完美：1787 年通过的宪法没有权利法案，而且保留了奴隶制；所设的参议院不过是英国国会上院的翻版（有历史的倒退之嫌），迷恋于财富和商业的行为也令人失望；当美国人选择政府的平衡时，法国人却渴望强力的、果断的、有效的政府，他们害怕的是停滞不前而不是权力集中，法国不需要政府机关之间相互制衡政治体系的任何部分，因为这会阻碍民意。"③ 随后法国直到戴高乐时期，以 1958 年宪法为标志，整个国家体制才稳定下来，总统拥有至高无上的权力，行政权表现得十分强大，国家权力结构中行政主导为中心。同时，法国亦强调实行权力分立来实现立法权、行政权、司法权的制约与协调。其中立法机关与行政机关、司法机关的关系又因其执行主体的交叉而表现出一定意义上的"融合"，三权在不同的制度架构和职能安排中进行现实的牵制与配合。④ 以德国为例，德国直到 1918 年还是由君主统治的国家，就总体来看，职业法官与国家其他任职人员并无太大区别，他们都是"官员"，也就是说他们都必须执行君主的意志。随后是魏玛共和国和纳粹德国，魏玛共和国时期虽然民主政治有一定发展，但是持续时间不长，随后德国纳粹上台，摧毁了民主政治。司法机关及法官成了非正义国家的一部分，大部分法官屈服于压力，其本身也从事着不正义的工作。⑤ 自从恢复了民主制国家、

---

① 邵建东主编：《德国司法制度》，厦门大学出版社 2010 年版，第 11 页。

② 史彤彪：《批判与超越——大革命时期法国人对英美宪政的认识》，《成人高教学刊》2004 年第 2 期，第 1 页。

③ 同上书，第 18 页。

④ 王戬：《不同权力结构模式下的检察权研究》，法律出版社 2011 年版，第 33 页。

⑤ 宋冰编：《程序、正义与现代化——外国法学家在华演讲录》，中国政法大学出版社 1998 年版，第 2—4 页。

即联邦德国（1949 年）之后，"相比较魏玛共和国时期软弱的政府，制宪者们在制定'基本法'时安排了一个强势地位的联邦总理，建立了强有力的联邦政府。……将多种权力集中在联邦总理一人身上，保证了联邦政府协调力与行动力，保证了联邦政府的高效率和稳定性，同时迎合了德国人对'权威'的需要，是联邦德国民主政治重建与巩固的重要条件"①。同时，《基本法》则从正负两个方向来保护个人权利：它不仅提供禁止政府侵犯的防御性权利，而且规定政府有责任从正面保护这些权利。② 在司法领域，司法机关以及法官职业及其独立性都有很大发展，《基本法》第九章司法第92 条规定"司法权付托于法官；由联邦宪法法院（Bundesverfassungsgericht）、本基本法所规定之各联邦法院（Bundesgerichte）及各邦法院（Gerichte der Lander）分别行使之"。《基本法》第 97 条规定"法官应独立行使职权，并只服从法律"。

英美的宪政保障学说，强调"英美社会历史悠久并一脉相承的个人权利诉求、政治权力多元和法律至上的宪政基因育成并体现为其宪法中的人民主权、基本人权、分权与制衡和法治原则与制度，并反过来促进了这些原则和制度的实现暨宪政的生成。考察英美宪法的生成路径，我们发现，社会上的宪政基因发挥了至关重要的作用。英国宪法几乎是在社会上的传统宪政基因中自发生成的。美国人不但继承了英国的宪政经验，也同时继承了英国社会上存在的宪政基因"③。在这几点基因中，"个人权利诉求是欧洲尤其是英国中世纪以来的一种社会传统，也是普通法的历史传统。对个人权利的保护是英、美宪法的目的和动因。在英、美宪政史上，保护个人权利的传统是一脉相承的"④。

---

① 王恒、常士訚：《宪制下的权力平衡〈基本法〉与德国民主的巩固》，《云南行政学院学报》2013 年第 6 期，第 14 页。

② 张千帆：《西方宪政体系》，中国政法大学出版社 2001 年版，第 155 页。

③ 钱福臣：《宪政基因概论——英美宪政生成路径的启示》，《法学研究》2002 年第 5 期，第 134 页。

④ 同上书，第 123 页。

（二）大陆法系国家"科层型权力组织的政策实施程序"

大陆法系国家的刑事司法制度类型，基本上属于科层型权力组织的政策实施程序，同时也部分存在科层型权力组织的纠纷解决程序。两者之间关系，达玛什卡在论述欧陆刑事司法中的纠纷解决形式时加以说明，"简言之，诉讼程序仍然服务于贯彻执行国家政策，而私人的声音仍然十分微弱"[①]。

大陆法系的科层型权力组织的政策实施程序，在法律依据及实施层面具有如下特征：首先，在诉讼程序中作为依据的法律层面，注重实体法，程序法往往具有陪衬性。达玛什卡指出，"妥当的程序是那种能够增强获得实体上正确的结果之可能性（或者最大化这种可能性）的程序，而不是那种能够成功地体现公平理念或保护某些并列的实体性价值的程序"[②]。如在判决上，上级官员很愿意改变实体上有误的判决，但是对于程序上有误而判决正确的情况，上级官员的通常做法是惩戒行为失当官员而不是改变判决。其次，在诉讼程序的实施层面上，刑事司法官员具有主导性（表现为"横向"过程上的连续性、"纵向"上的层级性）。在"横向"过程上，整个诉讼过程显现出连续性和阶段性推进特征。检察官在审前阶段主导案件侦查、控诉，法官在审判阶段指挥庭审，推进程序。检察官的调查彻底、全面，其作用比较关键，法官作用类似于对已经做完的工作进行补充、审核，其调查往往集中到刑期问题。在"纵向"上，整个诉讼过程显现出层级特征。检察官、法官两者都是在层级中行使裁判权，上级权威性更强，裁判结果必须接受上级常规、全面的审查。无论是在"横向"还是"纵向"程序中，官方程序排他性都较为显著。科层式官僚组织试图垄断程序性措施，"将程序措施'委派'出去被认为是玩忽职守"[③]。整个制度的设计都是围绕如何促使司法官员发挥其专业职能，在诉讼程序中律师极少开展独立

---

① ［美］米尔伊安·R.达玛什卡：《司法和国家权力的多种面孔——比较法视野中的法律程序》，郑戈译，中国政法大学出版社2004年版，第320页。

② 同上书，第221页。

③ 同上书，第81页。

的调查活动。

（三）英美法系国家"协作型权力组织的政策实施程序"

英美法系国家的刑事司法制度类型，基本上属于协作型权力组织的政策实施程序，同时又在刑事检控中包含着远远多于其他刑事司法系统的竞争性形式。达玛什卡指出，"从总体上看，尽管其中装饰着大量的竞争式因素，英美刑事司法——即使是在自由放任主义的鼎盛时期——更像是一种政策实施型程序……"① 在英美法系的协作型权力组织的政策实施程序中，两种"理想类型"具有不同的价值取向，在融合上存在矛盾。整体来看，主要方面仍然是协作程序主导，但是也不能忽视政策实施的执行力，简言之，"协作"是融入了能动性的。

英美法系的协作型权力组织的政策实施程序，在法律依据及实施层面具有如下特征：首先，在诉讼程序中作为依据的法律层面，重视程序法，将程序的公正性置于结果的准确性之上，程序具有可以改变裁判结果的实质意义。在法庭争讼的格局中，刑事法官职责在于确保程序公正，保证法庭双方在平等规则下对抗，由陪审团做出有罪无罪的判决。如在判决中，如果程序公正，则判决应该稳定，不能随意更改。一旦陪审团做出判决，则可以很大程度上避免后续对判决结果的变更。其次，在诉讼程序的实施层面上，强调协作性（表现为"横向"程序上的集中性、"纵向"上的单层性）。在"横向"程序上，整个诉讼过程中具有程序集中化特征。如公诉阶段的大陪审团程序，审判阶段的"出庭日"程序，这些形式便于外行官员（如大陪审团、陪审团）聚集到一起参加司法活动。在决定公诉阶段，检察官大体上可以引导或者操控大陪审团以提起公诉，主要是因为检察官并无法官的地位，它服从于竞赛特征，与辩护律师平等对抗，检察官为实现个人利益，基于其政治性，更愿意积极主动进行调查和控诉。此处，尽管诉讼理论上检察官被要求客观中立，但是现实中很难实现，充其量只是对竞赛性形式的补充说

---

① ［美］米尔伊安·R. 达玛什卡：《司法和国家权力的多种面孔——比较法视野中的法律程序》，郑戈译，中国政法大学出版社 2004 年版，第 346 页。

明。在审判中，法官则更像是"司法会议的主持人，或者是庭审过程之公正性的监督者、审判结果的宣布者和判决效力的保障者，而不是真正意义上的决策者"。[①] 在"纵向"上，整个诉讼过程显现出单层性特征。检察官和法官处于单一层级，一般遵循"一事不再理"原则，初审具有权威性。对于判决的复核，应该是当事人的责任，而非法院职责。无论是在"横向"还是"纵向"程序中，诉讼当事人对程序具有控制和推动作用。"在科层式系统中本是小官僚们的独占领域的许多行政职能都可以转移到律师那里。例如，美国的律师可以发出传票，询问证人，要求地方治安法官的协助，甚至可能被委以替法官起草命令和裁决以备后者签发的重任。"[②]

二　两大法系国家司法官职业角色定位

两大法系国家的司法制度类型，决定了司法官对应的职业角色定位。为了便于分析，笔者在本书中主要采取功能性角度的定位。在两大法系国家司法制度类型下，大陆法系司法官职业角色定位为"科层官僚"，英美法系国家则定位为"协作者"。

首先，大陆法系国家司法官职业角色定位为"科层官僚"。这一定位的含义与大陆法系国家"科层型权力组织的政策实施程序"紧密联系，主要体现在两个方面：一方面，科层型权力组织要求组织到一个等级结构中的职业化的刑事司法官员，按照技术性标准来做出裁判，有助于提高裁判效率；另一方面，政策实施程序要求刑事司法官员在裁判时积极干预，发挥能动性，把国家政策贯彻下去。因此，从两者结合来看，存在两个方面的可能性，其一，两者分别从效率和效果两方面对于司法裁判具有增益功能；其二，由于技术性标准可能对贯彻国家政策的方式产生限制作用，两者之间的冲突又存在弱化裁判结果的可能性。整体来看，无论哪一种可能

---

① ［美］米尔伊安·R.达玛什卡：《司法和国家权力的多种面孔——比较法视野中的法律程序》，郑戈译，中国政法大学出版社 2004 年版，第 59 页。

② 同上书，第 95 页。

性，两种程序的融合所产生的结果，最后都表现为积极乐观的方面，都是刑事司法官员主导与控制程序，能动地执行政策。

其次，英美法系国家司法官职业角色定位为"协作者"。这一定位的含义与英美法系国家"协作型权力组织的政策实施程序"紧密联系，主要体现在两个方面：一方面，作为协作型权力组织，如单一权力层次的陪审团，根据未分层的共同体标准来做出面向"实质正义"（这里通常会有自由行动和任意发挥，而非更加形式化裁判）的决策；协作型权力组织作为法律程序的主体，外行官员决定着定罪程序，仍然主要影响着法律程序，司法裁判的基调呈现出协作型权力组织的裁判行为特征；正如达玛什卡指出，"某些对于欧陆官员职务来说非常关键的工作在普通法域是由陪审团来完成的，以至于英美法律人只把那些不能交给陪审团去履行的剩余职能看成是真正的'司法职能'"。检察官在是否公诉问题上，可能会受到治安法官和大陪审团的一定程度的制约，以防止滥诉发生。刑事法官在证据等程序性问题上提供法律指引，以协助陪审团做出实体上的罪与非罪的裁决。此时，大陪审团与检察官、陪审团与法官之间，基于权力的平行性而非等级结构，出现矛盾和争议的情况明显较科层型权力组织为多。另一方面，政策实施程序要求刑事司法官员积极能动、而非在任何情况下都保持被动角色，他们在诉讼过程中对于是否提起公诉、如何引导程序和证据事项、在定罪后程序的量刑上发挥着充分的自由裁量权等。在这一程序下，检察官以其政治性与个人性的特征而乐于积极推动打击犯罪和检控犯罪，法官则是在定罪后程序中，由于对量刑的上诉审查基本上不存在，因而表现出量刑上的充分自由裁量等积极能动性特征。

（一）大陆法系国家作为"科层官僚"的司法官职业角色

1. 法国司法官职业角色定位

（1）司法权定位

第一，从政府基本权力结构层面来看，法国政体具有特殊性，自成一格，虽然也是"三权分立"国家，但是，法国"三权分立"，表现为行政主导，司法权并没有与行政权平等的地位。在法国，司法权的行使主体是检察机关和法院的司法官，即检察官和法官。①法国审检合署，检察机关设在法院，需要说明的是，法国"三权分立"的表现也是有特色的，虽然司法权、行政权和立法权主要由检察机关及法院、行政机关、议会分别行使，但是三机关职能上存在交叉。比如总统既是行政机关的代表又是司法独立的保障者；检察机关既行使司法职能，又行使行政职能等。此外，在法国，宪法委员会是一个独特的宪法性机构，往往被视为立法机关的分支。虽然该机构类似于司法机关，宪法委员会对其受理的案件做出终局判决，其判决的效力对于所有公共权力机关、行政机关和司法机关均具有强制力。

第二，从司法权及司法机关功能来看，法国司法机关的功能在于遵守法律、适用法律。对于检察机关而言，在分权制衡的体制中，检察权存在于政府基本权力结构的派生层次，法国检察权归属行政权，检察官从属于司法部，检察官作为行政权力在法院的代表而存在，在司法领域指挥侦查、公诉以及对审判庭的判决提起上诉等。同时，它还有监督法律和法令的遵守的职责，作为司法部的地方代表，司法部加诸检察机关很多有关一般利益的使命。对于法院而言，主要承担审判职能。对于案件中有可能涉及政治性或社会性议题的由议会等政治性机构解决，而非普通法院。"在法国和其他奉行大陆法传统的国家，法院不是一个与政府其他部门平起平坐的政府部门。……在法国，法院不以抗衡其他政府机构官员的行为而出名，没有人指望法院在统治国家方面起到积极作用。"②

---

① 在此需要注意的是，我国研究有关法官理论的译著中，经常将法文"司法官"翻译成法官，考虑到引用方便，本书未做修改，而是加以说明。本书引用较多的书籍是时任国家法官学院院长怀效锋主编的"法官行为与职业伦理培训丛书"，书中经常将"司法官"与"法官"混用。在法国，检察官和法官虽然同为司法官，但是两者存在区别，检察官只具有相对独立性，而法官具有完全独立性。检察官的相对独立性体现为两个方面，一方面在诉讼过程中完成的行为都是以检察院整体名义完成，在同一案件中，允许不同的检察官互相替代。另一方面，检察官可以在没有指令的情况下进行公诉活动，甚至与上级的指令相悖。虽然上级对下级的"相悖"指令可以进行纪律制裁，却不能替代检察官自行进行追诉。

② 最高人民法院司法改革小组编：《美英德法四国司法制度概况》，韩苏琳编译，人民法院出版社 2002 年版，第 498 页。

（2）司法官职业角色具体定位

在法国，认识司法官职业角色具体定位，必须从司法职业关系入手，相互之间的关系既表明角色定位，同时又表达了具体功能，现从以下两个方面展开：

第一，从司法官职业与国家及社会关系的角度来看，司法官是特殊公务员。司法官职业与国家及社会的关系，本质上是由司法官担任公职而产生的特殊劳动关系。在法国，广义公务员是指所有由财政支付工资、从事公务的人员，司法官与一般行政机关公务员职务都归属于公务员。但是狭义上，司法官不归属于公务员法管理。法国司法官包括检察官和法官。法国公务员法第2条规定："本法律适用于国家、大区、省、市镇行政部门以及它们的公立公益机构包括公共卫生法第792条提到的机构中的文职官员，但各级议会的公务人员和司法部门法官不在此列。"司法官的地位及法律关系由《关于司法官地位之组织法之1958年12月22日第58－1270号条例》（以下简称《司法官地位之组织法》）规定。法国司法官包括法官和检察官。一般而言，检察官称之为"立席司法官"，法官则是"坐席司法官"。根据《司法官地位之组织法》的规定，法官和检察机关司法官宣读同样的誓词。他们的遴选条件（法国国籍、享有民事和政治权利）也是相同的，并且是通过同样的国家司法考试。在职业选择以及晋升上，司法官在其职业生涯中可以从法官转任为检察官，也可以从检察官转任为法官。

法国司法官基本功能由宪法第66条规定，即司法机关作为个人自由的保护人，保证依照法律规定的条件使此项原则获得遵守。[①]司法官的具体功能如下：检察官行使公诉权，主导侦查，从犯罪发生之日起直至刑罚执行完毕，其在整个刑事诉讼中始终介入并发挥积极作用。法官是"坐席司法官"，行使审判权力，指挥整个庭审；如"审判长享有自由裁量权，可以凭借自己的荣誉和良心，采取自己认为有助于查明真相的任何措施"（《法国刑事诉讼法典》第310条）。"庭长有维护庭审秩序和指挥审理的权力"。（《法国刑事诉讼

---

① 怀效锋主编：《法官行为与职业伦理》，法律出版社2006年版，第308页。

法典》第 401 条）预审法官的权力可一分为二：重罪案件及复杂轻罪案件或违警案件的刑事调查权以及部分侦查行为或强制措施的司法审查权。[①]

　　第二，从司法官职业之间、内部关系以及与其他主体关系的角度来看，需要分别予以阐述。首先，司法官职业之间的关系，在刑事司法领域中，主要是司法警察、检察官、预审法官及法官之间的关系。在检察官和司法警察关系中，法国实行"检警一体"模式，检察官指挥和监督司法警察。检察官享有司法警察的一切权力与特权，领导其驻在法院管辖区的司法警官与警员的活动。同时，在每一上诉法院管辖区内，司法警察受上诉法院检察长监管，并且按照法律规定受（上诉法院）预审法庭监督。[②] 在检察官与法官关系上，主要分成三个阶段，第一阶段是在法国侦查程序中，检察官与预审法官两者既分工合作又相互制约，近年来呈现出检察官权力日益扩张，而预审法官权能处于逐步萎缩状态。检察机关的活动体现其侦查追诉犯罪行为的职权的积极性，预审法官的活动则体现为刑事司法中的审慎性。预审法官可以前往现场进行勘验、搜查、扣押，但应通知共和国检察官。共和国检察官可以陪同预审法官，可以列席其要求进行的侦查活动。对预审法官的任何裁定，检察院都有权向上诉法院预审庭提出上诉。只有检察官有权要求就新的证据重新进

---

① 施鹏鹏：《不日而亡？——以法国预审法官的权力变迁为主线》，《中国刑事法杂志》2012 年第 7 期，第 121 页。预审法官是法国刑事诉讼法的重要标志。预审法官的存废之争是长期的议题，根源在于调查权与司法审查权之间的内部冲突，是预审法官制度最受诟病的内在顽疾。1808 年《刑事审理法典》规定预审法官具有高级司法警官的身份，从命于检察官。现行的《刑事诉讼法典》取消了预审法官的司法警官身份，并规定由其单独组成一级预审法庭，同时在上诉法院设置二级预审法庭。现在预审法官依法进行其认为有益于查明事实真相的一切侦查行动，查找有罪证据与无罪证据。法国将签发执法凭证的职权主要赋予预审法官，可以签发的凭证有：通缉令、传唤到案通知书、拘票与逮捕令。自 2001 年 1 月 1 日起，预审法官无权做出先行羁押决定，只有新设立的"自由与羁押法官"才有此种权力。"自由与羁押法官"是大审法院级别高于预审法官的坐席法官，通常是院长、副院长或者级别最高、资格最老的法官，并由大审法院院长任命。

② ［法］贝尔纳·布洛克：《法国刑事诉讼法》，罗结珍译，中国政法大学出版社2009 年版，译者导言第 5—8 页。

行侦查。检察官不享有逮捕权，而只有权请求预审法官签发逮捕令。① 第二阶段是刑事审判中，法官主导庭审，代表检察机关的检察官其出席庭审为其司法官权力的体现。检察官具有对法官决定的监督权，因为其对法官裁判可以提起上诉或撤销之诉。② 第三阶段是在执行程序中，案件判决后，刑罚适用法官和检察官全程参与或监督监狱部门对罪犯的改造工作。在自由刑最后服刑时间，执行法官依监狱机构领导人申请调整刑罚应听取共和国检察官的意见。③

其次，司法官职业内部关系，分为检察机关和法院内部关系。在检察机关内部关系上，检察官在机构上属于行政机关，等级鲜明，基于上命下从原则行使职权。检察官不享有与法官同样行使职权的"完全独立性"，彼此之间可以互相替代。具体而言，"法国的检察机关受司法行政机关领导，总检察长直接对司法部长负责。上下级检察机关实行垂直领导，自成统一、独立的由隶属关系的组织体系。总检察长对所有检察官有指挥权，下级检察官必须服从上级检察官的命令。检察官如有违反纪律的，由最高司法委员会提出意见，由司法部处理"④。"不论是否是基于司法部长的指令，上诉法院的检察长都可以向共和国检察官发出正式指令。这些指令也可以明确地涉及特定案件。共和国检察官可以向其机构内的司法官发出指令。法律赋予了共和国检察官将其所有权力授权给予其助理检察官行使的权力。"⑤ 同时，检察机关的权力基本上是地域权能，而非国家权能。"在国家层次上，几乎没有集中化，即便是在极端特别的领域。只有在恐怖行为的调查和起诉这一领域具有国家级专业化。"⑥ 在法院内部关系上，法官具有独立于其他机构、组织和个人的地位，同时，通过审级防止司法专断。法国宪法第64条规定，法官是终身制的。根据《司法官地位之组织法》规定，未经法官同

① ［法］贝尔纳·布洛克：《法国刑事诉讼法》，罗结珍译，中国政法大学出版社2009年版，译者导言第5—10页。
② 魏武：《法德检察制度》，中国检察出版社2008年版，第11页。
③ 金邦贵主编：《法国司法制度》，法律出版社2008年版，第299页。
④ 王公义主编：《中外司法体制比较研究》，法律出版社2013年版，第80页。
⑤ 何家弘主编：《检察制度比较研究》，中国检察出版社2008年版，第121页。
⑥ 同上。

意，不得对法官进行职务调整，职务晋升亦不例外。普通法院系统实行两审终审制，即由第一审法院审判后，上诉到上诉法院即发生法律效力，但重罪法院判处的案件和部分违警罪案件则实行一审终审，不能上诉。法院的司法行政工作由司法部负责。

再次，从司法官职业与其他主体之间关系的角度来看，这种关系主要是司法官与辩护律师的关系。法国司法官——检察官和法官，受到同样的《司法官地位之组织法》规范，都要求确保法律的正确执行，保护社会公共利益，维护国家、社会秩序。律师在刑事诉讼中作为被告人的辩护人，不具备司法官的优势地位，为维护被告人的利益而存在。

2. 德国司法官职业角色定位

（1）司法权定位

第一，从政府基本权力结构层面来看，同样以"三权分立"为基本原则，根据《德国基本法》第92条的规定，司法权授予法官。但是司法权的实施，由宪法法院与普通法院两种不同的体系和制度来体现。在德国，普通法院及法官不具有宪法法院及法官的社会地位，这两种类型法院法官的选任存在基本的差异。在政府基本权力结构层面，德国宪法法院依据《德国基本法》规定，对于全部三种权力都有着广泛的审查权：一是对法院裁判的审查；二是对行政的审查；三是对立法行为的审查等。① 德国宪法法院通过行使审查权对其他权力进行制约；但是，制约的范围则由联邦立法指定受理案件的范围而定。作为宪法性机构，联邦宪法法院与联邦参议院和众议院具有同等地位。联邦宪法法院法官半数由联邦议会、半数由联邦参议院选举之，普通法院法官由联邦或州司法部长或者相关部门部长任命，有时还需要会同司法官选任委员会任命。本书主要讨论普通法院系统的法官。德国检察机关及检察官属于行政体系，设置在法院，行使司法权。检察官与普通法院法官职位互换较为常见，地位相当。

第二，从司法权及司法机关功能来看，分成检察机关和法院两

---

① 邵建东主编：《德国司法制度》，厦门大学出版社2010年版，第69—70页。

方面。对于检察机关及检察官而言，公众期望检察机关及检察官作为"法律的守护人"，"最为客观的官署"而存在，主要功能是在刑事司法中指挥警察，打击犯罪；监督法官，防止滥权，维护法治公正。对于法院而言，可以从普通法院层面加以认识。对普通法院及其法官而言，公众对其期望及功能，仅仅要求适用法律，公正裁判。如果发现法律"违宪"时，普通法院要立即停止诉讼程序，将案件移交宪法法院审理。德国的宪法诉讼与普通诉讼是有严格界限的，在一般的普通诉讼中不能直接引用宪法，宪法诉讼必须在穷尽所有救济手段后才能启动。①

（2）司法官职业角色具体定位

在德国，认识司法官职业角色具体定位，可以从下述两个方面展开：

第一，从司法官职业与国家和社会关系的角度来看，检察官、法官如同法国司法官，本质上是由于担任公职而产生的特殊劳动关系。不同的是，在德国，辩护人是重要的司法机关，也是被指控人的辅助人，他对保护被指控人及查明事实，不可或缺。② 辩护人范围中最为重要的无疑是律师，考虑到律师并没有担任公职，虽然是重要司法机关，但也是自由职业者，因此本书并不专门讨论。《德国基本法》中将公务员的概念运用于不同的场合，检察官、法官都属于公务员法管理，同时因其特殊性，又由《德国法官法》予以规定。德国联邦行政法院认为："凡是在联邦、州、乡以及受国家监督的团体、研究所和基金会从事公务活动的人员都属于公务员的范畴"，当然也包括检察官、法官。联邦法院认为："检察官是和法院平等的司法机关。"检察官其职业角色定位为"法律守护人"，"世界上最客观的官署"及"检察官乃国家意志的执行者，而非政府的

---

① 王雅琴：《德国"法治国"的理论与实践》，《太原大学学报》2014 年第 4 期，第 78 页。

② 宗玉琨译注：《德国刑事诉讼法》，知识产权出版社 2013 年版，第 59 页。在导言中，宗玉琨具体阐述了辩护人范围，即准许在德国法院执业的律师和德国高校（大学）教师（退休教师亦可）可被选任为辩护人，来自欧盟其他成员国的律师，只有在其被德国律师协会接受为会员的情况下，才可以被选任为辩护人，其他人员，只有经法院许可才可以被选任为辩护人。

传声筒"①。《德国基本法》第 97 条规定，法官应独立行使职权，并只服从法律。刑事诉讼的中心机关是法官。德国检察官、法官的基本功能在联邦宪法法院 1959 年 3 月 19 日的决定中得以体现。根据该决定，检察官在刑事诉讼中和法官共同承担在刑法领域的"司法保护"任务，检察官是"必需的刑事司法机关"，在组织上，属于司法机关，是"法治国的一个基本组成部分"②。

第二，从司法官职业之间、内部关系以及与其他主体的角度来看，需要分别予以阐述。首先，司法官职业之间的关系，在刑事司法领域中，主要是警察、检察官与法官三者之间的关系。在警察和检察官关系上，德国奉行"检警一体化"原则。检察机关在侦查阶段承担着主要责任，并对警察部门的侦查活动享有指挥权，警察在检察机关的指挥下享有相对独立的侦查地位。《德国刑事诉讼法》第 161 条规定警察部门有义务接受检察机关关于侦查犯罪的委托；第 163 条授权警察部门独立侦查犯罪行为。《法院组织法》第 152 条明确规定，包括警察在内的检察机关侦查人员有义务服从检察机关的命令。在检察官与法官关系上，刑事诉讼中两者是互相配合、互相制约的关系。检察机关负责侦查、起诉和法律监督；法院负责审判，相关规定如"审判长负责指挥审判，讯问被告人和调查证据"。（《德国刑事诉讼法典》第 238 条）③ 在警察、检察官与法官之间关系上，三者各自完成侦查、公诉、审判等职能。警察的侦查权力受到检察官和法官的制约，一般情况下，警察不能越过检察机关向法院申请逮捕等强制措施，只有检察机关认为警察的方法适当时才会向法官申请批准。检察官还以法律监督者的身份，确保法律的正确执行。"对于欧陆法系的检察官而言，其基本的职责业务是指挥侦查，成为侦查程序的主导者，以遏制警察国家的出现；另外在欧陆法系采行控诉原则的诉讼制度下，检察官还被赋予提起公

---

① 林钰雄：《检察官论》，法律出版社 2008 年版，自序第 1 页。转引自孙谦《维护司法的公平和正义是检察官的基本追求——〈检察官论〉评价（一）》，《人民检察》2014 年第 7 期，第 15 页。

② 魏武：《法德检察制度》，中国检察出版社 2008 年版，第 165 页。

③ 程味秋：《两大法系刑事诉讼模式之比较》，《比较法研究》1997 年第 2 期，第 186—187 页。

诉，控制法官裁判的入口，避免裁判恣意的职责。"① 法官行使审判权，检察官通过上诉的形式确保法律正确适用。

其次，司法官职业内部关系，分为检察机关和法院内部关系。在检察机关内部关系上，检察官遵守"上命下从"原则，上级检察官就下级检察官处理的检察事务拥有指挥监督权，也具有职务收取权和移转权，根据《德国法院组织法》第 146 条，检察官应当服从上级的命令。德国是联邦制国家，检察机关分为联邦检察院和州检察机关两套系统，两者没有垂直领导关系，分别接受联邦司法部和州司法部的指示和监督。但是，联邦总检察长可以在法律规定的特殊情况下将其管辖的案件移交州检察院，也可将各州检察院管辖的案件提交本院处理。② 在法院系统的内部关系上，德国在普通法院实行的四级三审制，比较类似单一制国家，可以说它是联邦制国家中较为独特的司法体制，分为即联邦最高法院，州高等法院，州中等法院和地方法院。法官独立行使审判权力，如对法官的判决不服，可以采取上诉的方式予以解决，以审级的方式予以法律救济。

再次，从司法官职业与其他主体之间的关系角度来看，主要是司法官与辩护律师的关系中，司法官处于优势地位。在德国，刑事诉讼划分为两个程序，一是侦查程序（前程序），由检察机关负责；二是审判程序（主要程序），由法院负责。③ 在侦查程序中，原则上检察机关主宰，实际上根据不同案件情况，有时警察、有时检察机关占主导地位。在公诉上，德国目前仍然坚持对重罪案件实行法定追诉原则，以及强制起诉原则。对于简单的案件，检察机关也可以申请刑事处罚令。④ 通过无须庭审的简单程序，可以对简单的案件迅速处理。在审判阶段，法官会在审前对证据进行审查，决定这些证据是否可以成为受理该案件的理由。在审判过程中，法官负责询问证人，而不是由辩护律师或检察官进行。⑤ 毫无疑问，在整个刑

---

① 单民、董坤：《检察官职业伦理比较研究》，《中国司法》2013 年第 9 期，第 89 页。

② 何家弘主编：《检察制度比较研究》，中国检察出版社 2008 年版，第 163 页。

③ 同上书，第 184 页。

④ 魏武：《法德检察制度》，中国检察出版社 2008 年版，第 191—121 页。

⑤ 何家弘：《外国刑事司法制度》，中国人民大学出版社 2006 年版，第 441 页。

事诉讼中辩护律师处于弱势地位。正如德国法学家罗伯特·霍恩所说："德国法律所依赖依靠的，是一些具有家长式作风的法官，而与这些法官合作共事的，则是一些寡言少语，对与对手交锋毫无兴趣的律师。"①

（二）英美法系国家作为"协作者"的司法官职业角色

1. 英国司法官职业角色定位

（1）司法权定位

第一，在英国②，从政府基本权力结构层面来看，英国议会保持其理论上的至上性，检察官隶属于行政部门，法院地位也不能说与议会地位并肩。英国检察官隶属于皇家检察署。③皇家检察署既是公诉机关也是政府的法律顾问机构，在三权分立的体系中，皇家检察署隶属于行政部门，要与政府共进退，接受议会的质询，但在履行职责方面却保持着一定的独立性。④皇家检察署是由检察机关首脑领导的公共机构，它通过总检察长向议会负责。⑤总检察长和副总检察长不是内阁成员。根据英国宪法惯例，总检察长在履行其职能时有义务中立地对待政府，总检察长在做出决策时不能考虑任何党派性的政治因素，而只能基于公共利益的考虑；总检察长应该公正、独立、客观地做出决策。英国一直以来司法终审权属于上议院，由于上议院集立法权及司法权于一身，令人混淆之余亦违三权分立的原则，后来根据《2005年宪制改革法案》，设立联合王国最高法院，并于2009年10月1日起开始运作，取代原先由上议院独享的最高上诉管辖权，从而使法院系统获得司

---

①　[德] 罗伯特·霍恩：《德国民商法导论》，楚建译，中国大百科全书出版社1996年版，第50页。

②　通常说的英国的司法制度，一般就是指英格兰和威尔士的司法制度。

③　国内学者在翻译英文资料时，有皇家检察署、王室检察署两种译法，笔者倾向采用皇家检察署译法。为尊重原文，对于文中引用学者的观点中使用"王室检察署"这一名称的，也未进行修改，在此予以说明。

④　王永：《我国检察官职业伦理规范研究》，博士学位论文，山东大学，2012年，第52页。

⑤　参见英国1994年《皇家检察官守则》11.1部分，2017年3月4日（http://www.cps.gov.uk/publications/code_for_crown_prosecutors/）。

法终审权。

第二，从司法权及司法机关功能来看，分成检察机关和法院两个方面。对于检察机关及检察官而言，皇家检察署是一个全国性的检察机关，它独立于警察机构之外，在总检察长监督下由检察长领导，其主要职责是起诉刑事犯罪，同时也在重要的法律问题上为内阁和政府部门提供意见。对于法院而言，在履行审判职能过程中，有着非常重要的司法审查功能。司法审查功能的重要性就在于它是实现司法权制约其他两权的主要手段。英国法院及法官正是通过司法审查进行权力制约维护国家秩序。英国的司法审查是一个严格的、狭义的法律制度，它指的是高等法院审查行政行为、命令和下级法院的判决是否违法的制度，是一种行政法意义上的司法审查。……在案件裁决中，法院通过行使其司法审查的职能，保证政府行为符合法治的要求和符合议会的制定法；司法机关对立法机关进行制约的权力在于对至上的议会制定法的含义进行解释，通过法律解释技术使议会立法更符合普通法的原则。①

（2）司法官职业角色具体定位

在英国，认识司法官职业角色具体定位，可以从下述两个方面展开：

第一，从司法官职业与国家和社会关系的角度来看，检察官、法官在国家和社会中具有不同的角色定位。对于检察官而言，其检察权隶属于行政权力，属于文职公务员。皇家检察官的地位要优于律师，总检察长则是英国律师界的领袖和最高法律官员之一。一般说来，检察官的收入也高于一般的政府公务员，尽管有些民事案件律师的收入高于检察官，但他们都视检察官职业是一种具有更高声望的职业。②皇家检察官的主要职能就是提起公诉，它不具有独立侦查职能，可以建议但不介入警察的侦查活动。对于法官而言，基于司法权在政府基本权力结构中的地位与功能，法官作为司法权的

---

① 项焱：《议会主权原则下的英国司法审查——以 2005 年〈宪法改革法〉为视角》，《求是学刊》2010 年第 6 期，第 72 页。

② 何家弘主编：《检察制度比较研究》，中国检察出版社 2008 年版，第 34 页。

表达和载体，其角色和作用都极为重要。英国法官①在历史上常常站在人民立场来反对统治者滥用权力，因此，普通民众以及其他法律职业对法官高度信任，认为职业法官即为社会正义公正的代表。②法官代表政府中的司法部门履行其司法审判职能，这一职能不仅可以实施司法审查，还可以"法官造法"，不同于行政机关公务员，具有极高的社会地位。在英国的民众眼里，法官是非常令人敬畏的，他们是法律职业界的少数精英。……法官作为一个司法职业阶层在英国社会中的声望是其他国家同行难以望其项背的。③ 在英国，法官几乎都是从出庭律师中选拔的，而且只有那种出类拔萃的出庭律师才能有机会被任命为法官。在获得任命时，他们不仅对法律专业知识有精深的把握，而且也有长期的法庭实践经验。因此，向法官席的攀登是一个漫长而有规律的过程，40 岁之前被任命为法官是极少见的事情。法官职业不同于行政机关公务员，具有身份保障、经济保障和特权保障。如法官一经任用，便不得随意更换。英国高等法院的法官其免职需要由议会上、下两院共同提出。截至 2011 年的统计数据，全英只有 1500 余名法官，高等级法院法官一般都有皇室授予的爵位，社会地位极高，并且具有比较丰厚的待遇。④英国大法官年薪历来高于英国首相。之前有学者比较发现，英国大法官年薪是欧盟国家政要中最高的。法官还享有多方面的特权，如司法豁免权，免予议会批评的权利等。

第二，从司法官职业之间、内部关系以及与其他主体关系的角度来看，需要分别予以阐述。首先，司法官职业之间⑤的关系，主要是检察机关与警察之间关系、检察官与法官之间、法官与陪审团

---

① 英国法官分为两大群体，一是职业法官，二是非职业法官（治安法官）。本书所指英国法官是职业法官。

② 陈洪涛：《大陆法系与英美法系法官素质之考察——以英法两国为例》，《中国政法大学学报》2008 年第 4 期，第 125 页。

③ 齐树洁主编：《英国司法制度》，厦门大学出版社 2007 年版，第 127 页。

④ 郑先红、徐前、凌瑾：《英国司法制度概述及启示》，《中国司法》2011 年第 12 期，第 87 页。

⑤ 司法官职业之间关系的理解，本书不仅仅限于刑事司法中检察官、警察、法官职业之间关系，由于职业与其所在机关之间存在紧密的联系，有时候还包括职业与其他职业所在机关的关系、机关之间的关系。

之间的关系。在检察机关与警察之间的关系上，可以总结为一种建议与合作的关系。这主要是因为两者追求的诉讼目标一致，检察官就会提前就刑事诉讼中可能出现的问题向警方提出意见，同时与之保持密切的合作关系。① 在诉讼中，警方决定是否启动起诉程序，皇家检察署决定是否提起刑事公诉的问题。警方在做出起诉决定前可以向皇家检察署征求意见，随后出现两种情况，一是决定不予指控时，皇家检察署同案件处于脱离的状态，不能对案件进行干涉。二是决定提交检察署启动起诉时，检察署必须依照法定标准进行审查，主要是两个方面，即证据和公众利益审查。在证据审查方面，检察官应当判断是否存在"现实的判罪前景"以作为提起公诉的客观依据；在公共利益审查方面，应当考虑起诉是否符合公共利益的要求以作为决定起诉的主观依据。皇家检察署具有决定是否提起公诉的自由裁量权，可以决定不起诉和开展辩诉交易。在检察官与法官的关系上，在审判中，检察官负责公诉，作为法庭上与辩护律师平等对立的控诉方而存在。② 法官则保持中立，引导审判进行，确保辩护方和控诉方平等遵守程序规则，双方充分辩论，从而发现案件事实真相。③ 此外，对于英国检察官的自由裁量权，法院要严格审查每一个起诉决定。如果法院发现检察机关的起诉理由不充分，则会对检察机关的起诉决定提出批评。如果法院发现检察机关在制作起诉决定时有不适当或不作为行为，法院可能公开批评检察机关

---

① 何家弘主编：《检察制度比较研究》，中国检察出版社 2008 年版，第 34 页。

② 英国的检察官只能在治安法院出庭支持公诉，而不能在审理重罪案件的刑事法院及上诉法院出庭；对刑事法院的审理，王室检察署必须聘请有资格出席高等法院辩论的律师。检察官至今没有获得刑事法院的出庭公诉权，这是王室检察署在诉讼职能上的一个缺陷。英国反对授予皇家检察署出庭权的理由在于，人们认为法庭必须由控诉方和辩护方组成，让王室检察署出庭会从根本上动摇法庭的独立性，因为王室检察署代表的不仅是公诉方，还代表了国家强权力量。参见何家弘主编《检察制度比较研究》，中国检察出版社 2008 年版，第 42 页。

③ 参见［英］马塞尔·柏宁斯、克莱尔·戴尔《英国的法官》，《现代法学》1997 年第 2 期，第 108 页。法官恰如足球裁判，如果其过于懈怠，从来不吹笛鸣哨，整个比赛就会失去控制，球员就会为所欲为，从而导致不公正的比赛结果；相反，裁判如果过于严格，不断吹笛鸣哨，整个比赛就会受到压抑，球员便失去一展雄姿的机会，审判必然因此而受到扭曲，英国法官必须适当引导审判，而不是主宰整个诉讼程序。

或判检察机关承担一部分诉费。① 在法官与陪审团关系上，简单地说，法官负责程序事项及法律纷争问题，陪审团负责事实认定问题，两者共同完成审判。在定罪量刑上，陪审团决定罪与非罪，法官决定刑罚问题。具体而言，在审判中，一方面，法官对陪审团进行指导，对陪审团裁决具有一定的影响力，体现在：（1）法官对证据的可采性的判断。法官对作为陪审团裁判基础的证据的可采性具有决定权。（2）法官的直接指示。法官可以在证据明显不足的情况下，指示陪审团做出无罪判决。（3）法官的总结提示。总结提示是英国刑事审判的最为重要的部分之一，法官对需要做出决定的事实问题向陪审团做出总结，并对双方提出的证据和意见做出简洁的总结，从而对陪审团的裁决产生导向作用。另一方面，法官不能对陪审团评议进行不正当干预。法官不能驾驭陪审团或者越俎代庖对事实问题做出判断，也不能对陪审团成员施加压力以达到某一结果。

其次，司法官职业内部关系，分为检察机关和法院内部关系。在检察机关内部关系上，皇家检察官在检察长指挥下工作，在机构和程序上享有检察长所有权力。从外在形式来看，检察官组织内部权力结构松散，权力等级化程度低，检察官与检察官之间没有上命下从的关系，检察机关不是一体化的官僚制结构。② 必须说明的是，英国建立具有现代意义的检察机关，是依据 1985 年《犯罪起诉法》设立的由总检察长领导的统一检察机构。其中皇家检察署是承担公诉职能的主要部门。皇家检察署分为中央和地方两级检察机关：皇家检察署总部和 42 个地区检察院。尽管 1985 年《犯罪起诉法》授权皇家检察署履行公诉职能，但是皇家检察署脱离不了传统的私诉体制③的深刻影响。它既不参与犯罪调查，也不

---

① 何家弘主编：《检察制度比较研究》，中国检察出版社 2008 年版，第 42 页。

② 黎敏：《西方检察制度史研究——历史缘起与类型化差异》，清华大学出版社 2010 年版，第 257 页。

③ 英国根深蒂固的古老的私诉理念：每位公民，包括警察在内都是一个"公民检察官"。他们享有合理范围之内的自治地位。参见黎敏《西方检察制度史研究——历史缘起与类型化差异》，清华大学出版社 2010 年版，第 256 页。

负责提起起诉，这些任务仍然由警方完成。① 同时，英国的皇家检察署仍然不能以国家名义垄断刑事检控权。在英国，很多其他公共职能部门在与各自管辖事务有关的刑事案件中，都有权提出刑事指控，最典型的领域包括关税、国内税收、公共安全和社会卫生保健等。因此，可以说，直到今天，在英格兰依然无缘建构起像欧陆国家那样的一体化的检察官僚机构。② 在法官③职业内部关系上，主要从法院审级监督方面认识。英国对刑事案件基本上实行两级上诉制度。④ 对于英国上诉制度而言，其发展是相对缓慢并且滞后于刑事诉讼制度产生，原因主要是"一事不再理"原则和

---

① 黎敏：《西方检察制度史研究——历史缘起与类型化差异》，清华大学出版社2010年版，第256页。

② 同上。

③ 英国绝大部分刑事案件在治安法院由非职业法官（治安法官）审判，只有百分之二左右刑事案件在刑事法院由职业法官审判，其中又有百分之六十左右有罪答辩，因此，总体上刑事案件大约百分之一左右由陪审团参与审理。由于法官与陪审团共同完成审判，为了便于比较，故而两者放在一起讨论。

④ 参见齐树洁主编《英国司法制度》，厦门大学出版社2007年版，第580—581页。目前，英国法关于上诉审法官的资格以及审理特定案件的合议庭组成规定在《1981年最高法院法》中。刑事案件的上诉管辖权和上诉审程序主要由《1968年刑事上诉法》以及根据该法制定的《1968年刑事上诉规则》调整，其中《1968年刑事上诉法》受到《1988年刑事审判法》《1994年刑事审判与公共秩序法》《1995年刑事上诉法》和《2003年刑事审判法》等法律的多次修正。根据这些法律的规定，对治安法院的裁判，可以就法律问题依次向高等法院和上议院上诉，也可以先就事实问题（也可以包括法律问题）向刑事法院上诉，再就刑事法院二审裁判的法律问题依次向高等法院和上议院上诉；对于刑事法院的一审裁判可以依次向上诉法院和上议院上诉。因此，对治安法院的裁判，可能会有三次上诉的机会。其中对于刑事法院或高等法院裁判的上诉，必须事先经过许可，对治安法院裁判的上诉，则无须经过许可。

"当事人主义"模式。① 20世纪70年代以后，英国的刑事上诉制度才开始向大陆法系的刑事上诉制度靠拢。

最后，从司法官职业与其他主体之间的关系角度来看，主要是作为控方的检察官与警察同辩护律师的关系以及法官与被告人及辩护律师的关系。前者，两者关系在参与诉讼时地位平等。在英国这一典型判例法传统国家，对犯罪行为的检控权在普通法上自始至终属于全民。……刑事调查和检控程序在英格兰呈现出高度的非官方化的情形，刑事检控主体在英国法体系中体现出极大的普遍性和开放性。英格兰的检控权力体制始终保持着一种多中心的秩序，而不是一个单一的检控权力体系。② 英国对警察授权极为谨慎，对检察机关授权基本上只是作为公诉机关出现，并且在1985年《犯罪起诉法》中开篇即承认公诉的多样性。后者，法官作为中立的裁判者和人权保护者的存在具有悠久的传统，在诉讼中能够保障被告人及辩护律师的权益，从而确保辩护方与控诉方平等对抗。

2. 美国司法官职业角色定位

（1）司法权定位

第一，从政府基本权力结构层面来看，根据美国宪法，立法、行政、司法三权分别由国会、总统、法院行使，表现为"三权分

① 参见齐树洁主编《英国司法制度》，厦门大学出版社2007年版，第579—580页。在《1907年刑事上诉法》颁布以前，英国没有正式的刑事上诉制度。19世纪末，英国史学家施蒂芬写道："英国刑事诉讼的一个显著特征是不承认任何可以适当地称之为上诉的东西，不管是基于事实问题的上诉还是基于法律问题的上诉，尽管也存在一些在一定程度上显得是、在一定程度上也确实是这一原则例外的程序。"可见，英国的刑事上诉制度是迟于刑事诉讼制度产生的。英国刑事上诉制度产生的相对滞后性主要基于以下两个原因：（1）"一事不再理"原则。根据罗马法的理论，"既判的事实，应视为真理"。裁判一经做出就立即发生法律效力，对该案件，不得再行起诉和审判。英国承认了"一事不再理"原则，并将"禁止双重危险"原则作为被告人的一项基本的诉讼权利，进而上升为宪法原则。显然，这样的理念是排斥上诉制度的。（2）"当事人主义"诉讼模式的应用。英国实行当事人主义的诉讼模式。在这一模式下，当事人双方可以就事实和法律问题展开充分辩论，并由陪审团对事实问题做出裁决，而法官则处于中立的位置，因此，在这一模式下得出的判决被推定是公正的，即所谓的形式公正。基于这样的理念，法律禁止控方对已做出的裁判提出上诉，以避免控方滥用追诉权导致对于被告人权利的侵犯。

② 黎敏：《西方检察制度史研究——历史缘起与类型化差异》，清华大学出版社2010年版，第256—257页。

立、相互制衡"，这是典型的"三权分立"形态。检察官隶属于行政机关；法院具有基础性的宪法地位。检察官隶属于行政机关，作为行政权力的代表参与刑事诉讼，也是刑事司法活动的主体。美国的检察体制具有"三级双轨、相互独立"的特征。[①] 所谓"三级"，是指美国检察系统分别建立在联邦、州以及市这三个层次；"双轨"，是指美国的检察职能分别由联邦和州检察系统分别行使，两者平行，没有隶属关系，也没有监督和指导关系。由于美国检察系统具有多样性的特征，本书主要介绍联邦层面。美国联邦检察系统隶属于美国司法部，由联邦司法部中具有检察职能的联邦地区检察署组成，美国司法部长兼任联邦检察系统的首脑，也就是联邦检察长。美国的联邦司法系统分为94个司法管理辖区，每区设立一个地区联邦检察署，由一名联邦检察官和若干名助理检察官组成。美国的各级检察长、检察官和助理检察官都是"临时性"检察人员，具有"流动性"的检察官并非终身职业。如果说终身职业的话，往往是其律师身份。美国联邦检察长及各地区检察官由美国总统直接任命，但须经联邦参议院同意。一般来说，总统仅任命本政党的人担任联邦检察官，每当新总统就任时，原联邦检察官就会递上辞呈，以便为总统任命新的检察官扫清道路。助理检察官是美国联邦系统的主要力量，由联邦检察官雇用。[②] 行使司法权的法院在政府基本权力结构层面处于基础地位，与其他"两权"平等制约。司法权这一基础地位的获得，并非建国就有，而是历史发展的结果。19世纪初期美国首席大法官约翰·马歇尔通过审理"马伯里诉麦迪逊案"确立了司法审查原则。该原则使司法权得以"制约"其他"两权"，也即法院能够以基本的政府宪章（美国宪法）控制立法机构和行政机关的权力。

　　第二，从司法权及司法机关功能来看，本书分成检察机关和法

---

① 王公义主编：《中外司法体制比较研究》，法律出版社2013年版，第57页。所谓"三级"，是指美国的检察机构建立在联邦、州和市镇这三级政府"级别"上。所谓"双轨"是指美国的检察职能分别由联邦检察系统和州检察系统行使，两者相互平行，互不干扰。而且，美国的检察机构无论"级别"高低和规模大小，都是相互独立的，不存在上下级领导关系。

② 何家弘主编：《检察制度比较研究》，中国检察出版社2008年版，第15—17页。

院两个方面。对于联邦检察官而言，其职能主要是调查、起诉违反联邦法律的行为，并在联邦为当事人的案件中代表联邦政府参加诉讼。① 对于法院而言，基本职能是裁判案件。在裁判过程中，其所有具有的司法审查功能极为重要。美国法院及法官通过不同于英国的司法审查方式制约其他"两权"维护国家秩序。美国司法审查的范围比英国更为宽泛，多数时候是"违宪审查"的同义语，也是一种宪法意义上的司法审查。

（2）司法官职业角色具体定位

在美国，认识司法官职业角色具体定位可以从下述两个方面展开：

第一，从司法官职业与国家和社会关系的角度来看，检察官、法官在国家和社会中具有不同的角色定位。对于检察官而言，两个基本的角色认识，一是检察官是政府雇用的"公办"律师。二是行使行政权力的公务员。首先，美国的检察官职业包括联邦和地方检察长、检察官、助理检察官和辅助检察人员。一般来说，检察官必须是其所在州律师协会的成员。也就是说，通过州律师资格考试并取得当地律师资格是从事检察工作的前提条件。其次，在"三权分立"的体制下，美国的检察权属于行政权力。检察官作为行政公务员的一部分而存在。② 联邦检察官的主要职能主要表现为侦查职能和诉讼职能，侦查职能主要表现为检察官领导或协同警察或执法人员对犯罪案件进行侦查；诉讼职能则表现为对刑事案件提起公诉。对于法官③而言，基于法院和法官在政府基本权力结构中的定位，法官作用极为重要是显而易见的。美国司法制度最大的特点，就是将一些直接涉及公民人权和自由的诉讼行为上升到宪法高度，为公

---

① 何家弘主编：《检察制度比较研究》，中国检察出版社 2008 年版，第 8 页。

② 王公义主编：《中外司法体制比较研究》，法律出版社 2013 年版，第 57 页。

③ 本书的美国法官，指的是美国联邦法官，由于美国是联邦国家，采取联邦法院和州法院双轨体制，两级法院之间不存在上下级关系，在法律规定的各自的管辖范围内掌握着最终决定权。关于联邦法官与州法官的差别，布伦南（Brennan）法官曾评论道，联邦法官有薪金和终身任职的保障，州法官不同，他们是由选举产生的，或至少是在留任选举中获胜，因此，相比之下更直接屈服于多数人的压力，其独立性也相应较低。所以联邦区法院的法官更受出庭律师尊敬，对法庭的控制能力比州法官强。参见怀效锋主编《法院与法官》，法律出版社 2006 年版，第 247 页。

民在诉讼中的权利提供宪法保障。这些保障集中体现在宪法前十条修正案中。① 美国法官"被认为是世界上最有权力的法官，受到人们尊重的特殊人物"，为维护宪法及个人权利而存在。② 美国宪法中的权利法案，详细规定了美国公民的基本权利，其中第 4 条至第 8 条主要规定了刑事被告人的基本权利。美国法官依据权利法案所进行的司法裁判对于整个国家和社会的人权保护发挥着极为重要的作用。这也就历史地形成了法官作为"人权保护者"的高大形象。在其司法审查功能以外，法官的司法裁判还具有"法官造法"功能，所做判例可以作为其他法官裁判的依据。

　　第二，从司法官职业之间、内部关系以及与其他主体关系的角度来看，需要分别予以阐述。首先，司法官职业之间③的关系，主要是检察机关与警察之间关系、检察官与法官之间关系、法官与陪审团之间关系。在检察机关与警察的关系上，两者关系在法律上没有明确规定，实践中各司法系统差别较大，大多数情况下属于分工协作关系。④ 首先，两者都是作为控方，共同以打击犯罪的姿态出现。美国的检察官可以领导或者协同警方或执法人员对案件进行侦查。其次，检察官为警察的逮捕等侦查手段提供法律建议，确保在法庭上承受辩方的质证。最后，检察官需要加强约定的程序规则，以确保警察当局的行为与法律一致并维护被告人的合法权利。⑤ 在检察官与法官关系上，美国检察官的具体职能主要体现在选择性起诉和辩诉交易两项制度中，两者关系在其中得以体现。在选择性起诉方面，检察官决定起诉的案件进入审判环节后由陪审团和法官进行审查，在法庭上，他们无权监督审判活动，只是作为与辩护律师平等的一方诉讼律师。⑥ 检察官会根据每名法官的审判历史制定相

---

　　① 齐树洁主编：《美国司法制度》，厦门大学出版社 2010 年版，第 2 页。

　　② 同上书，第 10—11 页。

　　③ 刑事司法职业之间关系的理解，本书不仅仅限于检察官、警察、法官职业之间关系，由于职业与其所在机关之间存在紧密的联系，有时候还包括职业与其他职业所在机关的关系。

　　④ 宋英辉等：《外国刑事诉讼法》，法律出版社 2006 年版，第 159 页。

　　⑤ 齐树洁主编：《美国司法制度》，厦门大学出版社 2010 年版，第 450 页。

　　⑥ 何家弘主编：《检察制度比较研究》，中国检察出版社 2008 年版，第 18 页。

应的法庭策略，确定撤销案件还是进行诉讼。检察官决定不起诉的案件则无法官审查。在辩诉交易中，检察官具有很大裁量权，法官不得干涉辩诉交易，只需要被告人自愿认罪，明言放弃陪审团审判的权利，那么法官将不再进行法庭调查和审判，直接根据检察官起诉的罪名判刑。这在某种程度上相当于由检察官决定被告人是否有罪了。此外，需要注意的是，根据美国宪法第五修正案：任何人不得因同一罪行被审判一次以上。也就是说，如果被告人被陪审团或者法官判定无罪，无论检察机关有什么样的理由，甚至事后找到确凿证据，检察机关也不能上诉或者法院不能重新开审。在法官与陪审团的关系上，美国的陪审团是继承英国的一项司法制度，与英国规则相近。陪审团的运作与法官的职权范围息息相关，两者是一种此消彼长的关系。陪审团对法官权力的限制，主要是陪审团的否决权。在刑事诉讼中，陪审团的职责是：依照法官的指示，裁定被告人是否有罪。然而，陪审团可以依据其成员的良知及案件的具体情况，不考虑法官的指引以及相关法律，做出被告人无罪的裁定。法官对陪审团的限制，主要是对证据进行限制和对陪审团决策的直接干涉。由于证据是陪审团裁定的基础，对证据的说明、确认以及排除将会对陪审团的决策产生重大影响；对陪审团决策的直接干涉，如在即决判决、再审、特别裁决等制度中，虽然陪审团仍然拥有对实体的决定权，但是已经让渡一部分权力给法官。①

其次，司法官职业内部关系，分为检察机关和法院内部关系。在检察机关内部关系上，美国联邦检察官以个人负责为基础。就每一个检察官办事处而言，检察官是绝对的领导。他有权决定该办事处负责的一切案件和遇到的一切问题，即包括起诉决定权和人员任免。美国的检察事务是由个人决定和个人负责的，不是集体决定和集体负责的。② 在法官职业内部关系上，美国法院是采取二元分立模式，有联邦法院和州法院体系之分。联邦法院与州法院之间不存在上下级关系。联邦法官与州法官在选拔、职业保障等方面存在很

---

① 齐树洁主编：《美国司法制度》，厦门大学出版社 2010 年版，第 107—112 页。
② 王公义主编：《中外司法体制比较研究》，法律出版社 2013 年版，第 57 页。

大差异。就具体案件而言，几乎90%以上都是由州法院审理的。①
美国的州法院系统不仅在结构上，而且在名称上，非常多样化，试
图系统化概括而不是列举式说明，是非常困难的。此处，主要指的
是联邦法官职业内部关系。其一，在审级上，联邦普通法院由初审
法院、上诉法院和最高法院②组成。联邦初审法院是最低一级法院，
也是唯一实行陪审制的法院。联邦上诉法院法官没有初审权，只有
上诉管辖权。它不进行事实审，只进行法律审。联邦最高法院是联
邦的终审法院，联邦法院大法官拥有违宪审查权和联邦法院规则的
制定权。其二，在进入法官职业的途径上，可以概括为两点：一是
美国的法官来源多样，来自各种其他法律工作岗位，比如诉讼律
师、法律顾问、大学教授等，在进入法院前已经积累了多年的工作
经验。二是美国的法官一般不在司法系统中按照法院级别从初审法
院到最高法院逐级晋升，可以直接进入任何一级法院系统。同为英
美法系国家的英国，法官通常是由辩护律师由低级初审法院进入法
院系统。

最后，从司法官职业与其他主体之间的关系角度来看，主要是
作为控方的检察官与警察同辩护律师的关系以及法官与被告人及辩
护律师的关系。前者，两者关系在参与诉讼时地位平等。检察官与
辩护律师，呈现出的差别在于，检察官有"公办"身份，并且在任
职期间属于行政公务员，美国检察官的权力范围大于英国检察官。
美国检察官具有侦查职能和诉讼职能，英国检察官则没有侦查职
能。后者，两者关系主要是法官居中裁判，被告人及辩护律师推动
着诉讼程序进行，并与控方平等对抗。美国宪法中权利法案规定的
一些直接涉及公民人权和自由的条款，赋予了法官以更大的权力保

---

① 齐树洁主编：《美国司法制度》，厦门大学出版社2010年版，第8页。一元化的
法院组织体系和二元化的法院组织体系，无疑是不同的，尤其是对于法官的概念，大陆
法系很多由职业法官审判的案件，英美法系则是由非职业法官（治安法官）审判。对于
审判的概念认识，大陆法系的审判往往由法官主持审判，而在英美法系则由陪审团与法
官共同审判。
② 美国联邦法院体系是由三个层次组成的，即包括大约94个审判法院，正式名称
为地方法院；12个地区性上诉法院以及最高法院。每一个地区的上诉法院和审判法院组
成一个巡回区法院。联邦法院处理与联邦法律相关的民事和刑事案件。

障人权，最为直接的就是对被告人及辩护律师的权利的保障。同时，被告人及辩护律师也在宪法层面获得了维护自身权利的依据。

三　两大法系国家司法官职业伦理模式

两大法系国家司法官职业伦理模式，代表了司法官职业伦理发展的两端。在大陆法系"司法责任型"司法官职业伦理模式中，由于大陆法系在宪政层面的司法权地位弱于行政权，司法官员定位在整个社会和国家治理体系中，对于社会控制而言，更多是维护社会秩序的工具。在英美法系"司法独立型"司法官职业伦理模式中，由于英美法系在宪政层面司法权与其他权力平等制约，司法官员定位在整个社会和国家治理体系中，对于个人权利而言，更多是目的性意味，也即司法独立得以实现，则普通公民权利得以保障。在刑事司法领域，司法官职业伦理模式，从本质上看，"责任与独立"是核心范畴，从表征形态来看，主要在于构建司法官职业伦理模式的立场与进路。

首先，大陆法系国家"司法责任型"司法官职业伦理模式。这一模式含义在于，以"司法责任"作为职业伦理的立场和先导，"司法独立"作为辅助方式，并以此作为指引和控制司法官职业角色的路径。大陆法系国家，在科层型权力组织的政策实施程序下，刑事司法官员"科层官僚"定位，重视实体，强调主导性和执行力，这就决定了职业伦理的规范方式和内容，只能是以责任惩戒的方式进行控制和约束，以防范和制止司法权滥用，而不能以"独立"的保障为先导。对于大陆法系刑事司法官员及其代表的司法机关而言，在行使司法权时，往往是以司法机关整体出现，强调社会控制，在司法权强大并且"独立"保障相对较为完善的情况下，必须以责任作为控制，如果过分强调"独立"，势必会导致刑事司法司法官员及其代表的司法机关在行使司法权时，凌驾于其他权力之上。

其次，英美法系国家"司法独立型"司法官职业伦理模式。这一模式含义在于，以"司法独立"作为职业伦理的立场和先导，"司法责任"作为辅助方式，并以此作为对司法官进行指引和保障的路径。英美法系国家，在协作型权力组织的政策实施程序下，刑事司法官"协作者"定位，重视程序，强调协作性，同时又有积极能动要求，不同于大陆法系，其在行使权力的时候，既强调对个人权利保障，又必须能动回应社会要求，此时必须强调对司法官员基于独立的身份和物质保障，如果强调责任先导和预设，势必会造成畏首畏尾，不敢公正司法、能动司法。

20世纪六七十年代以来，随着两大法系国家司法制度的相互借鉴和移植，这两种职业伦理模式，也出现了相互影响和靠拢的现象。如果对这两种类型的司法官职业伦理模式的发展进行概括的话，两者在职业伦理的理念上相互认可并激发了对方的制度改革和创新，在具体的立场和实践上尽管坚持各自立场，但是开始有限度地和在特定范围内学习对方模式内容。

在这里，笔者拟对大陆法系国家"司法责任型"司法官职业伦理模式及英美法系国家"司法独立型"司法官职业伦理模式分别加以详细阐述。

（一）大陆法系国家"司法责任型"司法官职业伦理模式

1. 法国司法官职业伦理模式

在法国，认识司法官职业伦理模式，可以从四个方面展开，一是关于司法官职业伦理概念认识；二是司法官职业伦理观；三是司法官职业伦理规范的基本内容；四是司法官职业伦理惩戒基本制度。必须强调的是，法国司法官，虽属国家公务员，但是其管理自成体系，它以《关于司法官地位之组织法之1958年12月22日第58－1270号条例》作为法律依据，同时又以最高司法委员会作为组织依托。

（1）如何认识司法官职业伦理的概念

首先，司法官职业伦理的概念的存在和认知，有一个发展过程。在法国，传统上司法职业对职业伦理知之甚少，司法官职业伦理的概念，只是近些年发展起来的。正如法国最高法院首席大法官吉·

加尼维认为的，"今天，与法官们不同的是，律师专业的学生接受一种被称做职业道德培训的专门教育。人们普遍认为，这一点是律师专业学生与法官专业学生显著不同之处。其他涉及司法以及法律的职业都有明确规定的带有行业特点的专门性职业规范。但对于法官专业学生来说，关于职业道德的理论论述既有限又分散，这一领域的实践也长期没有得到重视"①。法国最高司法委员会在其关于司法官职业道德的总结中指出，"在不久以前，职业道德的概念及其在法律条文中的明文规定都只牵涉到自由职业者。同时，人们普遍认为，在这种行会性质的职业道德自律框架中所涉及的职业应当既有能力创制职业道德准则，也有能力加以批准。但近几十年来，职业道德的概念及其应用已从几个方面大大超越了旧有的限制……这里令人感兴趣的是，公权力逐渐接受了职业道德概念，并且实际上对公务人员应承担的职业道德义务也开始加以明确规定，并加以立法保障"②。在接受职业伦理概念之前，法国关注重心在于司法官违反纪律的行为的处理。吉·加尼维首席大法官指出："直到 20 世纪 70 年代，纪律检查机关只片面重视法官违纪行为的严重性，但不对违纪行为本身进行有条理的描述和和定性。"法国最高司法委员会认为："只有在问题非常严重和法官应承担全部责任时才可采取行动。最多，纪检机关也就是将法官的违纪行为公之于众，并指明其违纪。"③当然，法国开始接受并强调司法官职业伦理的原因，根本上还是法律和司法官在整个社会政治、经济和文化以及公众生活中发挥的职能和不断上升的作用相关联。

其次，关于司法官职业伦理的概念界定，它是作为职业义务而存在的。法国最高司法委员会认可的概念比较宽泛，其赞成《罗贝尔字典》的界定，即"《罗贝尔字典》将职业道德一词简要地解释为'职业人士在从事其职业中所必须承担的所有义务'"④。在此基础上，司法官职业伦理就是在以一些基本价值为名义进行工作时应

---

① 怀效锋主编：《法官行为与职业伦理》，法律出版社 2006 年版，第 303 页。
② 同上书，第 317 页。
③ 同上书，第 306 页。
④ 同上书，第 317 页。

承担的全部义务。在法国，司法官也采取官僚制，主要是按照《关于司法官地位之组织法之 1958 年 12 月 22 日第 58－1270 号条例》来规范权利义务和地位关系，这一规范法官和检察官的管理规范自成体系，与一般公务员管理互不交涉。法国最高司法委员会进一步指出：关于司法官的职业道德准则，"职业道德准则法典"的提法太具体且不适用，不如采纳或更准确地说沿用 1958 年以来就为法国法律所接受的一个概念，即"基本原则陈述"。这样选择的第一条原因是，司法人员职业道德准则与司法机构的基本价值和作用是密切联系的，其中包括司法机构的独立性和公正性。司法人员的职业道德必须首先放在这个层面上来考察，并明确地与这些原则挂钩。另一方面，即使司法人员的职业道德准则不能只限于对基本价值的陈述，它还需要说明司法人员的具体行为准则，但是如果有谁试图事先以文字列表的形式详尽明确地规定出司法人员在各种情况下所应当采取的行为方式，那是很危险的，也是做不到的。[①]

最后，司法官职业伦理表明司法职业作为契约关系的存在与作为政府权力结构的功能性存在。司法官职业伦理是司法职业人员的义务，那么义务来源是什么呢？无疑是司法职业受雇于国家的特殊劳动关系。以法国司法官的职业宣誓为例，司法官在首次履行司法职责之前必须进行公开宣誓。公开宣誓，意味着司法官必须公开承诺完成其司法职能，违反承诺可能遭受惩戒；由于公开宣誓的对象是国家和社会以及社会公众，司法官承诺的完成也意味着在政府权力结构中司法职能的完成。吉·加尼维首席大法官指出："宣誓本身实际上是将法官置于一种民主契约之中。它的表述是法律性的，但它的实质是政治性的，因为它是对社会的公开宣誓，使得法官对个人的承诺同时具有社会色彩，引起全民重视。"[②]

（2）司法官职业伦理观

在法国，司法官职业伦理观主要由两部分组成，一是司法官职业共同的伦理观，二是刑事司法职业独特的伦理观。

首先，司法官职业共同的伦理观，最有代表性的伦理观来自司

---

① 怀效锋主编：《法官行为与职业伦理》，法律出版社 2006 年版，第 318 页。

② 同上书，第 305 页。

法官职业道德考察委员会的报告。该委员会由司法官和各界知名人士组成，2003 年 5 月 30 日，法国司法部长多米尼克·贝尔班指示并授权其对司法官职业伦理问题进行深入的思考和调研。该委员会的报告主要是在《关于司法官地位之组织法之 1958 年 12 月 22 日第 58－1270 号条例》的框架内完成。在报告中，司法官职业伦理观主要分成七个方面：① 第一方面：公正。司法人员所承担的职责的特殊性在于他的行动必须得到被管辖者的完全信任，这就要求他具有彻底的公正性。作为法制本身的一个核心要求，公正性既应当是一切司法事务的基础，也应当是接受司法管辖者眼中的各种原则的基础。公正性可以看作排除偏见。这种坚持公正性的义务与坚持谨慎持重的义务是相关联的。第二方面：谨慎持重的义务。司法人员坚持谨慎持重的义务主要是指他们不能以任何举动，给接受司法管辖者造成他们不公正的印象。在这方面，应当禁止的行为包括政治煽动、工会倾向或传教及类似行为。第三方面：忠诚。从词源上来说，忠诚是与法律有关联的，也与尊重荣誉、廉洁和正直相关联。忠诚包括法治作为一个整体所应有的各种美德，特别是当法官在庭审中面对其他各方的时候。第四方面：廉洁。廉洁性原则与荣誉和诚实的概念有关。廉洁性原则使得法官出于职业的需要而不能从事某些个人性的行为。第五方面：尊严。它与司法的公众形象相关，因而从事司法工作的人员必须对接受司法管辖者表现出值得尊敬的一面。尊严原则同时禁止司法人员从事任何与其身份不符的行动。第六方面：勤勉的义务。勤勉原则要求法官在为公众服务和为司法利益服务的每一天中都要勤奋努力。第七方面：保守职业秘密。保守职业秘密是一项绝对的必需，它不仅包括对调查、辩论和庭审的秘密加以保守，也同样包括法官在履行职责过程中所得到的一切信息。以上七个方面的原则，在最高司法委员会看来，是被社会各界一致认可的。并且考虑到现行司法官誓词内容制定于 1958年，现在有必要将这七个方面原则纳入司法官誓词以体现誓词的现代性。但是，由于修改司法官组织法的慎重性，实际上并没有依据

---

① 怀效锋主编：《法官行为与职业伦理》，法律出版社 2006 年版，第 548—552 页。

这一考察报告对司法官誓词进行修改。其中极为重要的因素，在于对于这些原则的概念界定和内容存在着争议。例如，在公正问题上，现行司法官组织法并没有要求司法官保证公正性的义务。"公正性"一词似乎只在刑事程序法令中出现了一次，是关于法官回避问题。在 2000 年 6 月 15 日法令对刑事司法程序的基本原则进行重申的文字中，"公正性"这一词再次不见踪影。[①] 基于法国的立法环境，关于司法公正性的专题工作组成员就认定：公正性这一概念需要加以删减。这一概念内涵宽泛，内容含混，听起来既像是司法概念又像是心理学乃至道德概念。如果想在司法界确立这一概念，就必须把它的无用部分删除掉。[②]

其次，刑事司法职业独特的伦理观主要是法国刑事诉讼法典规定的基本原则。刑事诉讼法典在形成后，有过重大的变革，这种变革主要是人权保障理念的更新。"自 1974 年扩大宪法委员会的受案权限以来，该委员会对有关刑事诉讼程序的法律的审查更加经常，并且经常重申'个人自由的基本原则'。此外，法院的判例在刑事诉讼法律划定的界限内有时也承认某些特定做法（例如，由预审法官命令进行的电话侦听、匿名做证等等）；不过，鉴于斯特拉斯堡欧洲人权法院归结出来的处理意见，法国最高司法法院也软化了它的判例的立场，以便法国法的规定与《欧洲保护人权公约》包含的原则相一致。"[③] 在这一精神的指引下，法国又在《刑事诉讼法典》中增加了一些原则，作为典首条文，以贯彻无罪推定等人权保障的精神。《刑事诉讼法典》的典首条文，该条文分为三小节：第一小节首先确定了刑事诉讼程序应达到的目标。"刑事诉讼程序应当是公正的、对审的程序，应当保障各方当事人的权利平衡。"其次，"刑事诉讼程序应当保证做到负责公诉的权力与审判权分开"。最后，"处于相似条件并因相同犯罪受到追诉的人，应按照相同规则审判"。典首条文的第二小节与受害人有关。"司法机关在任何刑事

---

① 怀效锋主编：《法官行为与职业伦理》，法律出版社 2006 年版，第 201—203 页。
② 同上书，第 203 页。
③ ［法］贝尔纳·布洛克：《法国刑事诉讼法》，罗结珍译，中国政法大学出版社 2009 年版，第 60 页。

诉讼程序中务必告知并保障受害人的权利。"典首条文的第三小节
还重申了《欧洲人权公约》第 6 条的某些原则，重申了无罪推定：
"有犯罪嫌疑或者受到追诉的任何人，只要没有确定其有罪，均推
定其无罪。"① 以上三小节的原则已经贯彻到具体条文中，以确保基
本原则得到适用。对于刑事司法职业而言，刑事诉讼程序的公正、
保障受害人及被告人权利都得到了进一步确认，这是一种更高层面
的刑事司法标准。

（3）司法官职业伦理规范的基本内容

法国最高司法委员会认为："司法人员所应承担的义务主要应
通过阐述大原则的方式来加以表述，既有一定程度的强制性，又是
对努力方向和总体行为准则的描述，既适用于司法人员个人，也约
束作为整体的司法机构，既适用于特殊也适用于一般。"② 在法国，
对于司法职业义务的认识和掌握，主要是通过关于职业伦理的具体
法律规范，以及法国最高司法委员会以及法国最高行政法院的各种
判例来进行。首先，关于司法官职业伦理的法律规范基本内容。在
法国，司法官职业伦理的法律规范③包括两个方面内容：一是法国
宪法层面。1958 年 10 月 4 日的《宪法》，一方面肯定了司法机关的
独立性及其作为个人自由保卫者的地位，另一方面强制要求司法人
员在执行公务中要尊重这些原则。二是在法国司法官组织法上规定
的纪律规范。《关于司法官地位之组织法之 1958 年 12 月 22 日第
58 – 1270 号条例》（截至 2016 年 5 月）的相关规定提出了一系列
行为准则，其中第 6 条规定，司法官宣誓内容：我宣誓认真和忠诚
地履行职责，严守司法讨论的秘密，并且始终做一个有尊严的和高
尚的司法官（最新修改 1959 年）；第 10 条提到司法官在执行公务

---

① ［法］贝尔纳·布洛克：《法国刑事诉讼法》，罗结珍译，中国政法大学出版社
2009 年版，第 65 页。

② 怀效锋主编：《法官行为与职业伦理》，法律出版社 2006 年版，第 318 页。

③ 法国司法官职业伦理规范涉及的法律规范来源，主要参照了《法官行为与职业
伦理》中的两篇文章，一是《法国法官最高委员会关于法官职业道德的总结》，二是
《法国对于法官职业道德的理解》，此外，还有施鹏鹏、谢鹏程的《法国有一套严格的司
法官惩戒程序》，《检察日报》2015 年 1 月 20 日第 3 版一文内容，以及法国《关于司法
官地位之组织法之 1958 年 12 月 22 日第 58 – 1270 号条例》（截至 2016 年 5 月）中的
内容。

中必须坚持谨慎原则（最新修改 1959 年）；第 43 条规定司法官必须尊重其职位所带来的义务以及荣誉、正直、尊严等最高原则，不符合则构成纪律过错。司法官行为构成了严重和故意违反职责的，对于当事人的权利应该得到司法的保障（最新修改 2010 年）。这几条规定实际上并没有点出任何的违背职业道德行为，但是却因为其重要性而被置于法令第七章也就是关于纪律措施一章的首要部位。上述法令的第 8（最新修改 2001 年）、9（最新修改 2011 年）、9－1（最新修改 1994 年）、9－2（最新修改 1994 年）和 32 条（最新修改 2007 年）也都列举出了一些与法官的独立性和公正性不相容的需要避免的行为。其次，司法官职业伦理的判例。作为司法官职业伦理法律规范的补充，它对于原则性职业伦理规范的理解和适用具有重要的参考意义。1999 年以来，法国最高司法委员会每年在其年度报告中，采用不点名的方式，对司法官违纪的案情进行分类管理并对惩戒措施进行解释说明，这些说明中包含有原则性的处理原因，这些处理原因带有规范意义，不仅对违纪行为从个人角度进行分析，而且对个人所在的司法机构的地位、可信性和司法权威性都有一定的分析。司法部参照最高司法委员会做出的决定和建议，从它的角度制定了一整套内容完备、涵盖司法官违纪的各种情况的条例汇编。这项条例汇编随着最高司法委员会的各种判例而不断丰富，使得司法官的职责和义务逐步明确起来。此外，法国最高行政法院的判例也在发挥着越来越大的作用，主要是通过其对司法官违纪行为的监控，逐步将司法官纪律条例的解释权固定到自己手中。根据司法官职业伦理的判例，当前，司法官的职责和义务主要分为两大类：一方面是它在履行公务和处理与同事们的关系中所要遵守的行为规范，另一方面是它作为司法官，在私人生活中要遵守的各种规范。[①]

（4）司法官职业伦理惩戒的基本制度

主要分成两个方面，一是司法官职业伦理惩戒涉及刑事和民事方面的基本制度；二是司法官职业伦理惩戒涉及纪律方面的基本

---

① 怀效锋主编：《法官行为与职业伦理》，法律出版社 2006 年版，第 307 页。

制度。

第一，司法官职业伦理惩戒涉及刑事和民事方面的基本制度。在这里，主要是涉及刑事责任和民事责任，刑事和民事方面的程序并未因司法官职业身份有所不同，因此，不做专门介绍。首先，刑事责任。在法国，司法官基于身份实施的职务犯罪行为要承担刑事责任，主要规定在法国《刑法典》《反腐败法》中。法国《刑法典》规定对于滥用职权、拒绝裁判及接受贿赂等行为进行刑罚处罚，如第 434 - 9 条规定，司法官在任何时候，直接或间接地索要或认可为本人或他人利益之奉送、许诺、赠礼、馈赠或其他任何好处，以完成或放弃完成属于其职责范围之行为的，处 10 年监禁并处 150000 欧元罚金。司法官意图利于或损害受到刑事追究的人，实施上述犯罪行为的，所受到刑罚加重至 15 年监禁刑并处 225000 欧元罚金。第 434 - 7 - 1 条规定，"法官及其他在法庭上负责裁判的人员，或者所有行政职权机关，在收到请求后拒绝裁判的，或者在收到上级警告或命令后仍继续拒绝裁判的"，可处以 7500 欧元罚金，以及 5—20 年禁止履行公职。但需要特别指出的是，检察官做出不起诉决定的，或者预审法官拒绝民事当事人之请求，决定不启动预审程序，或者预审法官拒绝当事人采取某些预审行为之请求的，均不构成拒绝裁判罪。《反腐败法》则增设了"为自己及为他人"谋利益以及"司法人员利用影响力交易的行贿及受贿犯罪"。但总体而论，在法国司法实践中，极少有司法官触犯刑律，这可能也是法国社会各阶层对司法官评价较高的原因之一。① 其次，民事责任。目前来看，对于司法官的职务行为造成的民事责任，由两部分构成，一是国家责任，二是个人民事责任。相对而言，国家在司法领域的责任增大，而个人民事责任则收缩。因此，有学者认为，法国司法官的民事责任只是理论创设，不具有实践意义。法国《民法典》第 473 条规定，在履行对无能力人的监管职能时，对任何过错造成的损害，国家都具有赔偿责任。法国《刑事诉讼法典》第 622 条及随后条款规定被认定无罪的被判刑人，有权按照判刑对其造成

① 施鹏鹏、谢鹏程：《法国有一套严格的司法官惩戒程序》，《检察日报》2015 年 1 月 20 日第 3 版。

的物质与精神损失得到全额赔偿金。第 149 条及随后条款规定了对先行羁押的赔偿责任。1979 年 1 月 18 日组织法在司法官规约中引入了第 11 - 1 条之规定，"所有司法系统内的司法官仅得因个人过错承担责任。承担司法公职的法官存在个人过错的，仅得由国家提起司法官追偿之诉。这一诉讼向最高法院民事庭提起"。此后，因司法官过错而蒙受损害的受害人不得直接对司法官个人提起民事赔偿之诉，而仅得由国家提起司法官追偿之诉。[①]

第二，司法官职业伦理惩戒涉及纪律方面的基本制度。这里，主要分为非正式纪律惩戒（也是司法职务监督）和正式纪律惩戒两个方面。非正式纪律惩戒责任往往是正式惩戒责任的前置阶段。在法国，具有不当行为的司法官一旦遭到正式纪律惩戒，对于按资历晋升的司法官而言，无疑属于涉及职业前途的重大事项。因此，法国在职业伦理惩戒实践中形成了一套预防性监督机制，也就是非正式纪律惩戒，以尽可能避免启动正式的惩戒程序。

首先，在非正式纪律惩戒（也是司法职务监督）方面，主要有警告和业绩考评结果两种形式，这两种形式作为司法职务监督的主要管理手段而存在。就警告来说，司法机关的首长一旦发现下属有违纪行为，应当立刻予以制止，因为他们作为行政首长有执行纪律处分的当然权力；……司法机关首长认为没有达到给予纪律处分的程度时，他可以有两种选择：一是向负责调查类似违纪事件的纪检机关发送一份情况报告，详细描述违纪情况及其严重性，以供主管纪检人员做出相关判断；二是由司法机关首长本人来对出问题的人员给予预防性警告，防止其越陷越深。[②] 第一种处置方法，将会演化成正式纪律惩戒，将在下文"司法官职业伦理的诉讼程序"部分加以阐述。第二种处置方法中，警告不构成纪律惩罚，但是对于行政管理和职务监督而言，是很有必要的措施。法国最高司法委员会认为，司法机关的首长们可以更多地适用这种预防性警告，因为这

---

① 参见施鹏鹏、谢鹏程《法国有一套严格的司法官惩戒程序》，《检察日报》2015年 1 月 20 日第 3 版。参见魏武《法德检察制度》，中国检察出版社 2008 年版，第 145页。

② 怀效锋主编：《司法惩戒与保障》，法律出版社 2003 年版，第 351 页。

和他们的行政管理职能是一致的，可以自然而然地起到化解潜在问题的作用。① 《关于司法官地位之组织法之 1958 年 12 月 22 日第 58 - 1270 号条例》第 44 条对警告予以规定：在纪律措施以外，司法事务总督察、各级法院院长、检察长和中央行政服务领导人，有权对其领导下的司法官进行警告。在警告发出后的三年内没有发出新的警告或被处以新的纪律制裁措施，则警告自动从档案中消除。警告在某种程度上是一种劝说，更是一种"威胁处罚"，尽管警告记录会在三年内自动从档案中取消（如果该法官没有再次受到类似警告或进一步处分），但撤销警告并不妨碍上司在以后写评语时考虑这些"前科"。法国最高行政法院 1972 年通过判例宣布，受到警告的法官与受到正式纪律处分的法官一样享有相应的程序权利，包括有权获得起诉书副本，阅读或获得有关记录和初步调查文件，参加有关听证的权利，聘请律师的权利，要求证人提供证词等。② 实践中，有学者还指出，在对司法官进行警告与正式处分之间，仍有一定空间。如果上诉法院院长认为不良行为比较严重，给予警告还不够，则需要移交司法部一级来处理，并需要展开正式调查。但此时仍有缓和余地，即司法部副部长可以召见违纪情节并不是很严重的当事法官协商解决办法，如换一个工作岗位等。③ 业绩考评结果是司法官非正式纪律惩戒的另一重要形式。法国司法官考评制度不仅与司法官的工资薪金相结合，更与其职业晋升密切相关，在确定能否进入"晋级名单"以及平时的一些工作调动中，考评结果都发挥着重大作用。对于在考评中被评为优秀的司法官，将有机会获得更多的荣誉、表彰等，并将获得更快的提拔。对于被评为"不合格"的司法官，将由其领导与其进行书面谈话并提出改进建议，但对于连续两次被评定为不合格者，将视具体原因予以正式处分。同时，司法官工资中有一项叫"浮动奖金"的部分，该部分奖金的多

---

① 怀效锋主编：《司法惩戒与保障》，法律出版社 2003 年版，第 351 页。

② 陶珂宝：《日本和法国的法官惩戒制度简介》，《法律适用》2003 年第 9 期，第 25 页。

③ 徐静村主编：《21 世纪中国刑事程序改革研究》，法律出版社 2003 年版，第 591 页。

少取决于司法官每次的考评结果，对应其考评结果的级别，将按照从优到差分别对应 17% 到 3% 的不同比例予以奖励。法国司法官考评的法律依据：法国《关于司法官地位之组织法之 1958 年 12 月 22 日第 58 - 1270 号条例》12 - 1 条提出了司法官考评的总体原则，即每两年对所有的司法官实施一次考评。法国 1993 年 1 月 7 日第 93 - 21 号法令第 19 条针对上述规定做了进一步的细化，由最高法院的院长对最高法院的法官进行考核，由驻最高法院的总检察长对驻最高法院的检察官进行考核，由上诉法院的院长对该法院及其辖区内的所有下级法院的法官进行考核，由驻上诉法院的总检察长对驻该上诉法院及驻其辖区的下级法院的检察官进行考核，由司法部长对上诉法院院长、驻上诉法院的总检察长及其他经过授权具有相同职权的同级别的司法官进行考核，由上诉法院预审庭的庭长对该预审庭辖区内的预审法官进行考核。同时，法律规定，依照法定程序对司法官的职业活动进行考评是一项法定义务，这适用于所有的司法官，不论他们的级别高低——除了上诉法院院长、驻上诉法院总检察长和最高法院的司法官们——因为这既是对司法官本身的一种保障，也是对其晋升或授予荣誉等提名机会的一种保障。[①]

其次，就正式纪律惩戒而言，《关于司法官地位之组织法之 1958 年 12 月 22 日第 58 - 1270 号条例》规定较为详尽。下面分别阐述惩戒主体、惩戒事由、惩戒程序和惩戒措施等方面内容。第一，从惩戒主体来看，对于法官，最高司法委员会负责纪律惩戒，并直接适用处罚。对于检察官，司法官最高委员会仅可提出一般的纪律惩戒意见（必要的前置条件，参见《关于司法官地位之组织法之 1958 年 12 月 22 日第 58 - 1270 号条例》第 59 条），由司法部部长负责最终的纪律惩戒。[②] 在此需要说明的是，惩戒主体在 2008 年 7 月法国修宪时曾经做出修改，这一修改的全面概括是，"重新定义了最高司法委员会的构成和属性，同时强调了该机构对外开放，以

---

① 孙琴、刘俊：《法国司法官考评制度及其适用》，《人民检察》2013 年第 7 期，第 64 页。

② 施鹏鹏、谢鹏程：《法国有一套严格的司法官惩戒程序》，《检察日报》2015 年 1 月 20 日第 3 版。

及给予当事人新的权利"①。司法官减少了来自行政权力干涉可能，同时，公民权力的增加，也使"面对违纪行为，司法官的司法管辖活动不再是一个'圣殿'"②。时任法国总统萨科齐修改宪法是为了解决历次宪法修改遗留的问题，并以提升国会职能、节制总统权力与增设公民权利为修宪规划的三条主轴，在司法领域，对于这一修改，可以说充分体现了对总统权力的节制（虽然宪法仍然规定共和国总统是司法机关独立的保障者，并由最高司法委员会协助，但是，共和国总统不再担任最高司法委员会主席）与对公民权利的扩大（增加"最高司法委员会得受理诉讼当事人所提申诉，其办法以组织法定之"内容）。具体修改内容如下："作为改革的标志性措施，最高司法委员会的新构成从此以后给非司法官的成员留下大部分位置：在七名司法官旁边就设有八名。其中六名成员分别由共和国总统、国民议会主席以及参议院主席，根据《宪法》第 13 条的程序加以任命。……同时将对席位组成和检察院的主持工作，分别委托给最高法院的第一院长和最高总检察长。最高司法委员会组成的职权也有小变化。从今以后，检察院机构应该对检察院的所有司法官，包括总检察长的任命给出意见。然而，还有由改革正式产生的全会机构，其职权已经受到限制；它仅能对共和国总统或司法部长的提交审理给出意见。但该改革最具象征性的革新，无疑是保留了让当事人在涉及司法官的举止方面诉诸最高司法委员会的可能性。"③ 第二，从惩戒事由来看，《关于司法官地位之组织法之 1958 年 12 月 22 日第 58 - 1270 号条例》第 43 条及以下予以规定：司法官在履行职责过程中存在"个人过错"的，应予以纪律惩戒。该条款还对"个人过错"做了区分：其一，违背司法官"国家义务、荣誉、正直或尊严"的行为；其二，违背职业义务的行为，如泄露合议秘密、违背不得兼职之义务等；其三，检察官还不得违背"上令

---

① ［法］阿·玛蒂娜：《自 2007 年以来法国司法改革的总结与展望》，赵永升译，《法国司法前沿专号》，2017 年 2 月 16 日（http：//ies. cass. cn/Article/tszl/flyj/201403/8156. asp）。

② 同上。

③ 同上。

下行"的义务。第三，从惩戒程序来看，尽管检察官、法官惩戒主体存在差别，但两者在职业伦理的惩戒程序在受理、调查起诉和裁决方面基本相同。《关于司法官地位之组织法之 1958 年 12 月 22 日第 58 - 1270 号条例》第二部分法官纪律，第三部分检察官纪律对司法官纪律诉讼程序做出了较为详细的规定。该《条例》近年来历经修改，不仅司法部、上诉法院院长或总检察长可以向最高司法委员会提出控告，诉讼当事人也可以直接提出控告。最高司法委员会一旦受理惩戒案件，被诉司法官就有权获得起诉书副本、有关纪律和调查中涉及的所有文书，聘请律师获得帮助、对判决不服向最高行政法院的上诉等所有程序性权利将会予以保障。目前，审理程序除了特殊情形以外一律公开进行，新闻媒体可以报道相关审理和裁决过程。以诉讼当事人为例，可以完整了解这一诉讼过程："如果当事人直接向司法官最高委员会提出控告，则先由控诉受理委员会（司法官最高委员会的内设机构）进行预先审查。审查的内容主要包括所指控的事实及请求是否清楚、指控材料中是否有指控人详细的个人资料以及指控是否在当事人涉诉案件判决发生效力的 1 年后进行。如果受理委员会在审查控诉后，认为指控材料不充分，或者指控理由显然不成立，或者不符合程序要件，则应予以驳回。但如果受理委员会认为指控具有初步的证据证明，且符合各项程序要件，则应予以受理，并告知涉案司法官。自司法官最高委员会受理案件后，涉案司法官便有权了解指控的相关证据及材料。在此期间，受理委员会可向涉案司法官所属上诉法院的院长或总检察长了解各种有用的信息并要求其发表评论意见，也可以会见涉案司法官及控告人，听取其意见，但受理委员会并不享有调查权，不得会见证人。受理委员会在综合各方材料及意见后认为应启动纪律惩戒程序时，应将案件移送"纪律惩戒委员会"（司法官最高委员会的内设机构，由最高法院院长任主席，负责法官的纪律惩戒）或"检察官惩戒委员会"（司法部的内设机构，由检察总长任委员会主席，一名最高法院院长、两名副总检察长、两名资历最深的司法部官员以及三名检察官组成，负责检察官的纪律惩戒）审查。第四，从惩戒措施来看，对于纪律责任惩戒形式，第 45 条规定了如下 9 种，分别为：（1）训诫并记入档案。（2）调任。（3）撤销某些职务。（4）在最长 5 年的期限内禁止任命或委派为独任法官。（5）降级。（6）在最长 1 年的期限内暂时免职，并全部或部分停发薪酬。（7）降职。（8）强制退休或者在司法官未有退休金的情况下终止其职务。（9）撤职。①

2. 德国司法官职业伦理模式

在德国，认识司法官职业伦理模式，从四个方面展开，一是关于司法官职业伦理概念认识；二是司法官职业伦理观，其中包含刑事司法职业独特伦理观；三是司法官职业伦理规范基本内容；四是司法官职业伦理惩戒的基本制度。需要明确的是，德国司法官职业的权利义务和地位关系与一般公务员管理相互交织，只是在关涉职业特殊性的部分另行规定。

（1）关于司法官职业伦理概念的认识

在德国，司法官职业没有明确为"道德准则"成文规定。司法官职业伦理的概念，相对应的部分主要体现为《德国联邦基本法》《联邦公务员法》《联邦法官法》《检察机关之组织和职务执行法》《联邦公务员惩戒法》中对司法职业义务的相关规定。其中，《联邦公务员法》与《联邦法官法》和《检察机关之组织和职务执行法》关系，类似于一般法与特别法的关系。我国台湾地区新竹地方法院检察署主任检察官林丽莹在其撰写的《试论司法官的伦理规范体系》一文②中，曾以德国为例对这一情况给予了详细说明："虽然法官、检察官与一般公务员不同，但二者身份上基本同于国家公务员体系的一环，透过国家考试和培训取得资格，享有终身职保障，与律师属自由业者，职业身份有基本上的不同。因此，在探究司法官职业伦理规范时，当然无法回避公务人员行为规范的基调，唯司法官与一般公务员的职务仍有不同，必须维持独立形象，超然于政

---

① 施鹏鹏、谢鹏程：《法国有一套严格的司法官惩戒程序》，《检察日报》2015 年 1 月 20 日第 3 版。

② 下文引用林丽莹主任检察官的观点，皆来自《试论司法官的伦理规范体系》一文。参见林丽莹《试论司法官的伦理规范体系》，最高人民检察院台湾事务办公室 2011 年编撰材料。

府、企业或其他任何公私的经济、社会团体之外，因此对其行为准则有比一般公务员更严格的要求。在此前提下，相对应于英美所谈的司法官伦理，在欧陆国家法官、检察官则透过公务员法规（人事法领域），建构司法官的职业行为准则以及监督体系。……例如德国法官法第46条即明文将德国公务员法多数有关公务员行为与义务的规定准用于法官。亦即司法官伦理规范是公务员伦理规范体系的一环，在此先予说明。"

（2）司法官职业伦理观

在德国，司法官职业伦理观主要由两部分组成，一是公务员职业共同的伦理观，二是刑事司法职业独特的伦理观。两部分伦理观体现出德国法的基本原则。

第一，关于公务员职业共同的伦理观。依据《联邦基本法》及《联邦公务员法》规定，最为基本的伦理观是服务与忠诚两项原则，在此基础上，衍生出公正执行职务、政治上中立自制、职业上全身心投入、服从及协商义务、宣誓义务、保密义务等原则。如台湾地区学者对此进行了较为明确和全面的概括："德国基本法第三十三条第四项后段明文规定公务员关系'一种公法上之勤务及忠诚关系'，主要有两个基本特征：服勤务及忠诚。所谓勤务，在德国基本法律与普通法律当中并无明确定义，依据学界通说认为，广义的勤务是指履行公法人职务之行为，包括联邦、各邦、地方自治团体、公法机构与公法基金会等。所谓忠诚，对于公务员职业而言，主要是政治上（含对宪法法）之忠诚义务，公务员必须为其所宣誓之'宪法秩序'忠诚维护之，……公务员不仅消极地被要求对宪法秩序的服从，更须积极地维护宪法秩序。基于公务员政治上的忠诚义务，如有违法者，则属于职务上不法行为，得移送公务员惩戒委员会惩戒之，……联邦宪法法院裁判集第三十九卷第三百十四页以下，德国联邦宪法法院裁判选辑中，关于'公务员之忠诚义务'之裁定，对于忠诚义务明白表示，公务员对于国家及宪法应负特别的政治上的忠诚义务，这是公务员体制长期流传下来并值得重视的一项基本原则（基本法第三十三条第五项）。公务员应负之忠诚义务，甚至在宪法修正变更时亦同，而且此种要求不限于口头上的表达，特别当该公务员从事公务时，更须注意并实现现存宪法上及法令上的规定，且由法规的立法意旨去从事其职务。"①

在"服务"与"忠诚"两项基本原则基础上，又衍生出公务员的几方面主要义务，② 第一方面：公正执行职务。公务员应为全民服务而非为某一党派服务，所以其有公平、正当地执行其职务之义务。第二方面：政治上行为中立、自制的义务。公务员不得偏袒一方，亦不得过分介入政治活动。第三方面：职业上全身心投入，不谋取个人私利的义务。此义务要求公务员在执行职务时，其行为以及言谈举止得到尊重和信赖。第四方面：服从及协商义务。公务员对其上级长官有服从义务，如果存在违法嫌疑，则公务员可以与上级单位主管协商。第五方面：宣誓义务。公务员在当入公职前，原则上有宣誓义务。第六方面：保密义务。该义务包括应守秘密事实之不公开、于职务上往来时对该事实之不予通知等。保密时间不限于在职，公务员关系终止亦必须终身保守秘密。

第二，关于刑事司法职业独特的伦理观。主要分成两部分予以认识：一是德国法官法相关规定体现的伦理观；二是德国刑事诉讼法相关规定体现的伦理观。首先，德国法官法的具体规定。在德国，司法官不同于一般行政公务员，是较为特殊的公务员，司法官，最为突出的职业属性是在其独立性方面。③ 公务员法在适用于法官时在一些细节上做出的修改，并规定在法官法中，以符合司法官职业的特性。因此，保持独立、只服从法律是其基本义务和原则。林丽莹主任检察官认为："德国法官法也宣誓司法官义务的核

①　此处在翻译上使用的"勤务"一词，与"服务"具有同等含义。参见台湾"考试院"委托台北大学研究案《德国文官制度之研究》，第 8—10 页，2017 年 2 月 23 日，台湾"考试院"网（http://history.exam.gov.tw/ cp.asp? xItem = 6456&ctNode = 594&mp = 1）。

②　台湾"考试院"委托台北大学研究案：《德国文官制度之研究》，第 12—14 页，2017 年 3 月 7 日，台湾"考试院"网（www.exam.gov.tw/public/Attachment/01251155 229.pdf）。

③　在德国，法官和检察官具有共同的行为准则，对于法官的要求通常适用于检察官，主要规定于《联邦基本法》《联邦公务员法》《联邦法官法》中。两者差别：法官的独立性具有更为全面的规定和要求，检察官虽然采取"上命下从"原则，但在案件侦办时具有相对的独立性。

心，在于维持职务的独立公正性，必须效忠宪法及法律（德国法官法第38、39条）。并将司法官职务上及职务外的行为纳入规范，二者均不得损及外界对其职务独立性的信赖。"在此原则之下，可以对司法官行使职权进行监督，并衍生出两个义务，即合规范性和及时性义务以及自制合宜义务。对于法官职务上的合规范性和及时性义务，联系最为密切的是职务监督范围，林丽莹主任检察官对此分别加以阐述。关于合规范性和及时性义务，她指出："公务员职务上的行为一般均在行政监督范围内，机关内部均有对于各项职务工作的行政法规或命令，机关长官即透过职务监督对所属人员进行职务行使合规范性的督导。司法机关与一般公务机关的典型的科层性组织不同，司法职务之行使原则上没有机关长官监督的问题（原则上以上级审进行监督），但是司法机关内仍有司法行政领域，因此在不影响司法官职务独立性的前提下，司法官的职务上行为，机关长官仍应可透过职务监督进行督导。"对于司法官的上级所进行的职务监督，她认为主要体现在以下方面："德国法官法第26条第2项规定法官职务监督的范围，包括纠正不合规范的职务行使方式及督促法官合规范并及时完成业务。容许职务监督范围内的行为准则，包括规范职务执行有关的各类行政规则，如年度未结案的陈报、遵守各项诉讼法定期间、遵守法庭庭期的分配（不包括个案庭期的制定）、例稿的使用、休假、与同事间业务上合宜的互动等均属之。当然法官职务行使如果不合法（规范），则其判决首先就会受到上级审的纠正，但在不影响其独立性的范围内，其职务行使方式也得由行政长官进行督导。"关于自制合宜义务，《联邦法官法》第39条规定的"独立性的保持"是概括性的规则，为了不危及独立性，司法官在职务内外都应该遵守自制合宜义务。林丽莹对于法官职务内外行为分别进行阐述。对于法官职务上行为，她指出："除了前面在第26条（法官法）职务监督范围内的职务行使合规范性与及时性要求外，其他较难以职务监督介入的领域，例如审判上与当事人间的互动言语、指挥诉讼等，法官也应有合宜的举止，不谨慎的言行，都可能引发是非争议，并损及当事人对法官审判独立的信赖。"对于法官职务外的行为，她指出两点重要要求，一是法官公开的言论应低调内敛，二是法官的私人领域活动应低调。除了分别属于职务内外划分范围内的内容，还有一些无论职务内外都需要遵守的事项，比如政治理念的表达、政治活动的限制，保守评议秘密等。对于自制合宜义务，林丽莹进行了概括性表达："简言之，德国法对司法官职务以外（包括事、时间）行为与言论的限制——衡量尺度均在避免损及司法官之中立超然的形象以及对其独立性的信任。"

其次，德国刑事诉讼法相关规定所体现的伦理观。这些伦理观规定在《欧洲人权公约》《德国基本法》《德国刑事诉讼法》等法律中，主要有两项原则，即法治国家原则和无罪推定原则。法治国家原则，其依据是《德国基本法》第20条第3款及基本法中的其他条款。根据法治国家原则，一方面，国家必须保持一个高效、良好运作的刑事司法制度以确保对犯罪行为实施有效的打击犯罪行为，保障人民的人身安全和财产安全，维护良好的社会秩序。另一方面，法治国家原则又要求以合法的、公正的方式从事刑事诉讼活动，刑事追诉机关和法院不得以牺牲公民基本自由和权利的方式来达到诉讼目的。[①]无罪推定原则，这一原则主要是来自《欧洲人权公约》的规定，前述法国诉讼原则部分也已经被采用。这一原则在德国刑事诉讼法中没有明文的规定，其精神体现在一系列的法律规定中。德国联邦宪法法院认为，实际上法治国家原则就已经包含了无罪推定原则。[②]

（3）司法官职业伦理规范的基本内容

在德国，司法官职业伦理的法律规范，主要体现在德国基本法、公务员法、法官法和涉及惩治公务员腐败的法律、刑事法律以及判例中。

第一，德国基本法层面。关于全体公务员（包含法官、检察官）义务的规定，主要在基本法第33条第4款和第5款，第34条中。如其中第33条第4款："国家主权之行使，在通常情形下，应属于公务员之固定职责，公务员依据公法服务、效忠。"第5款：

---

① 邵建东主编：《德国司法制度》，厦门大学出版社2010年版，第214页。
② 同上书，第216页。

"有关公务员之法律，应充分斟酌职业公务员法律地位之传统原则而规定之。"其次，关于法官义务的规定，具体体现在第92条、第97条第1款。其中第92条："司法权付托于法官；由联邦宪法法院、本基本法所规定之各联邦法院及各邦法院分别行使之。"第97条第1款："法官应独立行使职权，并只服从法律。"

第二，德国公务法的相关规定。《德国联邦公务员法》①第六章规定了公务员的各项义务。其中第60条规定了"基本义务"："（一）公务员为全体人民服务，不为政党服务。他们中立且公正地完成自己的任务，在履行公职时始终考虑大众的利益。公务员必须通过自己的行为证明赞同并维护基本法意义上的自由民主的基本制度。（二）在政治活动中，公务员应当保持源自不同于大众的地位和职责。"第61条规定了"任务的完成，行为"，其中第1款规定："公务员必须全身心地投入工作。公务员必须无私地完成委托给自己的任务。公务员于公务内外的行为必须与其职业得到的尊重和信任相符。"第62条规定了"服从业务"："（一）公务员必须向其上级提供建议和予以支持。负有执行公务命令的义务，并遵守公务方面的一般准则。如果根据特别的法律规定公务员可以不遵守命令且只服从法律的，不适用此规定。（二）在机构调整情况下公务员必须服从主管部门的安排。"第63条规定了"对合法性负责"，其中第1款："公务员对自己公务行为的合法性承担完全的个人责任。"第64条至第77条，还规定了宣誓义务、保密义务、逗留义务、制服义务、禁止接受报酬、礼物和其他利益义务、损害赔偿义务、未履行义务等。

第三，法官法的相关规定。主要规定在《德国法官法》第38条至第43条。对于联邦法官之义务部分，同法第46条明确规定准用公务员法第52条至第92条；对于州法官部分，则依同法第71条第1款规定，准用联邦公务员法第35条至第58条规定之州公务员法相关规定。《德国法官法》第38条规定了"法官宣誓"："（1）

---

① 需要说明的是，本书关于《德国联邦公务员法》《德国联邦公务员惩戒法》相关条文的翻译，选自"外国反腐败法译丛"之《德国联邦公务员法、德国联邦公务员惩戒法》，徐久生译，中国方正出版社2014年版。

法官应在法院的公开场所宣读下列誓言：我发誓遵循《联邦德国基本法》和法律来行使法官职权，尽我所知、依我所信来进行裁判，一视同仁，仅服务于真理和公正的事业——上帝保佑。"第39条规定了"独立性的保持"。《德国法官法》专门规定了关于检察官的规定，其内容主要在第122条。该条"检察官"相关义务及准用条款，其中第1至4款："（1）只有具有履行法官资格之人（第5条至第7条）方可任命为检察官。（2）检察机关的活动等同于第10条第1款意义上的法官公务。（3）第41条适用于检察官。（4）在针对检察官的法院纪律程序中，由为法官设立的职务法庭做出决定。非常设的成员必须是获得终身任命的检察官。联邦司法部长任命联邦职务法庭的非常设成员。州职务法庭的非常设成员的任命由州法律规定。"

第四，关于惩治公务员腐败的具体法律规定。《联邦官员法》明确规定了官员的义务、升迁、福利等事项，要求公务员廉洁自律、奉公守法，不得以权谋私、营私舞弊和贪赃枉法；德国的《回扣法》《利益法》规定了禁止公务员经商、接受礼品等事项；《公务员行为守则》规定了公务人员不能从事第二职业以及公职人员的职务消费等事项。[①]

第五，刑事法律方面的规定。由于检察官、法官的职能不同，分别予以说明。在检察官方面，德国检察机关最重要的任务无疑是刑事追诉，检察机关和警察机关及其官员依照其职权，对涉嫌犯罪的行为负有追诉义务。这就意味着检察机关和警察机关及其官员对侦查权和公诉权的垄断，同时也防止出现选择性执法的情况。在行使追诉权过程中，对检察官具有客观性要求，检察机关和警察机关及其官员应当不偏不倚地、公正地实施刑事追诉措施，特别是有义务全面地、客观地侦查案件事实和真相。德国《刑事诉讼法》的规定，如第160条、第170条等条款，体现出检察官的客观性义务，这是检察官最为重要的伦理原则。该原则1945年以后，就一直被强调。就德国检察官产生的历史背景而言，就是为了建立独立于法

---

① 王永：《我国检察官职业伦理规范研究》，博士学位论文，山东大学，2012年，第61—62页。

院的公诉机构，进而对法官的裁判进行监督，确保法院公正，防止法院在自行侦查后，无法公正地进行审判。在法官方面，一方面规定法官可以指挥和独立调查以推进庭审，法院对于起诉书中所指控的犯罪行为及被指控犯罪的人，有权利也有义务进行独立的调查活动，不受诉讼参与人提供的现有证据材料的限制，以查明案件事实真相。另一方面，规定法官查证必须申请，诉讼参与人可以向法院申请收集证据。法院原则上应当采纳其提出的查证申请，只有在《刑事诉讼法》明确规定的情况下，才允许拒绝查证申请。①

第六，司法官职业伦理的判例。在德国，根据《法官法》规定，由职务法庭对法官、检察官违反职业伦理的行为进行审判。《法官法》对职务法庭设立、纪律惩戒程序、纪律措施以及准用《德国联邦公务员惩戒法》的条款做出详细的规定。根据联邦和州职务法庭的审判，就各种可能的争议状况，已经累积了不少判决。

（4）司法官职业伦理惩戒的基本制度

主要分成两个方面，一是司法官职业伦理惩戒涉及刑事和民事方面的基本制度；二是司法官职业伦理惩戒涉及纪律方面的基本制度。

第一，司法官职业伦理惩戒涉及刑事和民事方面的基本制度。在这里，重点介绍涉及刑事责任和民事责任方面的内容。首先，刑事责任。在德国，检察官、法官基于身份实施的职务犯罪行为要承担刑事责任，主要规定于德国《刑法典》及《法官法》。德国现行（2002 年）刑法典专门对公务员（含检察官、法官）职务犯罪行为做出规定，具体包括接受利益（第 331 条）、索贿（第 332 条）、给予利益（第 333 条）、行贿（第 334 条）、枉法（第 339 条）、刑讯逼供（第 343 条）、对无罪人执行刑罚（第 345 条）、职务上的虚伪记录（第 348 条）等，在这个基础上，还有纪律责任，法院判决导致任职终止的情形也有所规定，见于第三章第 24 条。这些罪名的判

---

① 邵建东主编：《德国司法制度》，厦门大学出版社 2010 年版，第 218 页。

刑结果视情节轻重从几个月到几年时间不等。① 其次，是民事责任。德国《基本法》第34条②与《民法典》第839条③，对于公务员违反公职义务造成损失的做了相应规定。如果不良行为是故意或者严重失职引起的，国家保留对检察官进行追诉和追索国家对受害者做出赔偿的权力。林丽莹通过对民事责任的相关研究，指出：在德国，"司法官行使职务，因故意或过失而侵害他人的权利，造成损失时，也构成国家赔偿的一环，惟对于司法公权力行为所负的侵权责任，与一般公务员执行职务侵害人民权利义务，有更严格的认定标准，原则上要求该行为（追诉或审判行为）必须经民事或刑事判决认定违法后，才产生国家赔偿责任"。

第二，司法官职业伦理惩戒涉及纪律方面的基本制度。这里，主要分为非正式纪律惩戒（也是司法职务监督）和正式纪律惩戒。在德国，检察官的纪律责任主要适用于联邦公务员法及其惩戒法的相关规定；法官由于具有独立性，在采用公务员法及惩戒法基础上，法官法还做出了确保纪律惩戒不应影响独立的相应规定。

首先，在非正式纪律惩戒方面，下文将就检察官和法官职业分别加以阐述。

就德国检察官而言，非正式的纪律惩戒，主要体现在两个方面：

---

① 第三章第24条具体内容如下："1. 因故意犯罪行为而判处其至少一年有期徒刑；2. 因故意犯罪行为而判处其有期徒刑，并且该行为属于侵略战争、叛国、危害民主宪政或者有关间谍行为以及危害外部安全等法律规定应予惩罚的行为；3. 剥夺其担任公职的资格，或者 4. 剥夺其在《基本法》第18条下享有的某项基本权利；在此类判决产生最终拘束力时，法官任职即告终止，而无须法院就此做出进一步的判决。对于检察官发生的犯罪行为由刑事法庭审判，如被判刑一年以上就不能再做公务员。判刑一年以下的，由司法部门决定是否继续担任职务。"参见魏武《法德检察制度》，中国检察出版社2008年版，第272页。

② 德国《基本法》第34条规定如下："任何人执行交付担任之公职职务，如违反对第三者应负之职务上之义务时，原则上其责任应由国家或其任职机关负之。遇有故意或重大过失，应保留补偿请求权。关于损害赔偿及补偿请求，得向普通法院提起诉讼。"

③ 《民法典》第839条规定如下："（1）公务员故意或有过失地违反其对第三人所负的职务上的义务的，必须向该第三人赔偿因此而发生的损害。公务员只有过失的，仅在被害人不能以其他方式获得赔偿时，才能向公务员请求赔偿。（2）公务员在判决诉讼案件时违反其职务上的义务的，仅在义务违反属犯罪行为时，才能对因此而发生的损害负责任。前句的规定，不适用于以违反义务的方式拒绝或拖延执行职务的情形。"

一是"检察一体"的指挥监督行为；二是业绩考评结果。前者，上级检察官可以对下属实施未明示为警告的非难性表述，如斥责、劝告或者申斥。后者，业绩考评结果作为非正式纪律惩戒责任的另外一种形式，其依据主要来自《德国基本法》第33条第2款和第5款规定的绩效原则，同时，德国《检察机关之组织和职务执行法》也对考评工作做出规定。① 业绩考评结果往往是作为晋升职务的重要标准，允许公务员对考评结果提起诉讼。如果公务员申请对于职务考绩评定之档案加以更改或删除而被拒绝时，则得视为行政处分。德国联邦行政法院所以肯定公务员对于"非行政处分"仍得起诉主张救济之主要理由，乃系基本法第十九条第四项之意旨，凡是公务员或人民之权利受公权力侵害时，都留有司法救济途径，以保障公务员或人民之权利。不过，纵使司法再一次审查行政机关，行政法院传统上除下列事项加以审查外，原则上仍须尊重机关首长之判断余地，所以几乎在实际结果上，甚少考绩评定被法院所推翻。② 就德国法官而言，非正式纪律惩戒（联邦宪法法院法官除外）作为司法职务监督的重要内容，是行政权和司法权的结合点，两种主要手段为批评和劝告。司法职务监督主体，联邦宪法法院基于其作为宪法机关的特别地位，不受任何职务监督。于普通法院裁判权法院，司法部长为最高职务监督机关，依层级式下属为各法院之院长。法院院长于行使职务监督时，是以作为受指令约束之行政机关

---

① 如检察长每半年对检察官的工作表现做出评定，每五年开展一次由检察机关内部和州司法部组织的双重综合评定，作为晋升和继续留任的依据。德国实行上级检察院检察官从下级检察院检察官中遴选的制度，以保证上级检察院检察官具备较高素质，新任检察官必须先在市检察院工作，德行表现优秀者才可以选拔到州检察院任职。检察院内部设立人事任免委员会，由司法官及有经验的检察官组成，检察长不得竞选主席，委员会主席不得连任，每四年选举一次。高级和普通委员会分别对高级和普通检察官的人员调配及任免提出建议；每月开会讨论有关人事任免和职业表现考核方面的问题。参见王永《我国检察官职业伦理规范研究》，博士学位论文，山东大学，2012年，第63页。

② 参见台湾"考试院"委托台北大学研究案《德国文官制度之研究》，第34页，2017年2月23日，台湾"考试院"网（www.exam.gov.tw/public/Attachment/012511552 29.pdf）。

而行为。① 对于职务监督的范围，确定以不影响法官独立性为原则，对于法官认为职务监督超出范围的，可以提出申请，由法院裁决。《德国法官法》第 26 条 "对法官行使职权的监督" 部分加以规定。② 业绩考评结果作为非正式纪律惩戒责任的另外一种形式，一般也认为是在《德国法官法》第 26 条第 3 项规定意义下的职务监督措施。在德国，业绩考评的依据主要来自《德国基本法》第 33 条第 2 款和第 5 款规定的绩效原则。《德国法官法》对法官的业绩考评没有直接的规定，依法官法第 46 条应准用公务员规定。但是，需要明确的是由于法官在独立性上的规定，业绩考评必须以不影响法官独立性为前提。业绩考评由司法部的行政法规对考评的范围进行了规定，该规定对所有级别、所有类型的法院都统一适用。被考评人的直属上司即法院院长负责出具考评证明。考评结果的优劣程度对被考评法官非常重要。对于想竞聘更高职位的法官，如果其考评结果低于平均水平，司法部是不能跳过考评成绩更好的申请法官而对其予以录用的。法官如果不同意考评结果，除了可以向其业务上级提出异议并且请求变更考评结果外，还可申请由职务法庭进行审查。

其次，在正式纪律惩戒方面，下文将就检察官和法官职业分别加以阐述。

就德国检察官而言，正式的纪律惩戒，主要规定在《德国联邦公务员法》和《检察机关之组织和职务执行法》中。下面分别阐述惩戒主体、惩戒事由、惩戒程序和惩戒措施等方面内容。第一，在惩戒主体方面，由任职单位上司（对检察官而言即各检察院的检察长）、主管部门（德国联邦检察院的主管部门是联邦司法部）以及

---

① 参见台湾地区《 "从德国法官法论我国法官职务法庭建置规划" 研究计划报告书》，委托机关： "司法院" 行政诉讼及惩戒厅，受托机关：政治大学，计划主持人：詹镇荣副教授，协同主持人：吴绮云博士，2011 年 11 月 30 日，第 48 页。2017 年 2 月 23 日，台湾 "司法部" （http://www.judicial.gov.tw/work/work14/ "从德国法官法论我国法官职务法庭建置规划" . pdf）。

② 具体如下：" （1）法官只在不影响其独立性的范围内接受监督。（2）依第 （1）小节的规定，监督包括对以不适当方式行使职权提出批评和敦促采取合理及时方式行使职权的权力。（3）若法官认为某项监督措施影响其独立性，则在其提出申请后，法院应依据本法做出一项裁决。"

职务法庭行使。《德国法官法》第 122 条第 4 项对此予以规定，即对检察官惩戒之法院惩戒程序由法官职务法庭裁判。此项规定的主要内容有两个方面：一是，法官职务法庭对检察官，仅限于在惩戒程序上有管辖权。对于检察官的职务争议，则归一般行政法院管辖。二是，此规定仅是一项管辖权的规定（不一定是程序规定）。①第二，在惩戒事由上，《德国联邦公务员法》第 77 条第 1 款对此予以规定，即公务员有责地违反其所承担的义务的，属于渎职。具体内容规定在《德国联邦公务员法》第六章"公务员的各项义务"部分。前面已有介绍不再赘述。第三，在惩戒程序上，检察官惩戒的受理、调查以及裁决程序等方面的具体内容如下：如果有针对检察官的投诉，司法部会转到州检察院调查处理。如果被投诉的是检察院的高级官员，则由司法部任命官员进行调查。另外，检察机关内部也设有纪律委员会，通过专门的纪律诉讼程序，对检察官的执法行为进行监督，对违规行为进行惩罚，必要时召开司法议员、检察机关和法院的代表参加的表决会罢免检察官。②第四，在惩戒措施方面，包括警告、罚款、降低薪金、降级、解除公务员关系。在严重案件中，纪律惩戒也可针对退休的检察官。③

就德国法官而言，在正式纪律惩戒上，德国没有独立的法官惩戒法典，准用德国联邦公务员惩戒法，除涉及法官独立事项外，纪律责任依照传统职业公务员法的一般基本原则（《联邦基本法》第 33 条第 5 项）予以具体化，当法官违反应尽义务时，亦须承担惩戒责任。下面分别阐述惩戒主体、惩戒事由、惩戒程序和惩戒措施等

---

①　参见台湾地区《"从德国法官法论我国法官职务法庭建置规划"研究计划报告书》，委托机关："司法院"行政诉讼及惩戒厅，受托机关：政治大学，计划主持人：詹镇荣副教授，协同主持人：吴绮云博士，2011 年 11 月 30 日，第 48 页。2017 年 2 月 23 日，台湾"司法部"（http：//www. judicial. gov. tw/ work/work14/ "从德国法官法论我国法官职务法庭建置规划". pdf）。

②　规定中处罚过程往往是检察长任命一个独立的调查员进行调查，收集证据，调查属实后报告检察长，做出处罚决定，告知人事部门，并报司法部确认批准，记录归档。检察长只有权决定警告或训诫，其他措施必须由职务法庭决定。如果被处罚的人有异议，可以向职务法庭提出异议，对于重大的不正当行为，都是由司法部启动职务法庭的正式纪律惩戒程序。参见魏武《法德检察制度》，中国检察出版社 2008 年版，第 272 页。

③　魏武：《法德检察制度》，中国检察出版社 2008 年版，第 272 页。

方面内容。其一，在惩戒主体方面，由任职单位上司（对法官而言即各法院的院长）、主管部门（德国联邦法院的主管部门是联邦司法部）以及职务法庭行使。但是法院院长和主管部门只能给予警告，其他措施必须提起职务惩戒诉讼，由职务法庭宣告科处。其二，在惩戒事由方面，《德国联邦公务员法》第77条第1款对此予以规定，即公务员有责地违反其所承担的义务的，体现为德国法官违反应尽义务，这些关于义务的规定具体如下：（1）德国《基本法》第98条第2款规定：联邦法官，如于职务上或非职务上违反本基本法之原则或各邦之宪法秩序时，联邦宪法法院经联邦议会之请求，得以三分之二之多数，判令其转任或退休。如违反出于故意，得令其免职。（2）《德国联邦公务员法》第六章"公务员的各项义务"部分以及《德国法官法》第38条至第43条所规定的"法官的特别义务"。其三，在惩戒程序方面，检察官与法官虽然存在差别，但是大体相同。法官惩戒的受理、调查以及裁决规定如下：法官纪律惩戒的提起，既可以是法院院长也可以是法官本人，对于接受委托进行调查的人员以具有法官资格人员为妥，对于调查结果，法院院长可以采取警告处分，或者提起职务法庭予以更加严格的纪律惩戒。对联邦法官的惩戒，联邦法官职务法庭是第一审也是终审，只有一审级。对州法官的惩戒，除德国法官法作为联邦法有特别规定外，原则上是依各州法官法之规定。第一审程序由州地方法官职务法庭管辖，事实审上诉由州高等法官职务法庭管辖。州法官亦可规定得向联邦法官职务法庭提起法律审上诉。① 其四，在纪律惩戒措施上，除《德国法官法》第64条对联邦法官有做特别规定外，即应准用联邦公务员惩戒法之规定（第5条至第12条）。现职联邦各最高法院的法官之惩戒措施种类（《德国法官法》第64条）：申斥、按章罚款或者免职的措施。退休联邦法官惩戒措施种

---

① 参见台湾地区《"从德国法官法论我国法官职务法庭建置规划"研究计划报告书》，委托机关："司法院"行政诉讼及惩戒厅，受托机关：政治大学，计划主持人：詹镇荣副教授，协同主持人：吴绮云博士，2011年11月30日，第48页。2017年2月23日，台湾"司法部"（http：//www.judicial.gov.tw/ work/work14/ "从德国法官法论我国法官职务法庭建置规划".pdf）。

类（联邦公务员惩戒法第五条第二项）：降低退休金和剥夺退休金。对于州级法官的惩戒措施种类（联邦公务员惩戒法第五条第一项）：警告、罚款、降低薪金、降级、解除公务员关系。对于退休邦法官惩戒措施种类（联邦公务员惩戒法第五条第二项）：降低退休金和剥夺退休金。

（二）英美法系国家"司法独立型"司法官职业伦理模式

1. 英国司法官职业伦理模式

在英国，认识司法官职业伦理模式可以从两个方面展开，一是司法官职业伦理观及伦理规范的基本内容；二是司法官职业伦理惩戒的基本制度。前者，就检察官职业和法官职业分别加以阐述，后者则统一表述。司法官在英国仅指法官，本书将检察官纳入司法官职业伦理予以说明是为了比较方便，前文也已说明。

（1）司法官职业伦理观及伦理规范基本内容。主要分成检察官职业和法官职业两部分加以阐述

第一，检察官职业伦理观及伦理规范基本内容。在英国，检察官隶属于行政权力，作为文职公务员，其职业行为必须符合公务员行为规范。英国是最早建立公务员制度的国家，对于公务员有着较为成熟的伦理规范体系，尤其是自英国20世纪90年代初"现金换质询"的丑闻爆发后，英国进一步加强了公务员职业伦理建设。[①]

首先，英国检察官职业伦理观，主要体现在两个方面，一是公务员职业伦理观；二是作为刑事司法职业的伦理观。就公务员职业伦理观来看，主要在"诺兰原则"[②]和《公务员守则》中予以规定。"诺兰原则"为规范公共生活的七条准则，即无私、廉洁、客观、责任心、开放、诚实、表率。现在，这些准则及准则的延伸在

---

① 英国检察官有律师身份和公务员双重身份，检察官也应该遵守律师职业道德，但是，相较而言，有关其公务员身份以及职业属性的规范更为明确。

② 关于"诺兰原则"的来源如下：英国首相梅杰1994年10月批准成立了公共生活准则委员会，该委员会第一任主席是诺兰勋爵，因此该委员会又名"诺兰委员会"。该委员会的授权范围是："研究对公职人员行为标准的现有关注，包括有关财务和商业活动的安排，就任何对现行安排的改变提出建议，这些安排是确保最适当的公共生活所需要的。""诺兰委员会"提出了规范公共生活的七条准则，又名"诺兰原则"。

所有的公共部门得到执行，包括文官、下议院、上议院、苏格兰议会、威尔士国民大会、北爱尔兰大会和地方政府。当然这对法官是个例外。行为准则并已延伸到其他领域，如在医院和大学生活里也得到应用。这些准则不仅指导了有关人士的行为，还为公众提供了一条道德准绳，用以测量那些在公共部门工作的人员的行为。在"诺兰原则"基础上，《公务员守则》规定公务员应该遵守的核心价值观是正直、诚实、客观和公正，这些核心价值观支持良好的政府，并确保所有公务员的行为尽量达到最高的标准。① 就刑事司法职业的伦理观来看，主要以《皇家检察官守则》为例。该《守则》规定了六条一般原则，具体如下：第1条：起诉或者庭外处理的决定是极为重要的一步，对于犯罪嫌疑人、被害人、证人和公众而言都有极大影响，必须极其谨慎地予以实施。第2条：检察官的职责就是尽可能将正确的人予以检控，从而将罪犯绳之以法。检察官做出个案决定时应该公平、公正和诚信，以努力寻求犯罪嫌疑人、被害人、证人和公众的正义。检察官必须确保法律得到正确适用，相关证据呈现在法庭上，并且披露义务得到遵守。第3条：尽管每个案件必须根据自身的事实和利益予以考虑，但

---

① 该《公务员守则》对四类核心价值观进行了详细的说明：1. 正直，即把公共服务的义务放在自己的个人利益之上。你应当：（1）全力履行你的职责和义务。（2）始终保持专业的行事方式，赢得并保持当事人对你的信心。（3）确保公共资金和其他资源都正确和有效地使用。（4）尽最大努力公平、迅速、有效地处理公共事务。（5）在法律框架内尽可能地将信息全部公开。（6）遵守法律，坚持依法行政。你不应当：（1）滥用职权。比如在行使公职时获取信息，以满足个人利益或他人利益。（2）从其他任何人处接受馈赠、招待或接收其他好处，并合理地被认为此行为会损害个人的判断或立场。（3）未经授权披露官方信息。这一责任在离开公务员队伍后应继续执行。2. 诚实，即求真，开放。你应当：（1）如实陈述事实和有关问题，并及时纠正错误。（2）除授权否则不得使用公共资源。你不应当：（1）欺骗、故意误导部长、议会或其他人。（2）受到他人或为谋取私利带来的不当压力。3. 客观，即意见和决定立足于对证据的严格分析。你应当：（1）提供信息和建议，准确地表达内容和事实，包括在证据的基础上向部长提供建议。（2）就案件的是非曲直做出决定。（3）适当考虑专家和专业咨询。你不应当：（1）忽略真相或在提供意见、做出决定时考虑有关的利益因素。（2）一旦决定被拒绝，便阻挠政策的执行，或放弃根据这些决定应采取的行动。4. 公正，即根据案件的是非曲直进行判断，以同样的态度服务政见不同的政府。你应当：以公平、公正的方式履行责任，体现公务员平等性和多样性的承诺。你不应当：根据无理的主张开展行动，歧视特定的个人或利益。

是也有适用于每起案件的一般原则。第 4 条：检察官必须公正、独立和客观。他们不因任何关于种族或民族出身、性别、残疾、年龄、宗教信仰、政治观点、性取向或性别认同以及犯罪嫌疑人、被害人或证人影响他们的决定。检察官应该不受不当或过度的压力影响，必须始终行事公正，而不是只为追求定罪。第 5 条：皇家检察署是目前平等及相关立法的公共机构。检察官必须遵守本法规定的职责。第 6 条：检察官必须应用欧洲人权公约上的原则，在案件的每个阶段，应用 1998 年人权法案。检察官还必须遵守由总检察长发出指引、现行刑事诉讼法规定，并且顾及国际公约所产生的义务。他们必须按照皇家检察署的指引并可以在 www. cps. gov. uk 上获得相关信息。由于英国检察官的主要职责在于审查起诉，因此其职业伦理也主要表现在这一过程中。在《守则》中，规定了审查起诉的两个原则，第一个是证据审查原则，要求证据充分、可采、可靠、可信，须有"预期可予定罪"；第二个阶段为公共利益审查原则。要求考虑罪行的严重程度、罪责程度、受害人的情况下，再就司法成本做出综合判断。

其次，英国检察官职业伦理规范的基本内容，主要体现在两个方面，一是公务员职业伦理规范；二是作为刑事司法职业的伦理规范。作为公务员，检察官必须遵守的职业伦理规范，主要有《议会监察专员法例》《公务员守则》《公务员管理守则》等。[①]《公务员守则》（ *The Civil Service Code*，以下简称《守则》）最初在 1996 年由英国政府颁布，十年后进行了审查，于 2006 年 6 月颁布了修订后的《守则》（ *Civil Service Code* 2006）。为了配合《2010 宪法改革和治理法案》（ *Constitutional Reform and Governance Act* 2010）中的相关规定，《守则》于 2010 年、2015 年再次进行了一些细微的修订。该《守则》明确指出："公务员队伍是英国政府一个不可或缺的重

[①] 1967 年的《议会监察专员法例》正式确立了议会监察专员署，对政府机构及其工作人员的行为进行监督，总检察长和检察署的首长如同各部大臣一样，不仅要对首相负责，还要对议会负责，接受议会或议员的监察和质询，这种足够的外部压力使检察长们必须要求下属检察官遵守相关的职业伦理规范，此外还有社会团体及大众传媒的有效监督。参见王永《我国检察官职业伦理规范研究》，博士学位论文，山东大学，2012 年，第 56 页。

要组成部分。公务员是官方的公仆，官方的行政权力由政府行使。公务员向部长问责，部长向议会问责。"该《守则》还明确规定了公务员的核心价值观与行为标准。①《公务员管理守则》（*Civil Service Management Code*）出版并发行在《2010 宪法改革和治理法案》（*Constitutional Reform and Governance Act* 2010）中第一部分，其最新版本为 2011 年版。根据《公务员管理守则》的规定，公务员必须遵守基本道德规则、政治立场规则、信息保密规则、个人投资规则、外部任命规则和雇用合同规则等规定。其中第四章还对行为和纪律做出规定。②作为刑事司法职业，检察官必须遵守的职业伦理规范，主要有《犯罪起诉法》（*the Prosecution of Offences Act* 1985）、《皇家检察官守则》（*The code for crown prosecutor*）③、《刑事诉讼和侦查法》（1996 年）等。《犯罪起诉法》，依据该法建立了覆盖英格兰和威尔士的皇家检察署，并对"警察官长向检察长提出报告"的情形做出规定，但是英国皇家检察署没有直接侦查案件和指挥警察侦查的权力，因此也不具有相对应的责任义务与伦理规范。在全部的警察管区，不管地方上怎么安排，警察与起诉人之间的关系建立在委托人和律师的基础上，这意味着起诉人按照警察的要求工作：律师，包括起诉律师可以提出法律意见，但警察没有义务按照这些意见办。④ 同时，该法第 10 条授权和指示检察长应当颁布皇家检察官守则，以便在由皇家检察官适用的总的原则方面予以指导。⑤《刑事诉讼和侦查法》（1996 年），该法是规定刑事诉讼和刑事侦查条款

---

① 孙曼如：《英国公务员道德立法及借鉴研究》，硕士学位论文，上海师范大学，2012 年，第 15—16 页。

② 同上书，第 31—35 页。

③ 2017 年 1 月 31 日，英国皇家检察署官网（http：//www.cps.gov.uk/publications/）。

④ 中国政法大学刑事法律研究中心组织编译：《英国刑事诉讼法》（选编），中国政法大学出版社 2001 年版，第 44 页。

⑤ 1986 年颁布的《皇家检察官守则》是检察官审查起诉、提起控诉的依据，同时也负责规范检察官的职业伦理行为，它规定了检察官在刑事公诉过程中应当遵循的程序及基本原则。《皇家检察官守则》主要是规范检察官职务行使的行为规范，并未论及检察官私人生活问题。该准则经过多次修订，2013 年发布了第 7 版。《准则》共 10 条，确立了皇家检察官审查决定是否提起公诉时应当遵循的一般原则、检验和证据审查标准，涉及公共利益审查、移送审判程序、辩诉交易制度的替代措施和重新起诉等。

的法律。其中第一部分详细规定了"披露"事宜。主要条款涉及公诉人首次披露，被告人的强制披露，被告人的自愿披露，公诉人的二次披露等；该法的出台，是因为法官对误审案件的关注。误审案件的曝光，促使了一种共识的形成，即"只有赋予控方一种明确和积极的披露职责，他们才不会隐瞒那些可能削弱控方或有助于辩方的证据"。最终，英国通过了《1996 年刑事诉讼与侦查法》以解决披露问题，与根据该法颁布并于 1997 年 4 月生效的实践指南结合适用。

　　第二，法官职业伦理观及伦理规范基本内容。由于 2000 年前后，许多变化带来司法道德问题的更大关注。这些变化因素包括：有必要解决公众对司法任命制度的关注，皮诺切特案及其后的发展，对《欧洲人权公约》纳入英国法律，在英国公共生活领域以及具体地说，在与其他国家司法行为中增加准则的应用。① 对于司法职业道德问题的关注，促使了统一的法官行为指南的产生。2003年，在英国高等法院审判庭庭长 Woof 大法官的带领下，起草了《法官行为指南》草案，为思考司法道德问题提供了一个有用的载体。2013 年，英国公布了《法官行为指南》（以下简称《指南》），这一文件的颁布，意味着英国实现了由不成文形式的准则或规范向单一文件对司法官职业伦理进行规范的转变，《指南》成为法官职业伦理规范的主要渊源。《指南》作为法官主要行为指引，规定了法官职业伦理观。英国法官理事会主席 Jgn Judge 在《指南》前言中指出："该指南将与时俱进，帮助法官建立伦理方面的基本原则而不是规定具体的细则，从而使他们在保持司法独立的前提下做出决定。"这一指南对于法官处理一些无法避免而又困难的伦理问题而言将是一个有价值的工具。该指南在介绍部分继续说明了为什么要制定该指南，即制定该指南的目的：一是顺应普遍性的规范法官行为的世界潮流；二是基于公众不愿意将权力交付给诚信、能力和个人行为标准有问题的人这一公设前提，必须制定标准以衡量法官职务内外的行为，继续保持和加强公众对法官的信心。该《指南》为

---

　　① 怀效锋主编：《法官行为与职业伦理》，法律出版社 2006 年版，第 501 页。此处必须予以说明的是，2016 年英国确定脱欧，对于司法的影响还需要进一步观察。

法官建立的伦理行为原则表述为六种价值，具体内容如下：（1）司法独立。司法独立作为法治的前提和公平审判的基本保证而存在。（2）公正。公正对于司法职责的履行必不可少，不仅体现在司法决定，还体现在司法决定的过程。（3）诚信。诚信是司法职业的基本内容。（4）行为端正。法官所有的行为，无论是其本身还是行为给人印象，都应该是适当的。（5）平等对待。法官平等对待所有人是司法职业所要求的必需的行为。（6）能力和勤奋。法官拥有能力并勤奋工作，是司法职业的应有的内涵或者说职业本分。必须注意的是，该《指南》特别指出，"如果深入研究将会发现，几种价值之间是存在重叠的"①。

在英国，法官职业伦理存在一个由多个行为准则、"惯例"、指导原则等向单一文件发展过程，这一过程也即从不成文向成文转变的过程。牛津布鲁克斯大学教授 Diana Woodhouse 对此进行了概括："在英国，司法道德作为一个专题，往往是与有关司法作用的更广泛讨论一起综合考虑的。这并不是说不存在管理司法行为的规则。例如，对全职法官来说，就有一些要求是他们要遵守的。这些要求包括：法官在获得任命后，需要放弃其他有报酬的工作、切断与政治团体的联系，抽象地说，不做任何可能置司法声誉于争议之中的事情。实际上，这些都是从事这项工作的条件和要求。还有一些针对与法官在法庭内外行为相关的一系列问题所颁布的指导原则，但是直到最近才产生了将这些来源不同的指导原则合订成单一文件的

---

① 首先，最初的法官职业伦理，主要来自于公学伦理、绅士操行法典和老朋友网络三个要素所建构的自律机制。其中，公学伦理，是指英国法官大多数在英国公学接受了英国传统价值观的教育以及和上流社会行为规范、礼仪的训练，具有相同的公学教育背景，正是英国法律职业精英所必备的素质；英国法官所要求的职业形象也正是具有严谨的生活作风和彬彬有礼的行为举止的英国绅士的形象，由此可见，法官职业伦理与绅士操行法典在许多方面是一致的；老朋友网络是指出身、教育和价值观等各方面的相同使英国法官职业具有高度同质性，他们是律师公会的成员，使他们彼此保持紧密的联系。在司法职业生涯，人数极少的他们，彼此都非常了解熟悉，因此，高度的维护职业行规的自觉性就不言而喻了。群体凝聚力的强有力，对职业者也就有着强有力的约束。在英国和其他一些英美法系的国家，国家司法职业自律得到有效的维持，成员都自觉遵守职业行为规范，这是重要的原因。毋庸讳言，价值观之间存在重叠是显而易见的，重叠是抽象性规范具有的必然现象。

尝试和压力。"① 相对于议会和行政机关职业伦理规范，法官职业伦理系统性规范性文件形成较晚。历史上，对于法官职业伦理，分散在传统自律伦理、英国法官选拔任命条件、有关回避等情况的判例、欧洲人权公约等区域性、国际性条约中。② 其次，英国法官选拔任命条件。英国法官遴选委员会对遴选法官提出了十分严格的标准。③ 最后，英国还有一些指南、法院规则对法官进行指引。对于违反或者涉嫌违反职业行为规范的法官的惩戒，当然这个数量极少，作为案例法形式，进一步明确了职业行为准则。

（2）司法官职业伦理惩戒的基本制度

主要分成两个方面加以阐述：一是司法官职业伦理惩戒涉及刑事和民事方面的基本制度；二是司法官职业伦理惩戒涉及纪律方面的基本制度。

第一，司法官职业伦理惩戒涉及刑事和民事方面的基本制度。在这里，重点介绍涉及刑事责任和民事责任方面的内容。首先，刑事责任。英国职务犯罪分别以单行法规的形式加以规定，重要的有英国 2003 年新《反腐败法》、2010 年《反贿赂法》等。2003 年新

---

① 怀效锋主编：《法官行为与职业伦理》，法律出版社 2006 年版，第 501 页。

② 李军、陈淑萍：《中外法官职业伦理比较》，《内蒙古民族大学学报》（社会科学版）2013 年第 3 期，第 96 页。

③ 包括六项：（1）知识能力。在所选择的司法领域具有专长，能够快速获取和分析信息，熟练掌握法律和基本原则的内容，有能力获得所需要的知识。（2）个人素质。具有诚实的品性和独立的精神以及正确的判断力，果断、客观，在专业领域有能力和意愿继续学习和发展。（3）心智健全，处事公平。能够充分理解法院和行政裁判所所服务社区的人员构成的多元性以及各类人员的不同需求；崇尚正义，坚持独立，服务人民，处事公平；愿意耐心和礼貌地倾听。（4）权威和沟通技巧。能够简洁、清楚地向参与司法程序的所有人员解释司法程序事项和所做出的裁判；具备获得人们尊重和信任的魅力；当受到质疑时能够保持其权威。（5）效率。能够在压力之下高效地工作；能够有效利用时间，并能快速做出清晰、说理的裁判；能够与他人有效合作。（6）领导和管理技巧。有能力确立一项工作的战略发展目标并且能够高效地组织实施；有能力激发、支持和鼓励下属的职业发展；与法官同事和管理人员能够和谐相处、相互促进，并能积极应对各种变化；能够有效安排自己和其他人的时间，有效利用现有资源。参见《英国是如何选聘法官的？》，2016 年 10 月 22 日，围一桌·中国最有影响的 HR 分享平台（http：//www. wewehr. com/news/803/）。

《反腐败法》的颁布具有很长的发展历程。① 2010 年《反贿赂法》，被称为目前全世界最严厉的反贪腐法律，改变了英国几个世纪以来形成的反贪腐贿赂法律内容杂乱无章、意义模糊的局面。《反贿赂法》给予贿赂犯罪更严厉的惩罚，将贿赂犯罪的法定刑最高增至 10年，同时规定了无限额罚金，可以并罚或单处。此惩罚力度超过了反贿赂立法的任何时期。此外，在英国，对程序性违法行为者的刑事追诉同样适用于实施程序性违法行为的警察和检察官。② 其次，民事责任。由于检察官属于公务员，因此主要采纳公务员相关规定。政府于 1947 年 7 月 31 日颁布了《国家责任法》（又称《王权诉讼法》），确立了英国国家赔偿制度。但是公务员的个人责任并未因此而免除。"公共机构或官员可能因为恶意的、有意的或妨害性

---

① 1889 年英国颁布了世界第一部反腐败法，即《公共机构腐败行为法》，该法令将"一切行使公共职能或法定职能的机构"均认定为公共机构，特别禁止公共机构的任何人员在其公务活动中收受或者索取任何形式的礼物、礼金或利益；也就是说，公共机构成员或官员的主动或被动受贿均被定义为腐败行为。对于犯有此类罪行的公务人员可处以 6 个月至 7 年的监禁，或者加上不设上限的罚款。此外还包括对某些政治权利的剥夺，例如，除了解除职务以外，还规定，从犯罪之日起的 5 年内相关人员不得担任任何公职；如果第二次再犯类似的罪行，则永远不得担任任何公共职务，而且，在从犯罪之日起的 5 年内，剥夺其在议会和其他任何公共机构选举中的投票权和选举权，此外还有可能被剥夺获得养老金的权利。1906 年通过的《防止腐败法》将《公共机构腐败行为法》的范围扩大到不仅包括公共机构的工作人员，而且包括公共机构本身；1916 年再次通过的《防止腐败法》又一次扩大了公共机构的范围，即包括一切地方性和公共性机构。除了上述三部专门立法以外，英国二战后通过的多部法令中均有针对政府官员腐败行为的法律条文。1999 年，英国签署了经合组织的"关于公共官员受贿的协议"，将其纳入国内法，为了解决反腐败法律域外适用问题，英国开始着手对其反腐败立法进行改革。2003 年，英国政府在整理、综合和修订现存各种反腐法律条文的基础上，公布了新的《反腐败法》。参见《赴英预防腐败体系建设培训体会》，2017 年 2 月 26 日，上海世博土地储备中心监察审计室（http：//www. expoland. org/party/detail. aspx？ classId = 72339069014638592&Id = 47）。

② 对违法警察的刑事追诉有：（1）警察在搜查时采用诡计或者暴力等非法搜查手段，当事人可以向法院提起刑事诉讼，要求追究刑事责任；（2）警察在进行无证逮捕时，必须告知被逮捕人已被逮捕和逮捕原因；普通公民进行无证逮捕后，应尽快将被逮捕人送交警察局或治安法院，否则，警察要受到非法拘禁罪的追诉。检察官不能免受刑事责任。从理论上说，刑事责任可能产生于被人指控为恶意起诉。这只是为规范检察官行为而从法律和理论上进行规定，据英方的专家介绍，在英国皇家检察院历史上还没有发生过这种事情。参见王恩海《各国冤案预防与救济》，《检察风云》2014 年第 1 期，第 57 页。

的错误行为负赔偿责任。"该条第 6 款规定："就任何官员之故意过失或重大错误，不得依本条规定提起诉讼；但该官员是由英王直接或间接任命，其履行职务行为或于行为当时，其职务经财政部批准，其薪俸由政府支付的公职人员，不在此限。"所以，公务员在执行公务时，不法侵害相对人的权利而发生损害，应与国家负共同责任，公务员可单独或与国家共同成为被告。在司法实践中，通常是根据受雇人（公务员）和雇用人（国家）的过失程度确定各自所应负担的赔偿金额。^① 在英国，对警察未经法律授权而进行搜查、逮捕等职务行为，对检察官的程序性违法行为，当事人有权提起民事侵权诉讼，要求损害赔偿。^② 对于法官而言，由于英美法长久以来即有所谓的"司法官豁免权"，即法官判案时犯错，不论是故意或过失，均绝对不用负民事赔偿责任。^③ 由国家对冤假错案承担赔偿责任。

第二，司法官职业伦理惩戒涉及纪律方面的基本制度。这里，主要分为非正式纪律惩戒（也是内部职务监督）和正式纪律惩戒。在英国，从总体上来看，检察官的纪律责任主要适用于公务员法及皇家检察署纪律政策等相关规定；英国《公务员守则》并无订明违反守则的条文所须接受的纪律处分。公务员的纪律事宜由有关部门及办事处负责处理。《公务员管理守则》载列公务员体制纪律处分规则的中央规章及行事守则，各部门及办事处须负责界定在何种情况下启动纪律处分程序才属恰当，而该等部门及办事处要求职员达到的标准必须反映《公务员守则》的规定。（《公务员管理守则》：第4.1.2段）。在此基础上，英国皇家检察署制定了《皇家检察署纪律政策》。法官的纪律责任因其具有不同于一般公务员的法律地位，制定了确保纪律惩戒不影响独立的对应规定。

首先，在非正式纪律惩戒（也是内部职务监督）方面，下文将

---

① 赵峰、秦岭：《公务员重大过错行政侵权赔偿责任研究》，《江苏警官学院学报》2004 年第 4 期，第 102 页。

② 王恩海：《各国冤案预防与救济》，《检察风云》2014 年第 1 期，第 57 页。

③ 金泽刚：《司法改革背景下的司法责任制》，《东方法学》2015 年第 6 期，第 128 页。

就检察官和法官职业分别加以阐述。就英国检察官非正式纪律惩戒（也是内部监督）而言，形式上体现为内部监督模式，主要分为两种方式：其一，检察官的轻微行为之惩戒，系由其直接主管以口头警告或者提醒的方式进行。其二，检察官的业绩考评结果。英国检察机关考核按照对公务员的考核标准来进行，绩效考核的内容主要包括观察和分析问题的能力、沟通和交流的能力、宏观决策能力、人际关系处理能力、领导管理能力、组织协调能力、高效率工作的能力、计划与执行能力、全局意识等多个方面。绩效考核的结果分为三到七个不同的等级，职务晋升和加薪与考核结果直接挂钩。① 就英国法官非正式纪律惩戒（也是司法职务监督）而言，形式上也表现为内部监督模式。其一，法官的轻微不当行为之惩戒，系由其皇家首席大法官予以劝告等方式进行；其二，英国不存在法官业绩考核和审判质量方面的监管，而是拥有完善的投诉法官职业道德行为的机制（正式惩戒程序部分将加以详细阐述），对于法院策略目标、公共服务协议目标等行政事务，根据英国司法大臣与首席大法官在法院事务管理服务局的治理、财务和运行方面订立的合作协议，英国法院事务管理服务局负责实施，英国法官则予以紧密合作。

其次，在正式纪律惩戒方面，下文将就检察官和法官职业分别加以阐述。就英国检察官正式纪律惩戒而言，检察官正式纪律惩戒的内容主要规定于《皇家检察署纪律政策》② 等文件。下面分别阐述惩戒主体、惩戒事由、惩戒程序和惩戒措施等方面内容。其一，在惩戒主体方面，英国检察官作为政府雇员，其义务和纪律规定来自传统的英王特权，而非来自国会制定法。检察官机关首长遵守任免权和惩戒权相一致的原则，拥有完全的行政惩戒权。英国法院原则上不介入检察官纪律案件，只管辖公务员犯罪的案件。其二，在

---

① 王欣、黄永茂：《国外检察官考核考评制度之比较及启示》，《江苏大学学报》（社会科学版）2013 年第 2 期，第 94 页。

② 《皇家检察署纪律政策》，2017 年 2 月 25 日，英国皇家检察署网站（http://www.legalservicesboard.org.uk/what_we_do/regulation/pdf/annex18_disciplinary_policy.pdf）。

惩戒事由方面，主要分为不当行为和严重渎职行为，具体内容如故意或重大疏忽导致公务损失或国家财物损失者；无故旷工者；经常迟到或在办公室内虚耗时间者；服务成绩低下者；有欺诈行为者；泄露机密者；使用皇家检察署电脑访问含有色情或其他攻击性和/或歧视性材料的互联网网站；采用皇家检察署的电脑系统或其他系统来传输色情、攻击性或歧视性的材料；严重犯罪行为如贪污，受贿，盗窃或诈骗；其他使皇家检察署声誉受损的行为。其三，就惩戒程序方面，① 由直接主管启动对不端行为的调查，如果需要进行较为严重的处理，可以先行停职，涉嫌犯罪的交给警察处理，如果涉及纪律惩戒的，必须召开正式纪律听证会，被惩戒的检察官应当被告知所犯错误和事实，可以亲自做出申辩，也可以由其所在公务员团体（公务员工会）的代表陪同前往做出申辩。对于这些惩戒决定可以再申请一次听证会。对于连续工作 12 个月及以上的检察官，当其被决定解雇的，可以向公务员上诉委员会（Civil Service Appeal Board）提出申诉，由公务员上诉委员会做出决定。其四，就惩戒措施方面，主要有书面警告；最终书面警告；降级并且三年内禁止提升或解雇等。就英国法官正式纪律惩戒而言，法官正式纪律惩戒的主要内容规定于《2014 年司法纪律规则》② 等文件。下面分别阐述惩戒主体、惩戒事由、惩戒程序和惩戒措施等方面内容。其一，在惩戒主体方面，法官的惩戒权主要首席大法官和司法大臣共同实施；对于严重犯罪行为或不法行为，达到免职程度的，由上议院宣布免职。在英国，根据《1925 年最高法院审判法》第 12 条以及《1876 年上诉法院法》第 6 条的规定，必须由下议院提出并经国王批准对他进行弹劾，才能由上议院免职。具体负责接收对法官投诉的机构为隶属于司法部的司法行为调查办公室（The Judicial Conduct Investigations Office（JCIO））。其二，在惩戒事由方面，主要为司法

① 刘俊生：《公务员惩戒权设定：五国经验及其解释》，《南京社会科学》2007 年第 5 期，第 68 页。

② 英国 2014 年 8 月 18 日正式实施《2014 年司法纪律规则》（*Judicial Discipline Regulations* 2014）。该规则系由皇家首席大法官依据 2005 年《宪法改革法案》、2009《死因审判官和司法正义法》（*Coroners and Justice Act* 2009）等法律授权，并经司法大臣、北爱尔兰首席大法官同意予以制定。

不端行为，也就是黑尔什姆勋爵（Lord Hailsham）所言，英国法官所具有的"摆架子，脾气暴躁，废话冗长"等"法官病"，以及不合理地拖延案件审理时限等行为。对于涉嫌违法行为，交给检控机构处理。① 其三，在惩戒程序方面，法官正式纪律惩戒的受理、调查以及裁决如下：司法行为调查办公室对投诉行为进行处理，符合规定标准的予以受理，当事人投诉须在不端行为发生后三个月内提出，过时不理。不符合的及时反馈并说明原因。调查程序具有准司法特点。调查法官必须是被投诉法官的同级或者上级法官，并由首席大法官提名。如果是惩戒案件审理小组，其成员需要由首席大法官和司法大臣分别指定。首席大法官和司法大臣在听取调查法官或者惩戒案件审理小组的处理意见后，做出惩戒决定。如果司法人员会受到调离、暂停职务的初步处理决定，惩戒案件审理小组须对其进行听证，听取辩解；如果将会受到诫勉谈话和警告等处分，司法人员可向皇家首席大法官和司法大臣提出进一步调查的申请。无论是哪种处分，皇家首席大法官和司法大臣的决定是终局的，当事人不能再行投诉。② 在做出免职惩戒时，首席大法官和司法大臣应该向国会两院提出，上议院决定。其四，在惩戒措施方面，主要分为三类：（1）调职；（2）正式建议、正式警告或者劝诫和停职；③（3）免职。如果对高级法官免职，需要向国会两院提出并做出说明。

2. 美国司法官职业伦理模式

全面认识司法官职业伦理模式可以从两个方面展开，一是司法官职业伦理观及伦理规范的基本内容；二是司法官职业伦理惩戒的基本制度。

（1）司法官职业伦理观及伦理规范的基本内容

第一，检察官职业伦理观及伦理规范。美国检察官属于行政雇

---

① 葛峰：《监督法官要有技术含量》，2017年2月27日，南方周末（http://www.infzm.com/content/107525）。

② 同上。

③ 依据英国2005年《宪法改革法案》规定的纪律权力为警告和停职；警告，既可以正式警告或者谴责亦可以非正式警告或者谴责；停职，对于在刑事诉讼中或者被判刑法官，或者对法官停职有助于恢复司法信心时也可采取。

员，又是律师，在刑事诉讼中行使司法职能，既由公务员的职业伦
理规范，又必须由美国最为重要的法律职业组织——美国律师协会
与美国法律协会颁布的职业伦理规范指引。①

　　首先，美国检察官职业伦理观，主要体现在两个方面，一是公
务员职业伦理观；二是在刑事司法领域的职业伦理观。就公务员职
业伦理观而言，主要在《政府服务伦理守则》《行政部门雇员道德
行为准则》中予以规定。《政府服务伦理守则》共 10 条。第 1 条：
"将对最高道德准则和国家的忠诚置于对个人、党派或政府部门的
忠诚之上"；第 2 条至第 9 条内容包括：坚持宪法、法律和法规，
不能因任何党派利益而违背。全心全意并尽最大努力地完成好自己
的工作职责。不得为特权或他人谋利，不得做出私下的承诺，不得
直接或间接地与政府其他部门发生任何不符原则的往来，不得利用

---

　　①　14 项一般原则如下：（1）公共服务是一种公众的信任，它要求雇员把对宪法、
法律和道德规范的忠诚置于个人利益至上。（2）雇员不得有任何与恪尽职守相冲突的财
务利益。（3）雇员不得利用非公开的政府信息从事财务交易，也不得不恰当地利用此类
信息谋取任何个人利益。（4）除本部分第二章所准许的情形之外，员工不得向以下个人
或组织索取或收受任何礼物或其他有价值的物品：向行政机构寻求官方行动的、与该机
构有业务往来的、受该机构指导进行活动的、利益受该机构雇员作为或不作为影响重大
的个人或组织。（5）雇员应尽心履行他们的职责。（6）雇员不得故意做出使政府承担责
任的、未经授权的任何承诺或许诺。（7）雇员不得假公济私。（8）雇员应该公正无私，
不得给予任何私人团体或个人优惠待遇。（9）雇员应该保护和保管好联邦财物，不得将
其用于未经授权的活动。（10）雇员不得从事与政府正式职责相冲突的外部工作或活动，
包括寻求和洽谈工作。（11）雇员应该向有关当局揭发铺张浪费、诈骗、滥用职权和贪
污腐败的行为。（12）雇员应该忠实地履行作为公民的义务，包括所有正当的财务义务，
特别是法律规定的义务，如向联邦、州和地方纳税的义务。（13）雇员应该遵守向所有
美国人，不论其种族、肤色、宗教、性别、民族、年龄或是否残障，提供平等机会的所
有法律法规。（14）雇员应当尽力避免任何给人留下违背法律或本部分所述道德规范的
印象的行为。所有无论是产生违反法律还是违反道德规范的印象的特殊情形，都应该由
了解相关事实并且有正常思维的人加以判断。对于检察官必须遵守的职业伦理，可以作
为重要参考的是学者王进喜翻译的美国律师协会职业行为示范规则（2004）规则 3.8 之
"公诉人的特殊职责"注释部分，该部分的内容如下："公诉人员负有司法人员之职责，
而不仅仅是负有作为诉辩者的职责。这一职责产生了特定义务，以保证被告人得到程序
公正，保证对其罪行的判定是以足够的证据为根据的。确切而言，公诉人在此自由裁量
中需要怎么做，是一个有争议的问题，在不同的司法辖区有不同的规定。许多司法辖区
采用了《美国律师协会关于公诉职能的刑事司法标准》，这一标准是从刑事公诉和辩护
的律师们长期和仔细斟酌的结果。"参见王进喜译《美国律师协会职业行为示范规则
（2004）》，中国人民公安大学出版社 2005 年版，第 77 页。

任何公务信息为自己牟利。对腐败行为要予以坚决揭露。第 10 条，也是最后一条要求，自觉坚持上述九条原则以不辜负公众的信任。《行政部门雇员道德行为准则》总则明确规定公务服务是一种公众信任，并确认 14 项一般原则。总的要求：公共服务是一种公众的信任。每个雇员都要对美国政府和公民负责，都应把对宪法、法律和道德规范的忠诚置于个人利益至上。为了确保每个公民能够完全信任联邦政府的廉洁，每个雇员都应该尊重并遵守本节所述道德行为的原则，同时执行本部分和补充机构法规所包含的准则。[①] 就刑事司法领域的职业伦理观而言，主要在《刑事司法标准（第四版）之检控部分》加以规定。该标准主要内容如下：（1）检察官是一种行政的正义，一种积极的奉献和法庭的官员，检察官在执行控诉时应该谨慎和独立做出判断。（2）检察官的主要职责是在法律的范围内寻求正义，而不是仅仅进行控诉。（3）检察官服务于公众利益，应当诚信和在提高公众安全与追求适当的刑事指控之间进行平衡，通过合理使用自由裁量权处理案件，而不是单纯追求刑事指控。（4）检察官应设法保护无辜者和被定罪的罪犯，考虑被害人和证人的利益，并尊重所有的人，包括犯罪嫌疑人，被告人的宪法和法律权利。

其次，美国检察官职业伦理规范，主要体现在两个方面，一是公务员职业伦理规范；二是美国律师协会或美国法律协会颁布的检察官职业伦理标准。作为公务员而言，检察官必须遵守的职业伦理规范主要有《政府服务伦理守则》（*Code of Ethics for U. S. Government Service*），《美国政府道德法》，《行政部门雇员道德行为准则》等。《政府服务伦理守则》于 1958 年颁布。该《守则》共 10 条，由美国众议院通过，参议院认可采纳，该守则是美国政府对所有公务员的原则性和纲领性的要求。《美国政府道德法》1979 年 1 月 3 日正式生效。在《美国政府道德法》之前，美国也有公职人员道德行为标准，但都不是法律。正是该法将公职人员

---

① 《外国反腐败法译丛·美国政府道德法、1989 年道德改革法、行政部门雇员道德行为准则》，蒋娜、张永久、邵丽坤、朱圳、马帅译，中国方正出版社 2013 年版，第 180—182 页。

道德要求上升到法定义务的层面，运用法律手段预防和打击公职人员腐败行为。因此，《美国政府道德法》可以说是美国现代公共道德管理发展过程中的一个重要里程碑。①该法共7编，总计717条。第1编、第2编和第3编分别规定了立法、行政、司法机构内一定级别的官员和雇员公开财务要求，建立起财产申报制度。其中第4编规定为了监督行政部门执行本法和协调、指导全国范围内的廉政工作，在人事管理局内成立政府道德办公室（政府道德署的前身），同时还设立办公室主任。该编围绕以下内容展开：第一，政府道德办公室主任的权力和职责；第二，政府道德办公室与司法部长、相关行政机关的合作；第三，人事管理局制定相关规则的权力；第四，经费和薪酬。第5编是对《美国法典》第18编第207条的修改，主要限制联邦官员和雇员离职后重新就业的问题，即所谓的"旋转门"规定。第6编是对《美国法典》第28编的修改，建立起独立检察官制度，以减少政府势力对敏感案件的不当影响。《行政部门雇员道德行为准则》自1992年颁布至今，历经修改，目前共有9部分，总计802条。该法对公职人员在行使公权、提供公共服务、进行社会管理过程中六个方面问题，明确规定可以做的、不可以做的、应该怎么做以及违反规定的法律后果。这六个方面包括：第一，外来礼物和彼此间互相赠予；第二，经济利益冲突；第三，公正执法；第四，寻求兼职；第五，滥用职权；第六，介入政府外的活动。作为律师，检察官必须遵守由美国律师协会（American Bar Association，ABA）或美国法律协会（The American Law Institute，ALl）颁布的检察官职业伦理标准，主要有《职业行为示范准则》《刑事司法标准之检控部分》《美国法律协会法律重述》等。《职业行为示范准则》（《*model rules of professional conduct*》），1983年由美国律师协会通过颁布，现在版本在2013年最后修正，不但包含检察官、法官等不同角色的职务工作规范，同时亦包括职务外言论及活动规则。《刑事司法

---

① 《外国反腐败法译丛·美国政府道德法、1989年道德改革法、行政部门雇员道德行为准则》，蒋娜、张永久、邵丽坤、朱圳、马帅译，中国方正出版社2013年版，第8页。

标准（第四版）之检控部分》由美国律师协会 2015 年 2 月通过颁布，现行刑事司法标准是在 1993 年第 3 版基础上进行的修改。检控功能条款从 1993 年第 3 版基础上的 42 条上升到 57 条，该规范与美国律师协会《职业行为示范准则》保持一致，试图描述为"最佳做法"，对检察官的伦理行为进行规范。《美国法律协会法律重述》（第 3 版），由美国法律协会集结了一群法学家将各个部门法进行重述（restatement），目的是把抽象而模糊的判例法规则具体化，便于使用。该《重述》本身没有法律效力，要想奏效的话一方面各州可以将其中一些规则纳入自己的成文法中（比如最为成功的 restatement of contract law），另一方面，法官进行判决的时候可以参考。该《重述》涉及检察官的是有关规范律师之法律，分为七章共计 135 个条文，最直接相关的包括：第一章，法律专业之规范；第二章，当事人与法律之关系；第五章，当事人资料之保密；第六章，代表当事人通则。

第二，法官职业伦理观及伦理规范。美国是"三权分立"中最为典型的国家，美国法官是"三权分立"中司法职能的承担者，其职业伦理模式具有典型性。

首先，关于美国的法官职业伦理观。以《司法行为示范守则》为例，主要分为两方面，一是《司法行为示范守则》的制定和修改历史，这一过程也可以说是法官职业伦理的发展历程；二是《司法行为示范守则》所规定的职业伦理观。就美国法官职业伦理的发展而言，法官的职业伦理问题并不是一个突出的问题。美国将视司法独立作为确保司法公正、"三权分立"的基础，在宪法中单列一章（第三章）规定联邦法院的设置与运作。其中说明联邦法官只要"行为良好即应保持其职位"，重点放在除非有不良行为，否则"即应保持其职位"上。只要未经国会投票——众议院弹劾、参议院定罪，不能罢免法官。实践中，开国至今两百多年，众议院启动弹劾程序的有 15 名联邦法官，只有 8 名联邦法官被弹劾，而且其中没有一个是最高法院大法官。直到 1924 年，美国律师协会在那一年颁布了一份历史性文件——《司法伦理守则》（*Canons of Judicial Eth-*

ics)。① 相比而言，1924 年的《司法伦理守则》用词较为中性，很多条款特别是序言，表达的是一种愿望。1972 年准则采用了更加常规化的立法形式，它借用了原守则的主要内容，从原来的 36 条精练为 7 条，语言明确，可操作性大为增强。在此基础上，1990 年 8 月，美国律师协会全国代表大会通过了《司法行为示范守则（1990）》，该守则与 1972 年的《司法行为守则》在很多方面类似，但也包含了许多新的内容。从标题来看，该 1990 年守则加入了"示范"二字，旨在强调美国律师协会并不像立法机构和司法机关那样，有权"制定"什么，该示范守则仅仅是个法院规则或者立法文件的建议稿。从实践来看，几乎所有的州和哥伦比亚特区都以该守则为标准，制定了自己的规则。② 美国律师协会通过于 1997 年 8 月 6 日，1999 年 8 月 10 日，2003 年 8 月 12 日，2007 年 2 月 12 日和 2010 年 8 月 10 日修订。目前，ABA 在 1990 年版本基础上，经过 5 次修订，颁布的《司法行为示范守则》（2011 年版）最新范本为 4 条。现在美国联邦和各州在前期工作基础上，大多数都会参考和借鉴美国律师协会颁布的 2011 年版守则，以制定和完善各自对司法从业人员具有法律效力的守则。就法官的职业伦理观而言，《司法行为示范守则》（2011 年版）对司法价值观做了比较详细的规定。具体如下：司法伦理准则由前言、诫律、在诫律下的大量规则以及解释规则的注解构成。规则和注解为进一步细化原则做了更为全面和具体的说明，对法官及候选人的容许和禁止的行为提供了标准，也为他们寻求和超越这些标准、努力实现最高的伦理要求提供了依据。在前言中，说明了法官必须遵循守则指引的原因。（1）对于正义的体制而言，独立、公平、公正的司法机构必不可少。美

---

① 起草这份文件的是威廉·霍华德·塔夫脱（William Howard Taft），他当时担任 ABA 的司法行政和程序委员会主席，同时还是联邦最高法院的首席大法官，在这之前担任过总统（第 27 任），是美国唯一高居于三权中两权之首的人。该准则在 60 多年前为多数州所采纳，为法官的职业伦理建设做出了重要贡献。1969 年，美国律师协会又成立了一个关于司法行为标准的特别委员会，以加利福尼亚法官罗杰·特罗伊纳为主席，来制定一个取代《司法道德准则》的现代司法行为标准。1972 年 8 月美国律师协会正式批准了该委员会制定的《司法行为准则》。

② 王进喜译：《美国律师协会职业行为示范规则（2004）》，中国人民公安大学出版社 2005 年版，第 3 页。

国法律制度建立在独立、公正和能够胜任的司法机构基础上，这些司法机构由正直的男女构成，他们解释法律并应用于社会。司法机构发挥在维护正义原则中的核心作用。法官个人和集体，要尊重这些被包含在守则中的戒律，从而获得公众的信任，努力增强公众对法律体制的信任。（2）法官在任何时候都应该保持其职业尊严，在其职业上和个人生活中都应该避免不当行为以及给人不当行为的印象。他们在任何时候都应该最大可能地在独立、公正、正直和能力等方面给予公众信心。（3）司法行为守则为法官及其候选人提供了伦理行为标准，该守则并不试图提供详细和全面的行为标准，而是提供一些概括性的总则，该守则试图在维持最高标准的司法和个人行为方面指引和帮助法官及候选人，同时该守则为纪律机构规范法官及候选人行为也提供了依据。在诚律部分，对所有法官必须遵循的四条司法伦理原则予以规定。第一条诚律：法官应该维护和促进司法机关的独立、诚信、公正，应当避免不当行为以及给人不当行为的印象。第二条诚律：法官必须能够胜任并且公正和勤勉地履行司法职责。第三条诚律：法官应当在从事司法及职务外活动中，尽量避免与司法职责发生冲突。第四条诚律：法官或者候选人应该避免参与不符合司法机关独立、诚信、公正原则的政治活动或竞选活动。

其次，美国法官职业伦理规范的基本内容，主要体现在 1980 年 10 月 15 日通过的《司法理事会改革和司法行为与能力丧失法案》（*Judicial Councils Reform and Judicial Conduct and Disability Act*）以及由美国律师协会制定的各时期《司法行为示范守则》中。前者，该法案有两部分内容：第一部分是让各司法区的司法理事有权"为了巡回区内有效且迅速的司法行政，而制定必要且适当的命令"；第二部分是建立对法官不端行为的控告和处置程序。从那时起，各联邦巡回区的司法理事会开始承担惩戒联邦法官的职责。[①]后者，既是重要的司法官职业伦理规范的范本，同时规定了美国法官的职业伦理观。该守则由美国律师协会通过，美国律师协会本身并没有指

---

① 全亮：《法官惩戒制度比较研究》，法律出版社 2011 年版，第 48 页。

定法官行为标准的权力，这项权力通常都是由法院，有时也由立法机关来行使，但是该守则为联邦和各州制定对司法行为具有法律效力的规定提供了模本。前面已对《司法行为示范守则》（2011 年版）进行介绍，此处不再赘述。

（2）司法官职业伦理惩戒的基本制度

主要分成两个方面加以阐述：一是司法官职业伦理惩戒涉及刑事和民事方面的基本制度；二是司法官职业伦理惩戒涉及纪律方面的基本制度。

第一，司法官职业伦理惩戒涉及刑事和民事方面的基本制度。在这里，重点介绍涉及刑事责任和民事责任方面的内容。首先，刑事责任。美国对公职人员犯罪主要规定于《美国法典》[①] 中。《美国法典》第 18 编"犯罪和刑事诉讼"中第 11 章"贿赂、贪腐和利益冲突"较为详细地规定了政府公职人员贪污、受贿和利益冲突等各种罪名及处罚方法。第 201 条规定了"贿赂公职人员、证人罪""公务员受贿罪""证人受贿罪"，第 203 条为"国会议员及其他政府官员非法收受报酬罪"，第 204 条和第 207 条规定了"国会议员及其他政府官员从事有损政府事务罪"，第 208 条是"政府官员假公济私罪"，第 209 条为"政府官员收取来自非政府的报酬罪"。第 216 条"惩处与强制令"规定了触犯前述罪名的，将被判处 1 年以下有期徒刑或罚款，蓄意情况下将被判处 5 年以下有期徒刑；还规定司法部长对违法行为可以提起民事诉讼。[②] 其次，民事责任。美国联邦法方面，有关侵犯人权之民事赔偿责任法条是 42 U. S. C. 1983，条文之主词是"任何人"（every person），字义上好像包括法官与检察官。但联邦最高法院于 1967 年的 Pierson 案中判定在这种条文结构下，法官仍保有普通法所认许的民事豁免权。接

---

① 1926 年，美国国会将建国以来制定的所有立法加以整理编撰，形成《美国法典》。法典每六年重新编纂颁布一次。

② 《外国反腐败法译丛·美国政府道德法、1989 年道德改革法、行政部门雇员道德行为准则》，蒋娜、张永久、邵丽坤、朱圳、马帅译，中国方正出版社 2013 年版，第13—14 页。

着在 1976 年的 Imbler 案中，再判定检察官亦有此豁免权。①

第二，司法官职业伦理惩戒涉及纪律方面的基本制度。这里，主要分为非正式纪律惩戒（也是内部职务监督责任）和正式纪律惩戒两个方面。首先，在非正式纪律惩戒（也是内部职务监督）方面，下文将就检察官和法官职业分别加以阐述。就美国检察官而言，非正式的纪律惩戒，主要体现为内部监督模式。由于美国的检察职能是以个人负责制为基础的，就每个检察署而言，检察官是绝对的领导，他有权决定该检察署负责的一切案件和遇到的一切问题，包括起诉决定和人员任免。② 因此，美国检察署内部管理上具有较强的监督属性。除此之外，美国检察官的业绩考评结果也体现出内部监督。美国对检察官的考核包括平时的日常考核和每年的年度考核。年度考核内容包括工作质量、工作数量和工作适应力，主要对工作完成情况、潜在能力、具体工作职责、完成的工作结果进行评价，对工作内容和效率进行数量和质量分析。考核结果分为优异、满意、不满意等不同等级，与奖金、荣誉、表彰、休假等奖励内容挂钩，但并不直接与晋升挂钩。③ 对于美国法官而言，非正式纪律惩戒（也是司法职务监督）主要由美国巡回法院首席法官实施。如果行为不当程度较小，属于不会重复的单独错误，且法官也承认了错误并同意改正，之前没有因如此行为被惩戒过，最近没有受到任何惩戒，则可以使用这种非正式处理措施。如非正式调整、私下劝勉、告诫信等。需要指出的是，美国对法官的绩效评价，对于联邦法官而言，收效有限。美国联邦法官有终身制保障，联邦法院系统反对司法绩效评价，认为这种方式有损司法独立。

其次，在正式纪律惩戒方面，下文将就检察官和法官职业分别加以阐述。就美国检察官正式纪律惩戒而言，通常表现为双重惩戒，即分别来自联邦公务员惩戒和检察官作为律师必须遵守所在州

---

① 陈瑞仁：《美国检察官伦理简介》，服务机关：台湾新竹地方法院检察署，第28页。

② 何家弘主编：《检察制度比较研究》，中国检察出版社2008年版，第20—21页。

③ 王欣、黄永茂：《国外检察官考核考评制度之比较及启示》，《江苏大学学报》（社会科学版）2013年第2期，第94页。

律师惩戒相关规定。[①] 下面将对惩戒主体、惩戒事由、惩戒程序及惩戒措施等方面分别进行阐述。其一，在惩戒主体方面，联邦司法部和各州律师惩戒规则规定的主体。联邦司法部的惩戒，由总检察长做出最终决定；各州的惩戒主体，差别较大，如加州，惩戒主体是加州律师法院和加州最高法院；北卡罗来纳州，惩戒主体为惩戒听证委员会，如果对其决定不服，都可以向该州之"上诉法院"提出上诉。其二，在惩戒事由方面，检察官的不当行为主要可以概括为三个方面：（1）被申诉者故意违反法律或伦理规范所规定之明确不含糊之义务或准则；（2）过失忽视前述义务或准则；（3）错误判断或单纯犯错，若是错误判断则有可能受惩戒，但单纯犯错则否。[②] 其三，在惩戒程序方面，由于各州对于检察官惩戒差别很大，现以美国联邦司法部惩戒为例加以说明。在司法部专门设有调查检察官违纪和有关其职务犯罪的部门——职业责任办公室（Office of Professional Responsibility，OPR），检察官的不端行为或者犯罪都由该部门负责调查。其信息来源是多方面的，有的是来自司法部内部，有的来自私人律师或者当事人，还有就是接受来自司法部门的检举。《联邦地区检察长手册》详细规定了有关处理法院检举的检察官职务犯罪和违纪的程序。如果法官或治安法官对司法部的雇员的不端行为有所指示，无论性质严重与否，司法部的检察官都必须向其监管上级和职业责任办公室汇报。职业责任办公室对不端行为展开调查，涉嫌不端行为的检察官不得参与调查，并不得在调查期间代表国家参与诉讼，职业责任办公室酌情决定是否向公众公开案情。法官对于检察官的检举并不必然导致诉讼，而是需要检察机关先行调查，只是来自司法机关的检举更加受到重视。[③] 当 OPR 完成调查，且认定确有不当行为时，得将调查报告之草稿提供给被申诉人及其

---

① 因美国国会在 1998 年通过了所谓"McDade 修正案"，明文规定美国联邦检察官与州律师受相同规范，所以现在联邦检察官须受州法与联邦法的双重限制。参见陈瑞仁《美国检察官伦理简介》，服务机关：台湾新竹地方法院检察署，第 29 页。

② 陈瑞仁：《美国检察官伦理简介》，服务机关：台湾新竹地方法院检察署，第 34 页。

③ 聂施恒：《美国检察制度研究》，博士学位论文，吉林大学，2011 年，第 79—80 页。

主管提出意见，OPR 认为适当时，得依据该等意见修订报告内容。该报告得加入关于政策面之建议事项。依据 28 C. F. R. § 0. 39a 及 Privacy Act，OPR 会将结果通知申诉人。在 2010 年 12 月以后，OPR 的报告要交给司法部一个特别单位"不当职业行为审查小组"（the Professional Misconduct Review Unit，PMRU）审，但 PMRU 并不审查错误判断，错误判断是交由其单位主管或司法部长办公室做处理（例如再训练与再教育）。OPR 并未向审查小组做惩戒种类之建议，如果该小组认为不当行为并无证据支持，则其决定是司法部之最终决定，其将决定移送给单位主管与司法部长。如果认定确有不当行为，则建议惩戒种类，并知会司法部长及执行长办公室请其等提供关于"道格拉斯考量因素"① 之意见，再做出最终之惩戒种类之决定。惩戒处分是在 14 天以下者，PMRU 的主任是决定者，司法部副部长是执行者；15 天以上者，受惩戒者可以申诉至美国联邦奖惩制度保障委员会，再不服者可上诉至联邦上诉法院。OPR 在结案时若认受惩戒者有违反律师伦理之情事，会在 30 天之内通知该州之律师公会。② 其四，在惩戒措施方面，联邦司法部通常的制裁形式包括斥责、暂停职务和解雇。③ 在各州而言，惩戒措施并不统一。如在北卡罗来纳州，惩戒决定分为"不予惩戒"与"惩戒"，不予惩戒时可以同时发"提醒信"或"警告信"（给受移送之检察官或律师）。而惩戒之种类有：告诫、谴责、非难、停职 5 年以下与"除名"。但其不可以决定检察官应否撤职。④ 对于美国法官正式纪律惩戒而言，主要规定于美国宪法及《司法理事会改革和司法行为与能力丧失法案》（*Judicial Councils Reform and Judicial Conduct and Disability Act*）。下面分别阐述惩戒主体、惩戒事由、惩戒程序和惩戒措

---

① 所谓"道格拉斯考量因素"是美国联邦奖惩制度保障委员会（The Merit Systems Protection Board）惩戒时之考量因素。参见陈瑞仁《美国检察官伦理简介》，服务机关：台湾新竹地方法院检察署，第 35 页。

② 陈瑞仁：《美国检察官伦理简介》，服务机关：台湾新竹地方法院检察署，第 36 页。

③ 闫召华：《公诉不端：美国的实践及其启示——基于判例与规则的双重分析》，《中国刑事法杂志》2010 年第 7 期，第 118 页。

④ 陈瑞仁：《美国检察官伦理简介》，服务机关：台湾新竹地方法院检察署，第 40—41 页。

施等方面内容。其一，在惩戒主体方面，对于联邦法官而言，美国国会、美国巡回法院司法理事会及美国司法理事会都参与对于法官的惩戒。弹劾是最为重要的惩戒措施，如果美国巡回法院司法理事会认为确有必要，将会通知美国司法会议，由后者讨论决定是否向众议院提出弹劾案，并由众议院起诉，参议院审理，由参议院成员的三分之二通过弹劾裁决。对于一般惩戒，则由美国巡回法院司法理事会决定。其二，在惩戒事由上，集中表现为行为不当（包括犯罪）。联邦宪法中与法官弹劾有关的条文有两个，即第 2 条第 4 款："总统、副总统及所有的文职官员若犯叛国、贿赂、重罪、轻罪，须依弹劾去职。"以及第 3 条第 1 款："最高法院法官以及其他层级法院的法官任职时必须行为良好。"从前一个条文看，弹劾法官的标准是法官的行为构成犯罪。而后一个条文则在实际上宣称法官如果行为不当时也应失去法官职位或受到其他制裁。据此，可以说行为不当（包含犯罪）是法定的惩戒事由。何谓"不当行为"？《司法行为示范守则》（2011 年版）（前面已做介绍）的四条诫律以及在诫律下的大量规则以及解释规则的注解是最为重要的衡量标准。其三，在惩戒程序上，下面分别阐述检察官和法官惩戒的受理、调查以及裁决程序等方面内容。对美国联邦法官的惩戒程序大致如此：接到投诉后，巡回法院首席法官审查投诉内容，并决定驳回还是将投诉移交给司法惩戒委员会进行调查。司法惩戒委员会调查之后，将向巡回法院的司法理事会（judicial council）提交一份报告，提出退休、暂停工作，训诫等处罚建议。如果司法理事会认为法官的行为够得上弹劾标准，司法理事会将报告转交给美国司法会议（the Judicial Conference of the United States），该机构有权向众议院做证。[1] 对于司法理事会的处理决定不服的当事人，可以向美国司法会议申请复审。美国司法会议或其常设委员会可以同意该请求。但无论是同意还是拒绝该请求，美国司法会议的这类决定为终局，不得通过上诉或其他途径谋求任何司法审查。[2] 其四，在惩戒措施方

---

[1]　许身健主编：《法律职业伦理论丛》第 2 卷，知识产权出版社 2015 年版，第 127 页。

[2]　全亮：《法官惩戒制度比较研究》，法律出版社 2011 年版，第 140 页。

面，美国法官惩戒的措施包括：私下告诫（admonition）、责备（reprimand）、批评（censure）；公开的责备、批评；暂停履行职责；强制退休；罢免。[①] 对于免职的惩戒措施，并不适用于最高法院法官。我们会注意到，联邦法院系统内的这套惩戒机制似乎并没有涵盖最高法院的大法官们，1980 年法案的适用对象实际上仅限于巡回法院和地区法院的法官。正如美国国会在 1993 年的一份调查报告中指出的，鉴于大法官们之间私人关系的存在，要在他们 9 人之间设计出一种可行的内部惩戒机制实在是比较困难。实践也许表明，对于牵一发而动全身的联邦最高法院来说，有国会的弹劾就足够了。[②]

---

① 许身健主编：《法律职业伦理论丛》第 2 卷，知识产权出版社 2015 年版，第 126 页。

② 全亮：《法官惩戒制度比较研究》，法律出版社 2011 年版，第 50 页。

第三章

我国当代司法官职业伦理检视

检视我国当代司法官职业伦理，笔者从主要四个方面加以阐述，一是我国"极端科层型权力组织的政策实施程序"，它是我国当代司法制度的类型；二是我国作为"维护者"的司法官职业，它是我国当代司法官职业的角色定位；三是我国"司法奉献与服从型"的司法官职业伦理，它是我国当代司法官角色的职业伦理模式。四是司法体制改革对我国当代司法官职业伦理的积极影响。此处需要特别予以说明，前三个方面笔者将其作为我国当代司法官职业伦理基本形成期，时间起点是党的十一届三中全会的召开，结束为党的十八大召开前。这一时期，根据党的十一届三中全会提出的加强立法工作的要求，全国人民大会及其常务委员会先后颁布了《宪法》和一系列重要法律，有力地推动了社会主义法治建设的发展，也为我国当代司法官职业伦理的基本形成奠定了基础。第四个方面，笔者将其作为我国当代司法官职业伦理的改革发展期，时间起点是党的十八大召开至党的十九大召开前。这一时期，中央全面深化改革领导小组作为推进全面深化改革的总牵头人，为了推进国家治理体系和能力现代化，推动制定和通过了系列关于司法体制改革的文件，设定路线图和时间表，并以此为依据，全面推进落实了各项司法改革举措，带来了我国当代司法官职业伦理的积极变化。总体来看，伴随司法体制改革及法治建设的发展，在党的政策、宪法法律及司法体制改革文件基础上，我国当代司法官职业伦理从基本形成到改革发展，取得了较为明显的进步。

一　我国"极端科层型权力组织的
政策实施程序"

认识我国"极端科层型权力组织的政策实施程序"的司法制度类型，主要从两个方面进行，一方面是它产生的法治背景；另一方面是它自身的含义及其特征。

（一）司法制度类型的法治背景

对我国司法制度类型的法治背景进行考察，可以归纳为政治性或者党性主导下的"转型期法治"，或者称之为"有限法治"。[①] 在这一法治状态中，主要包含两个方面，一是党对我国法治建设的领导，这是我国的根本特色。在党的领导下，我国的法治建设取得令人瞩目的成绩，法治建设的主要矛盾由无法可依已经转向有法必依，司法体制改革正在如火如荼展开。二是我国"转型期法治"表现为"有限法治"。"转型期"强调我国法治建设处于发展期，还不成熟，"有限"则强调法治功能不能得到完全发挥。龙宗智教授认为，"转型社会国家管治方式的稳定性与改革的滞后性，导致传统的治理方式仍然发挥着基本的、主导的作用。法治资源十分有限，法治的功能也十分有限"。同时，"法治的方式与其他非法治的治理方式将并存相当长的时间。从根本上讲，在转型期缺乏全面实现法治的必要条件，因此，只能以法治与其他治理方式并用来实现国家管理与社会治理"[②]。

实践中，虽然法治建设在党的领导下取得了积极成果。但是，也出现了一些问题，特别是作为全面推进社会主义建设重要组织者、推

---

① 孙笑侠等：《转型期法治纵论》，《中国政法大学学报》2010 年第 2 期，第 15—16 页。参与该文讨论的学者都比较认同我国法治处于转型期的观点，同时龙宗智教授还提出"转型期法治还只是一种有限法治"的观点。

② 孙笑侠等：《转型期法治纵论》，《中国政法大学学报》2010 年第 2 期，第 15—16 页。

动者、实践者的各级党组织和领导干部，尚不能做到自觉运用法治思维和法治方式深化改革、推动发展，有时候甚至在处理矛盾和维护稳定时，违法行使权力，以言代法、以权压法、徇私枉法。

（二）司法制度类型的含义及特征

在刑事司法领域，采用达玛什卡的司法类型理论，不仅可以用来考察两大法系国家的司法制度，同时，这一理论也为我国司法制度提供了解释框架。前文所述，也正是依据达玛什卡的分类，两大法系国家的刑事司法制度类型，即为大陆法系国家的科层型权力组织的政策实施程序以及英美法系国家的协作型权力组织的政策实施程序。如果把科层型权力组织的政策实施程序与协作型权力组织的政策实施程序，作为司法制度标准类型的两端的话，我国的司法制度类型，毫无疑问站在大陆法系国家的科层型权力组织的政策实施程序一边，甚至是在端点之外的很远的一段距离。因此，在笔者看来，我国司法制度类型，符合大陆法系国家的，属于超出标准的、极端形式的科层型权力组织的政策实施程序。具体而言，主要体现在两个方面：首先，在科层型权力组织上，存在党的领导并以党组织（在司法职能上主要是党的政法委员会）作为主线，党领导下的司法机关及司法官员，被视为党的各个组成部分。达玛什卡对于我国的官僚系统以及刑事司法的官僚制度做了形象的概括。对于官僚系统，他认为，"以科层式组织起来的官僚系统在这个国家有着根深蒂固的传统，在这里我们也可以发现具有悠久历史的管理型政府，为西方的集权式政府所难以匹敌"①。对于刑事司法官僚制度，他认为，"首先让我们来考察一下参与刑事司法过程的官僚机器的某些显著特征。所有的官员都被看成'一个机体中的不同部分'，他们构成一个单一部门领导下的统一官僚系统。在这里，人民公安——最纯正的行政人员——成为一体化的政法系统中最重要的部门，而法院和从苏联那里仿制而来的检察院则充当着陪衬式的、无关紧要的配角"。其次，在政策执行程序上，党的组织主要是党的政法委员会，在司法领域的案件办理和执行上都发挥

---

① ［美］米尔伊安·R.达玛什卡：《司法和国家权力的多种面孔——比较法视野中的法律程序》，郑戈译，中国政法大学出版社2004年版，第295页。

了巨大的作用。目前，这种作用正在从完善党的政委委员会的领导作用方面加以完善，即不再干涉具体案件办理，而是注重于思想领导、政治领导及组织领导。达玛什卡曾经对我国的相关情况进行概括，"对程序活动之妥当性的控制主要是靠科层组织中的上级监督来保障的，而不是依靠参与刑事诉讼过程的个人之间的相互问难和挑战。上诉以及对判决的其他方式的挑战被解释成不服从权威的挑衅行为，并因此备受阻挠"。于是，在这种环境中，不仅是程序，甚至是实体，两者都要让位于上级的权威。接下来的发展，达玛什卡认为会出现一种情况，也是很显然的。"在这种威权主义的环境中，刑事司法程序转化为镇压犯罪和改造罪犯的纯粹行政事业。影响和改造被告的努力早在任何有罪宣告做出之前就已经展开。律师完全被排除在外，因此，他们的活动所能带来的最微弱的不同声音也无从听到。"达玛什卡的概括，设定在新中国成立以来直至"文化大革命"结束前的区间来看，具有一定的现实性。但是，改革开放以后，法治与国家社会治理方式已经发生了实实的改变。总体上来看，这几十年以来，我国在司法责任监督、保护犯罪嫌疑人及被告人权利、提高辩护律师地位等方面都有了长足进步。

二　我国作为"维护者"的
司法官职业角色定位

我国社会主义法治建设上的"转型期法治"或者"有限法治"，司法制度类型上极端的科层型权力组织的政策实施程序，为司法官职业角色设定了重要的时代背景和司法实践的场域。在刑事司法领域，笔者对司法官职业角色定位为"维护者"。① 这一定位，站在国

---

① 党的十八大将政法队伍定位为"中国特色社会主义事业建设者、捍卫者"，这一定位与笔者对司法官职业作为"维护者"的定位内涵相同，但是在侧重点上存在差异。前者，作为党的重要文件的规定，在表述上政治性较强；后者，作为理论研究，强调的是司法官职业角色的工具性，而这一性质又与从社会伦理学出发，将司法官职业伦理作为调控方式这一思路具有一致性。因此，侧重点上的差异也就决定了选择"维护者"的定位。

家治理立场下，既有阶段性又有功能性，较为清晰和明确，完全可以作为司法活动的立足点和出发点。理解这一定位，应该从如下两个方面进行解读：第一，明确三个前提。首先，立足国家及社会治理层面来看待司法官职业角色定位及功能。从司法官作为国家、社会发展进程中的社会职业角色来看，我国特色社会主义建设事业尤其是法治建设仍在推进，司法官身处其中，既是作为建设事业的一分子而存在，其中主要是法治建设事业，同时也是作为维护和保障我国特色社会主义建设发展尤其是社会公平正义的一分子而存在。这一定位，很显然是将司法官视为工具性存在。其次，坚持党对政法工作的领导原则。司法官也需要政治性，也就是要有党性。这一性质，决定了司法官在思想上、政治上和组织上与党保持一致，具有鲜明的观点性，司法官在功能上，必须维护和保障党的领导的实现。在司法官职业体系之上，还存在党组织（如党的政法委员会）的领导和监督。这一前提的认知，就是明确在官僚体系中，党的领导作为主线，地位极为重要。党的这一地位，使我国司法官官僚体系自上而下极为稳固和强大，对于政策的贯彻具有超强的执行力。最后，尊重司法规律。司法规律，体现在司法官职业角色上，是其中立性和裁判性，而这两个基本特征决定了司法官必须具有独立性和责任性。在我国"有限法治"以及极端的科层型权力组织的政策实施程序下，司法官职业角色定位，显然也必须符合司法规律，拥有独立性和责任性，只是把独立性表述为相对独立性或者主体地位，责任性表述为超强的责任性，更符合当前实际情况。司法官在组织体系上的任免、监督和惩戒必须区别于普通行政机关公务员，相对也更为慎重。尽管我国司法官职业角色定位具有特有属性，但是尊重司法规律，维护社会公平正义的任务是一致的。第二，明确司法权及司法官的定位及功能。在刑事司法领域中，认识司法官作为"维护者"的角色定位，维护社会公平正义，就是要求其在刑事司法活动中发挥重要的职能作用。作为"维护者"，司法官职业角色是一个角色集，通常具有党员、公务员以及司法从业者三重角色身份，它总是在职业关系的活动中发挥其职能作用。同时，司法官作为司法机关的代表，对其所在的司法机关具有依附性，是司法机关属性的表达，与司法机关具有最为紧密的联系性。

　　理解司法官职业角色定位，可以从两个方面加以认识。首先，司法权定位，解决的是我国的司法权及司法机关在政府基本权力结构层面的地位及功能问题，这里尤为重要的是党的领导权问题。在司法权定位上，党的领导权对"一元多立"的国家权力架构具有关键作用，党的领导是承担司法权行使任务及职能的司法机关必须遵守的原则。同时，我国司法机关具有相对独立性，当然，这是一种党领导下的独立性。在司法权的职责功能上，基于角色定位基础上的检察机关和法院，两者都在宪法规定的框架下分工合作、相互制约行使其司法职能。其次，司法官职业角色具体定位。这里主要回答的是作为司法权的具体承担者，我国司法官职业角色在司法职业关系中的具体功能或者有用性问题。下面将从三个方面加以阐述，一是从抽象层面看司法官与党、国家和人民的关系。由于在我国党、国家和人民具有一致性，司法官的三重身份，党员（绝大多数司法官是党员）、公务员与司法官，首先是党员的身份，因此，这一关系归根结底可以归结为党员对党的关系，这种关系主要是忠诚、奉献、服从、为民、廉洁等原则，具体规定于党章的义务部分。二是从具体层面看司法官与党的组织的关系。主要体现为司法活动中，司法官及司法机关与党的政法委的关系。在司法活动中，党的政法委员会一度在具体刑事犯罪案件中协调公、检、法三部门关系并对具体案件做出决定。因此，可以说党的领导在具体案件的侦办中，发挥着巨大的作用。对于司法官职业角色的认知必须是在党的领导体制下对司法官的职业角色认知。三是立足于司法官职业专门技能，具体地看待司法官职业关系。从司法官职业角色关系的角度出发，具体可分为司法官职业之间、职业内部以及司法官职业与其他主体之间的关系。在刑事司法活动中，司法官及司法机关具有强烈的干预冲动，把自身作为控制社会、打击犯罪的一方，无论是侦查、起诉阶段，还是审判阶段，相对于辩护律师而言，具有显而易见的强势地位。

（一）司法权定位

　　看待我国司法权定位，主要从两个方面来看，首先，从政府基本权力结构层面来看，我国司法权，包括检察权和审判权，分别由人民检察院和人民法院行使。党的领导权对于"一元多立"的权力架构而言，发挥着关键性的作用，人民检察院和人民法院必须接受党的领导，接受人民代表大会及其常委会的监督。其次，从司法权及司法机关功能来看，人民检察院和人民法院独立行使职权，不受行政机关、社会团体和个人的干涉。根据我国宪法第三章第七节"人民法院和人民检察院"的规定，检察院是国家的法律监督机关，独立行使检察权。法院是国家的审判机关，独立行使审判权，负责审理案件。在司法机关与其他国家机关的关系上，检察机关和人民法院行使职权时不受行政机关干涉，同时还在《宪法》第 135 条规定，"人民法院、人民检察院和公安机关办理刑事案件，应当分工负责，互相配合，互相制约，以保证准确有效地执行法律"。

（二）司法官职业角色具体定位

1. 司法官与党、国家和人民的关系

在这里，主要体现的是整体和抽象层面的关系。由于司法官与司法机关联系非常紧密，而党、国家和人民在我国通常具有统一性，因此，从职业关系的角度，司法官作为一方，而党、国家和人民整体作为另一方。考虑到我国司法官是具有三重角色统一的角色集，即党员、公务员以及司法从业者角色，故而理解这一关系，应该分成三个方面，一是司法官作为党员与党组织的关系。我国司法官绝大部分为中国共产党党员，必须树立党纪和规矩意识，遵守党章党规，做合格党员，其职能就是要遵守党员的权利和义务。二是司法官作为公务员与国家的关系。司法官作为公务员，必须符合党、国家和人民的共同期待，遵守《宪法》《公务员法》等国家法律规定职能，履行公务员的权利和义务。三是司法官作为司法从业者与国家的关系。司法的属性要求中立裁判，具有相对独立性，必须遵守《检察官法》《法官法》等法律规定，区别于行政机关公务员，履行技术性和专业职能。检察官从事法律监督，履行法律监督职能，法官从事审判，履行审判职能。

2. 司法官与党的组织的关系

在司法活动中，主要体现为党的政法委与司法机关的关系。在很长一段时期，党的政法委对司法机关的领导，可以直接协调对具体刑事案件的办理。不可否认，党的政法委在此期间做了许多积极的工作，但也导致了不少问题的发生。

3. 司法官职业之间、职业内部及与其他主体之间的关系

第一，司法官职业之间的关系，主要体现为三方面关系，一是公安、检察院和法院三者的关系；二是公安机关与检察院关系；三是检察院与法院关系。首先，从公安、检察院和法院之间的关系来说，依据我国《宪法》第135条规定，就是在办理刑事案件时，三者应当分工负责，互相配合，互相制约，以保证准确有效地执行法律。其次，公安机关与检察院的关系。当公安机关需要逮捕犯罪嫌疑人时，须经检察院批准；检察院对公安机关侦查终结的案件，进行审查并决定是否起诉；检察院有权对公安机关的侦查活动是否合法进行监督。同时，在公安机关对检察院不批准逮捕和不起诉的决定有不同意见时，有权要求复议，还可提请上级检察院复核。最后，检察院与法院的关系。一是检察院提起公诉，法院如果认为事实不清、证据不足，可以退回检察院补充侦查；如果认为有违法情况，应当通知检察院纠正。二是检察院监督法院的判决和审判活动是否合法，如果认为审判活动有违法情况，可以提出纠正意见；如果发现一审判决或裁定确有错误，应当向上级法院提出抗诉。综上可知，我国将刑事诉讼程序不同阶段的支配权分配给公、检、法三机关，希望它们在完成各自工作的基础上密切配合，以实现打击犯罪、保障人权的目的，同时通过相互制约，尽量避免出现错漏。三机关只要各司其职、恪尽职守，便能良好地完成法律赋予的职责。①

第二，司法官职业内部关系，包括检察院和法院内部关系。首先，检察院内部关系主要分为两个方面，一是检察院组织体制，检察院为双重领导体制，即一方面受上级检察机关的领导，另一方面受本级人民代表大会及其常委会的领导。我国《宪法》第132条规定：

---

① 韩大元、于文豪：《法院、检察院和公安机关的宪法关系》，《法学研究》2011年第3期，第17页。

"最高人民检察院领导地方各级人民检察院和专门人民检察院的工作，上级人民检察院领导下级人民检察院的工作。"第133条规定："最高人民检察院对全国人民代表大会和全国人民代表大会常务委员会负责。地方各级人民检察院对产生它的国家权力机关和上级人民检察院负责。"同时，检察院系统上下级领导关系体现在设置上，主要分为在中央的最高人民检察院、地方各级人民检察院以及军事检察院等专门人民检察院。地方各级人民检察院，又可分为省、自治区、直辖市人民检察院；省、自治区、直辖市人民检察院分院，自治州和省辖市人民检察院；县、市、自治县和市辖区人民检察院。二是检察院内部组织机构。我国实行的是检察长负责制与集体领导民主决策制相结合的内部决策体制。检察长是检察机关的首长，具有组织领导权、决定权、任免权、代表权、办理案件权、惩戒权等。检察委员会具有我国特色，是我国各级检察机关实行集体领导的最重要的组织形式。《人民检察院组织法》第3条规定：各级人民检察院设检察长一人，副检察长和检察员若干人。检察长统一领导检察院的工作。各级人民检察院设立检察委员会。检察委员会实行民主集中制，在检察长的主持下，讨论决定重大案件和其他重大问题。如果检察长在重大问题上不同意多数人的决定，可以报请本级人民代表大会常务委员会决定。其次，法院内部关系主要分为两个方面，一是法院组织体制。法院业务由上级法院监督，人事由地方同级党委领导，财力、物力等方面由同级政府管理。我国《宪法》第127条规定："最高人民法院是最高审判机关。最高人民法院监督地方各级人民法院和专门人民法院的审判工作，上级人民法院监督下级人民法院的审判工作。"第128条规定："最高人民法院对全国人民代表大会和全国人民代表大会常务委员会负责。地方各级人民法院对产生它的国家权力机关负责。"同时，法院系统纵向来看，在设置上主要分为在中央的最高人民法院、地方各级人民法院以及军事法院等专门人民法院；地方各级人民法院分为基层人民法院、中级人民法院和高级人民法院。从审级来看，人民法院审判案件，实行两审终审制。死刑除依法由最高人民法院判决的以外，应当报请最高人民法院核准。二是法院内部组织结构。法院院长是行政首长，同时参与审判事务。法院院长具有案件审判权、对本院司法人员的提请任免权，即人事任免提名权、审委会主持权、再审提请权、审判长指定权、惩戒权等。在审判事务上，法院采取独任制、合议制和审判委员会的形式，实行民主集中制原则。审判委员会是我国人民法院独特的组织形式。《人民法院组织法》第9条规定："人民法院审判案件，实行合议制。"第10条规定："各级人民法院设立审判委员会，实行民主集中制。审判委员会的任务是总结审判经验，讨论重大的或者疑难的案件和其他有关审判工作的问题。"

第三，司法官职业与其他主体之间的关系。这一关系主要是司法官与辩护律师的关系。在刑事诉讼中，检察官、法官代表其所在的司法机关处于强势地位。不仅如此，由于党的政法委对具体案件的协调，更加强化了司法机关的强势地位。与此同时，辩护律师的辩护权受到限制较多，即便现有的辩护权也没有具体的制度以确保落实。因此，在刑事诉讼中，控辩双方地位严重失衡。如在侦查阶段，辩护律师并不具有辩护人地位，辩护人会见犯罪嫌疑人、被告人的权利没有程序上的保障等。

三　我国"司法奉献与服从型"司法官职业伦理模式

我国司法官作为特色社会主义事业"维护者"的定位，决定了司法官的"司法奉献与服从型"职业伦理模式。理解我国司法官这一职业伦理模式，对于"司法奉献与服从"的理解是关键点，主要分成两个方面，一是我国属于极端能动型国家，为推动政策的执行，赋予了司法官"无私奉献"的追求与义务，并因此被授以"无限责任"。二是党领导下的科层官僚制度，刑事司法机关及司法官类似于党组织的一部分或者分支，为了执行党的政策，在司法官具有相对独立性的同时，也应该具有"服从"属性。

基于前文对于司法官职业定位的认识，作为我国特色社会主义事业"维护者"的司法官，代表司法机关行使司法职权，它是一个角色集，往往具有党员、公务员以及司法从业者三重角色身份，并且承担相应职能。在此基础上，对于司法职业伦理模式，可以从内涵和外延两个方面整体上加以理解。从内涵来看，司法官职业伦理模式的内涵必然是围绕这三重角色的，下文从司法官职业伦理观、司法官职业伦理规范的基本内容、司法官职业伦理惩戒制度三个方面分别予以论及。从外延上看我国当代司法官职业伦理，可以从四个方面进行分类，并有各自特点。首先，既有纪律性规范又有伦理性规范，又以纪律性规范为主。纪律性规范作为纪律惩戒的依据，如《检察人员纪律处分条例（试行）》《人民法院工作人员处分条例》等；伦理性规范往往作用于宣传与警示，如《检察官职业道德基本准则（试行）》《法官职业道德基本准则》等。其次，既有独立性规范又有隐藏性规范，又以隐藏性规范为主。隐藏性规范具有更高的法律效力，如《宪法》《公务员法》《检察官法》《法官法》《刑事诉讼法》等；作为独立性规范的《检察官职业道德基本准则（试行）》《检察官职业道德规范》《法官职业道德基本准则》具有法律效力相对较低。再次，既有原则性规范又有说明性规范，但以说明性规范为主。说明性规范极为详细地对原则性规范进行说明，如《检察官职业道德基本准则（试行）》《检察人员纪律处分条例（试行）》《人民检察院监察工作条例》《法官职业道德基本准则》《人民法院工作人员处分条例》《人民法院监察工作条例（试行）》等等；原则性规范，如《检察官职业道德规范》等。最后，既有实体性规范又有程序性规范，尤其强调实体性规范。实体性规范如《检察官职业道德基本准则》《检察人员纪律处分条例（试行）》《法官职业道德基本准则》《人民法院工作人员处分条例》等。程序性规范，如《人民检察院监察工作条例》以及《人民法院监察工作条例》等。

　　需要说明的是，本书在论述时，并没有采用外延式分类标准进行论述，主要是考虑到从内涵出发的标准更能凸显和更方便对司法官职业伦理模式进行比较，以探寻我国的司法官职业伦理模式进步之路。同时，司法官职业伦理的外延，作为内涵的表现形式，呈现出较强的科层监督的行政性色彩。此外，由于司法官职业伦理外延形态的多样性，当采用我国当代司法官职业伦理的文件作为例证时，某一具体文件既可能出现在司法官职业伦理观的部分，又可能出现在司法官职业伦理规范和司法官职业伦理惩戒制度部分。

（一）司法官职业伦理观的含义

我国当代司法官职业伦理观，分为检察官职业和法官职业两部分。两者既有共性又有个性。两者共性部分文件，规定了司法官作为党员、公务员以及司法专门从业者必须遵守的原则、义务、准则、职业道德等内容。两者个性部分文件，分别体现为检察官职业和法官职业的价值观。在这里，共性部分对个性部分具有指导作用，共性是第一性的，而个性则是具体化。

1. 共性部分的党员、公务员及司法专门从业角色的伦理观

首先，基于党员身份的伦理观，主要体现在《党章》相关规定中。《党章》第2条规定了对于党员的原则性要求："中国共产党党员必须全心全意为人民服务，不惜牺牲个人的一切，为实现共产主义奋斗终身。"第3条规定了共产党员的八项义务，第七章规定了"党的纪律"。其次，基于公务员身份的伦理观主要体现在《宪法》《公务员法》等文件中。《宪法》对所有公职人员的价值观予以规定，如第27条：一切国家机关和国家工作人员必须依靠人民的支持，经常保持同人民的密切联系，倾听人民的意见和建议，接受人民的监督，努力为人民服务。①再次，基于司法专门从业者角色的伦理观主要体现在《刑事诉讼法》等文件中。1979年《刑事诉讼法》的通过实施至2013年重新修订实施期间，最为重要的价值观，就是要"惩罚犯罪，保护人民"。这一时期，司法官在这一理论指导下，开展了"严打"等活动，以"惩罚犯罪"的方式达到"保护人民"的目的，对于维护社会稳定发挥了重要作用。

---

① 《公务员法》还对公务员应当履行的义务做出如下规定：（1）模范遵守宪法和法律；（2）按照规定的权限和程序认真履行职责，努力提高工作效率；（3）全心全意为人民服务，接受人民监督；（4）维护国家的安全、荣誉和利益；（5）忠于职守，勤勉尽责，服从和执行上级依法做出的决定和命令；（6）保守国家秘密和工作秘密；（7）遵守纪律，恪守职业道德，模范遵守社会公德；（8）清正廉洁，公道正派；（9）法律规定的其他义务。这些公务员必须履行的义务构成了公务员职业道德建设的主要内容。可以概括为："忠于国家、服务人民、恪尽职守、公正廉洁。"

2. 个性部分的检察官和法官职业伦理观

第一，我国检察官的职业伦理观。它主要规定于《中华人民共和国检察官职业道德基本准则（试行）》（以下简称《检察官准则》）① 中，该准则第 2 条规定："检察官职业道德的基本要求是忠诚、公正、清廉、文明。"具体如下：

忠诚。主要体现为《检察官准则》第 5 条，即"忠于党、忠于国家、忠于人民、忠于宪法和法律，牢固树立依法治国、执法为民、公平正义、服务大局、党的领导的社会主义法治理念，做中国特色社会主义事业的建设者、捍卫者和社会公平正义的守护者"。

公正。主要体现为《检察官准则》第 14 条、15 条，第 14 条中："树立忠于职守、秉公办案的观念，坚守惩恶扬善、伸张正义的良知，保持客观公正、维护人权的立场，养成正直善良、谦抑平和的品格，培育刚正不阿、严谨细致的作风。"第 15 条："依法履行检察职责，不受行政机关、社会团体和个人的干涉，敢于监督，善于监督，不为金钱所诱惑，不为人情所动摇，不为权势所屈服。"

清廉。主要体现为《检察官准则》第 26 条、27 条规定。第 26 条："以社会主义核心价值观为根本的职业价值取向，遵纪守法，严格自律，并教育近亲属或者其他关系密切的人员模范执行有关廉政规定，秉持清正廉洁的情操。"第 27 条："不以权谋私，以案谋利，借办案插手经济纠纷。"

文明。主要体现为《检察官准则》第 34 条、35 条规定。第 34 条："注重学习，精研法律，精通检察业务，培养良好的政治素质、业务素质和文化素养，增强法律监督能力和做群众工作的本领。"第 35 条："坚持打击与保护并重、惩罚与教育并重、惩治与预防并重，宽严相济，以人为本。"

第二，我国法官的职业伦理观。它主要规定于《中华人民共和国法官职业道德基本准则》（以下简称《法官准则》）② 中。该准则

---

① 该文件 2009 年 9 月 3 日，由最高人民检察院第十一届检察委员会第十八次会议通过。

② 该文件由最高人民法院 2001 年 10 月 18 日发布，2010 年 12 月 6 日修订后重新发布。

第 2 条规定："法官职业道德的核心是公正、廉洁、为民。基本要求是忠诚司法事业、保证司法公正、确保司法廉洁、坚持司法为民、维护司法形象。"具体如下：

忠诚司法事业。主要体现为《法官准则》第 4 条，即"牢固树立社会主义法治理念，忠于党、忠于国家、忠于人民、忠于法律，做中国特色社会主义事业建设者和捍卫者"。

保证司法公正。主要体现为《法官准则》第 8 条，即"坚持和维护人民法院依法独立行使审判权的原则，客观公正审理案件，在审判活动中独立思考、自主判断，敢于坚持原则，不受任何行政机关、社会团体和个人的干涉，不受权势、人情等因素的影响"。

确保司法廉洁。主要体现为《法官准则》第 15 条，即"树立正确的权力观、地位观、利益观，坚持自重、自省、自警、自励，坚守廉洁底线，依法正确行使审判权、执行权，杜绝以权谋私、贪赃枉法行为"。

坚持司法为民。主要体现为《法官准则》第 19 条，即"牢固树立以人为本、司法为民的理念，强化群众观念，重视群众诉求，关注群众感受，自觉维护人民群众的合法权益"。

维护司法形象。主要体现为《法官准则》第 23 条、24 条。第 23 条：坚持学习，精研业务，忠于职守，秉公办案，惩恶扬善，弘扬正义，保持昂扬的精神状态和良好的职业操守。第 24 条：坚持文明司法，遵守司法礼仪，在履行职责过程中行为规范、着装得体、语言文明、态度平和，保持良好的职业修养和司法作风。

（二）司法官职业伦理规范的基本内容

我国当代司法官职业伦理规范是对司法官职业行为的一系列具体性规定，既有共性部分也有个性部分。共性部分的职业伦理规范，主要是党的文件和规定公务员权利义务相关文件。此外，在刑事司法领域，司法官职业伦理规范也有共性规定，并主要见于我国《刑事诉讼法》，但是该部分内容与司法官职业角色定位部分基本重合，因此，不再赘述。个性部分的职业伦理规范，分为检察官职业和法官职业两部分，其内容具有明确职业属性。

1. 共性部分的党员与公务员角色伦理规范的基本内容

第一，基于党员身份的伦理规范的基本内容。主要规定在《党章》等文件中。《党章》规定主要体现在第七章"党的纪律"中，其中第 38 条至 40 条较为全面地对党员处分的主体、措施与程序进行规定。党员处分的主体，依据党员所在委员会级别，从党的基层委员会直至中央政治局；惩戒措施，由批评教育直至纪律处分，纪律处分有五种：警告、严重警告、撤销党内职务、留党察看、开除党籍。在程序上，根据党员所涉及问题的严重性和复杂程度，存在所在委员会三分之二多数通过处分措施、直接决定、追认等多种情况。

第二，基于公务员身份的伦理规范的基本内容。主要规定在《公务员法》以及各地根据当地情况制定的适合自身特点的公务员道德规范等文件中。以《公务员法》为例。《公务员法》对伦理规范基本内容的规定以公务员权利义务内容为核心，以监督和约束性规定为先导，激励保障性规定为支撑。首先，对公务员的监督约束的内容。[①] 其次，对公务员激励保障的内容。[②]

2. 个性部分的检察官和法官职业伦理规范的基本内容

第一，检察官职业伦理规范的相关文件。为论述方便，分别按

---

① 这一内容主要规定在四个方面：一是明确了公务员的义务和纪律，规范公务员的行为。包括公务员要忠于职守，勤勉尽责，服从和执行上级依法做出的决定和命令，清正廉洁等；公务员不得玩忽职守，贻误工作；不得贪污、行贿、受贿，利用职务之便为自己或者他人谋取私利等。二是加强对公务员的考核，通过定期考核和平时考核，对公务员的德、能、勤、绩、廉进行全面考核，重点考核工作实绩，促进公务员不断改进工作，提高工作质量。三是确立了惩戒制度。公务员因违法违纪应当承担纪律责任的，依法给予处分。四是规定了公务员的辞职辞退制度，确立了引咎辞职制度。领导成员因工作严重失误、失职造成重大损失或者恶劣社会影响的，或者对重大事故负有领导责任的，应当引咎辞职。

② 主要规定在六个方面：一是明确了公务员的权利，公务员享有获得履行职责应当具有的工作条件，获得工资报酬，享受福利、保险待遇，非因法定事由、非经法定程序，不被免职、降职、辞退或者处分等权利。二是规定了公务员的奖励制度。公务员个人和公务员集体在工作中取得显著成绩的，给予嘉奖、记功和授予荣誉称号等形式的奖励。三是在公务员的职务晋升上，注重工作实绩，鼓励公务员在工作岗位上勤奋努力工作。工作优秀、成绩突出的，可以破格或者越级提拔。四是规定了公务员的培训制度，机关根据公务员工作职责的要求和提高公务员素质的需要，对公务员进行分级分类培训。五是规定了公务员的工资、福利和保险制度以及退休养老制度，保障公务员的工资报酬。六是规定了公务员的申诉控告制度。当公务员的权益受到侵犯的时候，公务员可以向处理机关、上级机关和监察机关依法提出申诉控告，维护自己的合法权益。

照实体和程序性规定加以说明。实体性规定主要在于《检察官法》《人民检察院组织法》《检察官准则》《检察官职业道德规范》《检察官职业行为基本规范》《检察人员纪律处分条例（试行）》中，其中《检察官法》规定较为全面，《检察人员纪律处分条例（试行）》则具有较强操作性。需要说明的是，《公务员法》与《检察官法》两者的关系规定在《公务员法》第3条中："公务员的义务、权利和管理，适用本法。法律对公务员中的领导成员的产生、任免、监督以及法官、检察官等的义务、权利和管理另有规定的，从其规定。"《检察官法》作为特别法对《公务员法》在检察官职业上的规定予以具体化。下文以《检察官法》《检察人员纪律处分条例（试行）》为例予以说明。程序性规定主要在于《人民检察院监察工作条例》，该部分内容将在下文"司法官职业伦理惩戒的基本制度"部分加以说明。关于《检察官法》规定的职业伦理规范的基本情况。《检察官法》的颁布实施，是我国社会主义民主法制建设的一件大事，标志着检察官的管理走上了正规化和法制化轨道，为人民检察院充分发挥法律监督职能和检察官依法履行职责提供了更加完备的法律保障，对建立和完善具有中国特色的检察制度意义重大。[①]《检察官法》共分为总则、职责、义务和权利、检察官的条件、任免、任职回避、检察官的等级、考核、培训、奖励、惩戒、工资保险福利、辞职辞退、退休、申诉控告、检察官考评委员会、附则17章，56条。该法自1995年7月1日起施行，其间进行修改，修改后的《检察官法》2002年1月1日起施行。该法涉及检察官职业伦理体系的内容，不仅要求检察官恪守职业道德义务，同时加强了对检察官合法权益的保障。关于《检察人员纪律处分条例（试行）》规定的职业伦理规范的基本情况。该条例较为全面和详细地规定了检察官的工作纪律，具体如下：该条例分三章、14节，共118条。主要规定了制定该条例的目的、原则和适用范围、检察纪律处分的种类和适用、七类违反纪律的行为等内容。

---

① 《最高人民检察院关于认真做好实施〈检察官法〉准备工作的通知》，《中华人民共和国最高人民检察院公报》1995年第1期，第26页。

第二，法官职业伦理规范的相关文件。实体性规定主要在《法官法》《法官准则》《法官行为规范》《人民法院工作人员处分条例》中，其中《法官法》规定较为全面，《人民法院工作人员处分条例》则具有较强操作性。下文分别以《法官法》《人民法院工作人员处分条例》为例予以说明。需要说明的是，《公务员法》与《法官法》两者的关系规定已在前述检察官职业伦理规范的相关文件部分予以说明，此处不再赘述。《法官法》程序性的规定主要在《人民法院监察工作条例》中，该部分内容将在下文"司法官职业伦理惩戒的基本制度"部分加以说明。关于《法官法》规定的职业伦理规范的基本情况。《法官法》全面、系统地规范法官制度，对保障法官依法履行职责，提高法官队伍整体素质，实现对法官的科学化、法制化管理，具有十分重要的意义。《法官法》共分总则、职责、义务和权利、法官的条件、任免、任职、回避、法官的等级、考核、培训、奖励、惩戒、工资保险福利、辞职辞退、退休、申诉控告、法官考评委员会 17 章，49 条。该法的颁布和修改与《检察官法》同步，其中与法官职业伦理体系相关的内容，不仅明确了法官的义务和权利，还规定了法官的禁止性规范。关于《人民法院工作人员处分条例》规定的职业伦理规范的基本情况。该条例分为 3 章共 111 条。第一章总则，分为三节 21 条。分别规定了纪律处分的目的、依据、原则和适用范围；纪律处分的种类为；纪律处分的解除、变更和撤销。第二章分则，分为七节 85 条，分别规定了违反纪律的行为，并逐一明确了对上述行为的处分方式。第三章附则，共有五条，对《条例》所称"人民法院工作人员""特定关系人"等做了说明，同时明确了《条例》的解释权及《条例》的生效日期。

（三）司法官职业伦理惩戒的基本制度

我国当代司法官职业伦理惩戒的制度形式，因司法官职业角色具有党员、公务员和司法从业者三重角色属性而有差异。首先，基于司法官作为党员角色的惩戒已经由党纪规定，本书阐述重点是司法官作为公务员角色与司法官从业者角色双重身份重合的专门惩戒制度。其次，党纪惩戒与专门职业惩戒是并行的两套惩戒体系，在实施过程中两者存在单独或者并行的情况，但是，在绝大多数情况下，党纪惩戒与专门职业惩戒相互影响，并行实施。究其原因，在实践中，同级党的纪律检查委员会派驻的纪检组与检察院、法院的监察部门大部分情况是"一套班子、两块牌子"，监察部门的负责人通常都兼任纪检组副职，纪检组专职监督检查检察院、法院内的共产党员是否违反党纪，监察部门则对全院人员是否违反纪律进行监督检查。因此，两种体系的相互影响是不可避免的。

1. 司法官职业伦理惩戒涉及刑事和民事方面的基本制度

由于司法官职业刑事、民事责任的诉讼程序并未因司法官职业而存在特殊性，因此，本书将仅谈具有身份性的刑事责任和民事责任而不再赘述其诉讼程序。第一，刑事责任。我国司法官基于身份实施的职务犯罪行为要承担刑事责任，主要规定于《刑法》第八章"贪污贿赂罪"、第九章"渎职罪"中。对于司法工作人员收受贿赂徇私枉法等行为，还规定了加重处罚的情形。如第399 条对司法工作人员徇私枉法、徇情枉法行为的规定，第 400条对于私放在押人员、失职致使在押人员脱逃的规定以及第 401条徇私舞弊减刑、假释、暂予监外执行等行为的规定。第二，民事责任。司法官的职务行为造成的民事责任，由两部分构成，一是国家责任，二是个人民事责任。我国基本上采取国家赔偿，在一定情况下的个人追偿制度。《国家赔偿法》第 21 条规定了赔偿义务机关为国家，即对行使侦查、检察、审判职权的机关以及看守所、监狱管理机关及其工作人员在行使职权时侵犯公民、法人和其他组织的合法权益造成损害的，该机关为赔偿义务机关。对于追偿，《国家赔偿法》第 31 条规定了追偿的情形，即当赔偿义务机关赔偿后，应当向有下列情形之一的工作人员追偿部分或者全部赔偿费用，……在处理案件中有贪污受贿，徇私舞弊，枉法裁判行为的。总的来看，在实践中，我国对司法官的不当行为乃至于犯罪行为，只需要承担刑事责任与纪律责任，不承担个人性质的民事赔偿责任，受害人不直接面对司法官，也不能在刑事诉讼中向其提起附带民事诉讼。"追偿"从一定程度来说只是理论创设，并未看到具体案例。

2. 司法官职业伦理惩戒涉及纪律方面的基本制度

在这方面，主要的法律渊源如人大组织法、检察院、法院组织法、检察官法及法官法等都有涉及相关内容。实践中，实体上主要是《检察人员纪律处分条例（试行）》《人民法院工作人员处分条例》等文件，程序上主要是《人民检察院监察工作条例》《人民法院监察工作条例》等文件。笔者拟从非正式惩戒和正式惩戒两个方面分别加以阐述。

第一，在非正式纪律惩戒方面，我国更多是一种具有行政性质的内部监督，有批评教育、通报批评，暂停职务、监察建议等方式。除此之外，司法官业绩考评是非常重要的行政管理手段。在我国，司法官业绩考评行政性较强，基本上参照公务员业绩考评方式，业绩考评结果可以作为选拔任用、晋职晋级、评先推优以及惩戒依据。根据《公务员考核规定（试行）》（2007 年），"公务员年度考核的结果作为调整公务员职务、级别、工资以及公务员奖励、培训、辞退的依据"（第 16 条）。该规定中有，如果在年度考核中不过关，轻则诫勉，重则降职，甚至连续两年不合格的可能被辞退。这类考核通常由检察院、法院的政治部负责实施，最后结果报检察院、法院的检察官、法官考评委员会或院领导、检察长、院长决定。具体而言，检察官职业业绩考评围绕《检察官法》建立了检察官考评体系，检察长任考评委员会主任。其他法律依据还有《检察官考评委员会章程（试行）》《检察官考核暂行规定》《检察官辞职、辞退暂行规定》等。法官职业业绩考评依据《法官法》第八章、第十六章对法官考核、法官考评委员会的运作进行了具体规定，其他法律依据还有《法官考评委员会暂行组织办法》以及《关于加强法官队伍职业化建设的若干意见》等。

第二，在正式纪律惩戒方面，本书拟从惩戒主体、惩戒事由、惩戒程序和惩戒措施等方面分别阐述。首先，从惩戒主体来看，人大及其常委会是我国行使检察官、法官惩戒权的一个法定机关——有权对检察员、审判员以上级别的检察官、法官采取免职形式的惩戒。检察长、法院院长以及领导下的监察部门也是惩戒主体，根据《检察院组织法》及《法院组织法》，检察长、法院院长可以任免本院的助理检察员和助理审判员；依据《人民检察院监察工作条例》及《人民法院监察工作条例》，检察长、法院院长和上级监察部门领导监察部门行使职权。检察院、法院内部的监察部门，具有检查权、调查权、建议权和针对轻微违法违纪行为的行政处分权，因而也是惩戒主体。因此，总体来看，我国检察官、法官正式惩戒的主体在外部是人大及常委会，内部则是检察长或者院长及其领导下的监察部门，由于人大通常是在检察院和法院的提请下才会启动罢免程序，因此，检察院、法院自身是主要的惩戒主体，检察长、法院院长在惩戒中具有一定意义上的决定权，地位非常重要。其次，在惩戒事由上，检察官职业和法官职业具有不同的规定。就检察官职业伦理惩戒事由而言，主要规定于《检察官法》及《检察人员纪律处分条例（试行）》等文件中。① 《检察官法》第十一章第 36 条明确规定对违反十三项行为之一的，应当给予处分；构成犯罪的，依法追究刑事责任。《检察人员纪律处分条例（试行）》对检察官法进行细化，较为全面和详细地规定了检察官的工作纪律，包括检察官在内的检察人员如有下列行为将被处分直至追究刑事责任：7 种违反政治纪律的行为，6 种违反组织、人事纪律的行为，7 种贪污贿赂行为，7 种违反廉洁从检规定的行为，6 种违反财经纪律的行为，21 种违反办案纪律行为，5 种失职、渎职行为，8 种违反警械警具和车辆管理规定的行为，4 种严重违反社会主义道德的行为，10 种妨碍社会管理秩序的行为。就法官职业伦理惩戒事由而言，主要规

---

① 其中《检察官法》规定在第十一章第35条，共十三项：（1）散布有损国家声誉的言论，参加非法组织，参加旨在反对国家的集会、游行、示威等活动，参加罢工；（2）贪污受贿；（3）徇私枉法；（4）刑讯逼供；（5）隐瞒证据或者伪造证据；（6）泄露国家秘密或者检察工作秘密；（7）滥用职权，侵犯自然人、法人或者其他组织的合法权益；（8）玩忽职守，造成错案或者给当事人造成严重损失；（9）拖延办案，贻误工作；（10）利用职权为自己或者他人谋取私利；（11）从事营利性的经营活动；（B12）私自会见当事人及其代理人，接受当事人及其代理人的请客送礼；（B13）其他违法乱纪的行为。

定于《法官法》及《人民法院工作人员处分条例》等文件中。①
《法官法》第十一章第33条明确规定对违反十三项行为之一的，应
当给予处分；构成犯罪的，依法追究刑事责任。《人民法院工作人
员处分条例》第二章分则，分为七节85条，较为全面和详细地规
定了法官的工作纪律，包括法官在内的法院工作人员如有下列七类
行为将被处分直至追究刑事责任，这七类分别是违反政治纪律的行
为；违反办案纪律的行为；违反廉政纪律的行为；违反组织人事纪
律的行为；违反财经纪律的行为；失职行为；违反管理秩序和社会
道德的行为。再次，从惩戒程序来看，司法官职业伦理的纪律惩戒
程序，包括所有检察院、法院工作人员，自然包含了具有检察官、
法官身份的工作人员，惩戒程序基本上是具有行政性质的处理方
式。司法官职业伦理的惩戒程序，分别依照《人民检察院监察工作
条例》《人民法院监察工作条例》的相关规定予以实施。《人民检察
院监察工作条例》（发布执行日期：2000年5月25日）共计10章
85条，对监察部门的性质、任务和工作准则，监察机构及人员，监
察部门的职责与权限，执法监察的内容、方式、处理依据，多件调
查、审理和处理程序，申诉、复查、复核及具体罚则等做出了非常
细化的规定。《人民法院监察工作条例》（2008年6月5日印发，
2013年1月31日修订）中，对纪律处分实施主体、程序、申诉、
复议等问题做出了具体规定。根据上述两个监察工作条例，检察官
和法官纪律惩戒程序具有如下内容：就检察官纪律惩戒程序而言，
检察院监察部门对检察机关及所属内设机构、直属事业单位和检察
人员违反纪律、法律的举报应当认真受理。监察部门经过初步审
查，对认为有违纪违法事实的行为，需要追究纪律责任的，应当立
案。立案应当填写立案呈批表，报本院主管副检察长或者检察长批

---

①　其中《法官法》规定在十一章第32条中，共十三项：（1）散布有损国家声誉的
言论，参加非法组织，参加旨在反对国家的集会、游行、示威等活动，参加罢工；（2）
贪污受贿；（3）徇私枉法；（4）刑讯逼供；（5）隐瞒证据或者伪造证据；（6）泄露国
家秘密或者审判工作秘密；（7）滥用职权，侵犯自然人、法人或者其他组织的合法权
益；（8）玩忽职守，造成错案或者给当事人造成严重损失；（9）拖延办案，贻误工作；
（10）利用职权为自己或者他人谋取私利；（11）从事营利性的经营活动；（12）私自会
见当事人及其代理人，接受当事人及其代理人的请客送礼；（13）其他违法乱纪的行为。

准。案件立案后，应当制定调查方案。内容包括：调查人员的组成；应当查明的问题和线索；调查步骤、方法和措施等。监察部门对案件进行审理后，应当报请本院主管副检察长或者检察长审查或者提交检察长办公会审议。审查、审议决定由监察部门负责实施。对纪律处分不服的，可以自收到处分决定书之日起 30 日内向做出处分决定机关的监察部门提出申诉，监察部门应当自收到申诉之日起 30 日内复查完毕，并做出复查决定。对复查决定仍不服的，可以自收到复查决定之日起 30 日内向上一级监察部门申请复核，上一级监察部门应当自收到复核申请之日起 60 日内做出复核决定。复查、复核期间，不停止原决定的执行。上一级监察部门的复核决定和最高人民检察院监察局的复查决定为最终决定。就法官纪律惩戒程序而言，法院监察部门按照管辖范围，根据检查发现的问题，或者控告检举的违纪线索，或者有关机关、部门移送的违纪线索，经初步核实，认为有关人员构成违纪应当给予纪律处分的，应当报本院院长批准后立案并组织调查。此处需要说明的是，根据我国"党管干部"原则，一定级别干部的任免须经相应级别的党委组织部门同意。对其中严重违反纪律需要给予撤职、开除处分的，应依法提请人大及常委会免去其职务后，再执行处分决定。

最后，在惩戒措施上，《检察官法》及《检察人员纪律处分条例（试行）》，《法官法》及《人民法院工作人员处分条例》等文件中都有着共同的规定。对于六种处分的其他影响，《检察人员纪律处分条例（试行）》第 15 条、16 条、17 条等条文和《人民法院工作人员处分条例》第 8 条、9 条、10 条等条文予以说明。

四　司法体制改革对我国当代司法官职业伦理的积极影响

党的十八大召开至十九大召开之前，我国当代司法体制改革力度空前。究其原因，主要是司法活动存在一些司法不公、司法腐败、冤假错案以及金钱案、权力案、人情案等严重问题，而形成这些问题的深层次原因是我国司法体制仍然存在一些与社会发展不适应、不协调的方面，其中由于对体现司法官相对独立性的主体地位的保障无力，司法权容易受到来自外部的干涉，地方化、行政化等问题较为突出，司法责任得不到具体落实，因此，需要把司法管理体制和司法权力运行机制等方面的完善作为重要内容。需要特别提出的是，"党的领导"的坚持与完善在此次司法改革中凸显出来，毕竟"办好中国的事情，关键在党"。对于"党的领导"的坚持和完善及其对司法体制改革及司法官职业伦理模式的影响，也是本书必须加以详细阐述的方面。司法官职业伦理与司法制度及司法官职业角色定位紧密相连，并由司法制度决定。司法改革的大力推进，司法改革制度性文件的建构与具体落实，对于我国司法制度及法治的改变是全方面的，尽管这一改革不是颠覆性和根本性的，但是这一改革，也必然深刻影响和改变着司法官职业伦理模式的具体形态。需要明确的是，这一时期我国不断深化的司法制度改革，并不是改变现有司法制度，而是以问题为导向对司法制度的坚持和完善。因此，司法官职业角色定位及司法官职业伦理模式，只是改革发展，没有根本性的转向和变革，这是首先需要明确的；其次，伴随着司法体制改革，无疑会对司法官职业角色定位及司法官职业伦理模式产生积极的影响。

（一）司法制度及法治建设的进步

司法制度及法治的总体相貌并没有因为司法改革而发生根本的变革，但是司法改革所带来的进步，在具体形态上有了较为明显的改变。首先，就法治改革而言，法治的政治性或者党性，不是削弱而是增强了，党的领导对于法治建设根本保证的地位，在实践中得到了进一步强化。整个法治的进步，司法改革的每一项具体措施，都是在党的全会中形成共识，在中央深改组的推动下逐步推进的。尽管我国仍然是"有限法治"，也是党领导下的"转型期法治"，但是现有这一状态，却发挥着这一制度的最大优势，不仅保证了社会的稳定，还带来了法治的快速、有序发展。其次，就司法制度而言，党的领导与我国司法制度类型具有内在的一致性和统一性，我国"极端科层型权力组织的政策实施程序"在司法改革后进一步协调完善。司法改革后，党的凝聚力与领导力，党的执行力进一步增强，这也意味着超出标准的、极端形式的科层型权力组织的政策实施程序走向更加激进，当然这里激进的后果是司法的进步而非退化。

（二）司法官职业角色定位的强化

我国司法官职业角色定位为"维护者"，这一定位及职能，在司法改革以后，得到了进一步强化和发挥。第一，司法官职业角色定位的三个前提都进一步增强和完善。首先，在国家治理体系的立场，司法官作为"维护者"，作为我国特色社会主义建设事业尤其是法治建设的工具性存在，其职业功能如权利救济、定分止争、制约公权等，在原有基础上得到进一步增强并得以充分发挥其效能。其次，党对政法机关领导的加强和完善。十八大以来，进一步明确"党对政法工作的领导不仅不动摇，并且得到进一步增强。同时又加强和改善党对政法工作的领导"。其一，党的领导主要是思想领导、政治领导及组织领导，这无疑是得到增强的。十八大以来，作为法治建设的保障，党在法治建设中健全党领导依法治国的制度和工作机制，完善保证党确定依法治国方针政策和决策部署的工作机制和程序以及加强党内法规制度建设等政策方针和措施执行，都实实地发挥着巨大的作用。十八大以来，司法改革在党的领导下的迅猛推进，是最好的注脚。其二，各级党组织和领导在具体领导方式上，必须充分注重维护司法的权威，保证司法机关依法独立行使司法权，决不以领导代替司法机关处理具体司法事务，重点防止一些以言代法、以权压法、徇私枉法的行为。十八大以来，还对应制定了相关文件，如《领导干部干预司法活动、插手具体案件处理的记录、通报和责任追究规定》第3条、第4条相关规定，在这里需要特别说明的是，十八大以来，由于反腐工作的需要，党的纪律检查委员会的作用得到凸显，与十八大之前已不可同日而语，其地位与重要性似乎与日俱增。党的纪律检查委员会，全面领导并侦办党员违纪直至职务犯罪案件，它在案件中对司法官及司法机关的指挥、协调作用的影响非常巨大。司法实践中，一方面，司法官倾向于服从服务于党的纪律检查委员会的案件办理及定性，哪怕其中存在不足或者较为明显的瑕疵；另一方面，基于党的纪律检查委员会的支持，司法官往往会具有超强势于辩方的地位。尽管在目前来看只是短期的治标性质的行动，但是由于它对司法官侦办职务犯罪案件的作用具有主导性，因此必须予以重视。最后，司法改革强调尊重司法规律。司法改革四项改革试点，以司法责任为重点和核心，确立和保障司法官主体地位，去地方化和去行政化，避免来自外部环境对司法的干扰，发挥了极为显著的作用。其一，司法改革试点着眼于司法责任制，尤其是设定了司法官及司法机关的底线。如在2014年中央政法工作会议上，习近平同志指出司法机关是维护社会公平正义的"最后一道防线"。他还在讲话中为政法工作设"四个决不允许"的底线，其中包括了"决不允许执法犯法造成冤假错案"。与此相关司法责任的相关文件，如中央政法委的《关于切实防止冤假错案的规定》，该文件明确了实行司法官办案质量终身负责制；最高人民检察院、最高人民法院专门制定了《关于完善司法责任制的若干意见》，围绕司法权运行环节和特点，确保司法官独立公正履行职责。其二，对于司法官主体地位的保障进一步增强。如推动省以下地方法院检察院人财物统一管理的改革试点对于司法官及司法机关去地方化，避免来自地方机关或者地方利益团体的不当控制和干扰，具有重要意义；完善司法人员分类管理，实行员额制的改革试点对于司法官确立主体地位、去行政化、摒弃将司法判断过程纳入到行政体制的命令与服从关系之中，以及按照行政权的行使方式行使审判权、检察权，发挥着积极作用。此外，完善司法责任文件中，在强调监督制约的同时，都突出强调司法官的办案主体地位。如《关于完善司法责任制的若干意见》的"目标和原则"部分，都强调遵循司法规律，突出司法官的办案主体地位。《保护司法人员依法履行法定职责规定》第3条还做出具体规定："任何单位或者个人不得要求法官、检察官从事超出法定职责范围的事务。人民法院、人民检察院有权拒绝任何单位或者个人安排法官、检察官从事超出法定职责范围事务的要求。"

第二，司法权定位中，党的领导及司法职能得到进一步凸显。党领导下的"一元多立"状态并没有改变，整体上还得到了进一步增强，即不仅党的领导更加集中有力，而且检察院、法院的职能得到了进一步凸显。十八大以来，党继续发挥着总揽全局、协调各方的作用，而这一作用是同审判机关和检察机关依法履行职能、开展工作统一起来的。在这里，主要涉及两个方面内容：一方面是落实党对司法机关的领导与司法机关对党内违反党规党纪领导干部的处理问题。首先，党对于司法机关的领导得到加强。根据《关于新形势下党内政治生活的若干准则》规定，该文件突出强调了全党必须自觉服从党中央领导以及明确规定全党必须严格执行重大问题请示报告制度。司法机关作为重要的国家政权机关，必须自觉服从党中央领导，不折不扣执行党中央决策部署，坚持以中央精神为统领，保证党的路线方针政策和重大决策部署在司法机关得到不折不扣的贯彻执行。对于司法机关而言，重大问题的请示报告则主要体现在不同类型的重大问题要分别向中央或地方党委请示报告，并对同级党委负责、接受其领导。其次，对党内违反党规党纪领导干部的处理上，司法机关要落实纪在法前、纪法衔接问题。《中国共产党党内监督条例》明确规定："有关国家机关发现党的领导干部违反党规党纪、需要党组织处理的，应当及时向有关党组织报告。"要认真落实党中央关于纪法分开、纪严于法、纪在法前的要求。对依法受到刑事责任追究，或者虽不构成犯罪但涉嫌违纪的，应当移送纪委依纪处理，真正实现纪法衔接。另一方面，党要以身作则并且保障和支持司法机关的监督活动。《关于新形势下党内政治生活的若干准则》对党员干部的行为，进行了明确限定。这是对党的各级组织和领导干部在宪法法律范围内活动这一重大原则的深入阐释。《中国共产党党内监督条例》第37条也明确规定了同级的人大和一府两院对国家工作人员的监督必须予以支持。

第三，司法官职业角色具体定位得以进一步明晰。首先，抽象层面司法官与党、国家和人民的关系得到加强。大多数司法官具有党员、公务员以及司法官三重身份，根本上是党员身份或者是在党性主导下的公务员身份，具有这一身份，就意味着奉献、忠诚、服从、为民、廉洁等原则。十八大以来，党员意识、党员的纪律和规矩从虚到实、从软到硬、从文件到实践，都实实地成为司法官职业角色定位的严格标尺。其次，司法官及司法机关与党的政法委、党的纪律检查委员会的关系，力争在确保党的高效执行力与尊重司法规律，防止对司法的不当干涉和冤假错案之间保持平衡。其中，就司法官及司法机关与党的纪律检查委员会在职务犯罪案件中的关系而言，党的纪律检查委员会发挥着协调司法官及司法机关进行反腐的职能，它在实践中必须既要高效执行政策，又要尊重司法规律，保障司法权的实施；司法官及司法机关既要服从党的纪律检查委员会的领导，又要强化司法官的主体地位和主体责任，防止在办理交办案件时一味追求定罪导致出现冤假错案的情况。最后，立足于司法官职业专门技能和主体地位，作为"维护者"的司法官在司法职业关系中的地位得以进一步增强。主要包括三个方面：司法官职业之间、职业内部及与其他主体之间的关系。其一，就司法官职业之间的关系而言，在职能定位上，要求各自发挥职能作用，进一步增加职业责任。以《关于推进以审判为中心的刑事诉讼制度改革的意见》文件为例，该文件坚持了公检法分工负责、互相配合、互相制约的诉讼格局，要求处理好庭审实质化和庭审方式改革的关系。同时，根据文件，推进这项改革，对司法官提出了更为明确的要求，就是要严格按照犯罪事实清楚、证据确实充分的规定，建立科学规范的证据规则体系，促使侦查、起诉阶段的办案标准符合法定定案标准，确保侦查、起诉、审判的案件事实证据经得起法律检验。其二，就司法官职业内部关系而言，包括两点内容，一是作为司法官的检察官、法官由于省以下地方法院检察院人财物统一管理的改革，其受地方等外部影响较小，受到省级法院检察院影响将会较大；二是由于员额制改革，检察官、法官受到机关内部行政上级的影响将会较少，司法主体地位及独立办案职能将会凸显出来。其三，就司法官与其他主体之间的关系而言，最主要是司法官与辩护律师的关系，相对来说，辩护律师地位在动态中得到进一步提升，发挥更大作用。十八大以来，伴随着《中华人民共和国刑事诉讼法》中关于律师权利条款的修改，《人民检察院刑事诉讼规则（试

行)》,《最高人民检察院关于依法保障律师执业权利的规定》以及
《最高人民法院关于依法切实保障律师诉讼权利的规定》等法律文
件的适用,律师在刑事诉讼中的弱势地位有所提高。2013 年《刑事
诉讼法》第二次修正颁布实施,进一步增加了辩护权保障内容,如
《刑事诉讼法》第 37 条和第 39 条的规定,其中关于看守所安排会
见时间不超过 48 小时的规定,辩护律师会见犯罪嫌疑人、被告人时
不被监听的规定,辩护律师有权申请人民检察院、人民法院调取证
据的规定等。以中央深改组通过的《关于认罪认罚从宽制度改革试
点方案》文件为例,该文件明确要求发挥好律师作用,完善法律援
助制度,赋予了辩护律师运用认罪认罚这一制度为被告人争取最大
限度的从宽处理的诉讼权利。

(三) 司法官职业伦理模式的完善

我国当代法治与司法制度的进一步发展,司法官职业角色定位
的进一步强化,与此对应的是我国"司法奉献与服从型"司法官职
业伦理模式的进一步完善。目前来看,这一进步主要体现在对司法
官"奉献与服从"的要求进一步强化,有力促进了司法官职能的发
挥,同时又由于突出司法官的主体地位和主体责任,乃至终身负
责,促使司法官着力防范冤假错案的发生。因此,我国"司法奉献
与服从型"取得了一定程度上的优化,力争既有政策执行力,又有
底线控制。下文将分别从司法官职业伦理观、职业伦理规范和职业
伦理惩戒制度三方面加以说明。

第一,司法官职业伦理观共性与个性的细化和强化。首先,共
性部分党员与公务员以及司法专门从业角色的伦理观。其一,共性
部分的党员与公务员的伦理观。十八大以来,在《党章》《宪法》
《公务员法》基础上,在伦理观上又有了新的更为深入的制度化文
件,主要有《中国共产党廉洁自律准则》(中共中央于 2015 年 10
月 18 日印发)、《关于新形势下党内政治生活的若干准则》(2016
年 10 月 27 日中国共产党第十八届中央委员会第六次全体会议通
过)以及《关于推进公务员职业道德建设工程的意见》(2016 年 7
月 7 日对外公布)等文件。就《中国共产党廉洁自律准则》而言,

该文件体现了《党章》的原则性要求，是中国共产党的道德宣示和行动的高标准，它继承和发扬党的制度建设的好传统，借鉴"三大纪律、八项注意"表述，集中展现共产党人的高尚道德追求。它主要分成两部分，一部分是"党员廉洁自律规范"，另一部分是"党员干部廉洁自律规范"。《关于新形势下党内政治生活的若干准则》指出，新形势下加强和规范党内政治生活，重点是各级领导机关和领导干部，关键是高级干部特别是中央委员会、中央政治局、中央政治局常务委员会的组成人员。高级干部特别是中央领导层组成人员必须以身作则，模范遵守党章党规，严守党的政治纪律和政治规矩，坚持不忘初心、继续前进，坚持率先垂范、以上率下，为全党全社会做出示范。《关于推进公务员职业道德建设工程的意见》则指出公务员职业活动的行为准则和规范，在内容上是公务员政治信仰、工作宗旨、职业理念和道德品质的具体体现，对引导和规范其正确履职尽责具有重要作用。它明确提出了24个字的我国特色公务员职业道德的主要内容，即"坚定信念、忠于国家、服务人民、恪尽职守、依法办事、公正廉洁"。其二，司法专门从业者角色的职业伦理观。2012年第二次修订了《刑事诉讼法》并于2013年1月1日实施，修改后的《刑事诉讼法》第2条明确把"尊重和保障人权"作为刑事诉讼法的任务之一，这就带来了司法理念的改变，从"惩罚犯罪"的单一目的转向"惩罚犯罪，保护人权"的双重目的，这也意味着，司法官不能只讲打击，还需要保护人权，尤其是对犯罪嫌疑人及被告人的人权保护。其次，个性部分的检察官和法官职业伦理观。在原有基础上，为适应新形势、新要求，最高人民检察院和最高人民法院两者在职业伦理观上都有了新的发展，更加凸显了政治属性，强调了职业上的新情况。其一，在检察机关部分，最高人民检察院于2016年底召开第十二届检察委员会第五十七次会议，通过了《中华人民共和国检察官职业道德基本准则》，这是检察机关成立以来第一部坚持正面倡导、面向全体检察官的职业道德规范。原来的《中华人民共和国检察官职业道德基本准则（试行）》废止。《中华人民共和国检察官职业道德基本准则》共有五条，第1条为坚持忠诚品格，永葆政治本色；第2条为坚持为民宗旨，保障人民权益；第 3 条为坚持担当精神，强化法律监督；第 4 条为坚持公正理念，维护法制统一；第 5 条为坚持廉洁操守，自觉接受监督。该准则核心内容为忠诚、为民、担当、公正、廉洁五个关键词，这五个关键词是由原《中华人民共和国检察官职业道德基本准则（试行）》中的四个关键词"忠诚、公正、清廉、文明"调整而来，保留了忠诚、公正两个关键词，增加了为民、担当两个关键词，将清廉改为廉洁。《中华人民共和国检察官职业道德基本准则》是对《中华人民共和国检察官职业道德基本准则（试行）》的修订，两者之间有继承和发展关系。在此次修订中，最高人民检察院遵循了五项原则，在这五项原则中，突出检察特色，聚焦职业道德，立足当前、着眼长远。这五项原则如下："一是以习近平总书记重要论述作为根本遵循。二是紧扣'道德'。三是突出'职业'。四是紧贴司法体制改革。五是坚持删繁就简。把握'准则'的定位，努力做到精准、简洁、凝练、易记。"① 其二，在法院部分，最高人民法院虽然暂时没有修订《中华人民共和国法官职业道德基本准则》，其核心内容依然是五个方面：要求法官忠诚司法事业、保证司法公正、确保司法廉洁、坚持司法为民、维护司法形象。但是，最高人民法院院长周强已经在多次重要会议上强调，"深入学习贯彻习近平总书记系列重要讲话精神"，"牢固树立'四个意识'特别是核心意识、看齐意识"，"始终做到维护核心、绝对忠诚、听党指挥、勇于担当"，"坚持从严治党、从严治院，促进司法为民、公正司法，努力实现让人民群众在每一个司法案件中感受到公平正义的目标"等，② 因此，最高人民法院已经跟随新的形势发展，不断强调法官

---

① 徐盈雁：《职业道德流淌在每名检察官的血液里——最高检政治部负责人就检察官职业道德基本准则答问》，2016 年 12 月 6 日，正义网（http://news.jcrb.com/jxsw/201612/t20161206_ 1690930. html）。

② 参见周强《深入学习贯彻党的十八届六中全会精神　始终坚持从严治党从严治院——中华人民共和国最高人民法院》，2016 年 12 月 8 日，人民法院报（http://www.court.gov.cn/zixun-xiangqing – 32311. html）。参见周强《深化审判管理改革　促进司法为民公正司法——中华人民共和国最高人民法院》，2016 年 12 月 8 日，最高人民法院网（http://www.court.gov.cn/zixun-xiangqing – 32371. html）。参见周强《深入推进法院党风廉政建设和反腐败斗争——中华人民共和国最高人民法院》，2016 年 1 月 18 日，最高人民法院网（http://www.court.gov.cn/zixun-xiangqing – 16507. html）。

的政治属性，结合职业工作特性，推动法官职业道德价值观向前发展。

第二，司法官职业伦理规范的共性与个性的细化与推进。首先，共性部分的党员与公务员角色的伦理规范，尤其是在《党章》基础上，作为党员的伦理规范上又有了新的更为深入的制度化文件，现以《中国共产党纪律处分条例》（中共中央于 2015 年 10 月 18 日印发）、《中国共产党问责条例》（2016 年 6 月 28 日中共中央政治召开会议审议通过）两份文件为例加以说明：其一，关于《中国共产党问责条例》规定的基本情况。从定位来看，该条例是中国共产党党员的行为底线。它突出了政治纪律和政治规矩。坚持纪严于法、纪在法前，实现纪法分开。从内容来看，该条例从"全面梳理党章开始，把党章和其他主要党内法规对党组织和党员的纪律要求细化，明确规定违反党章就要依规给予相应党纪处分。将原来以破坏社会主义市场经济秩序等为主的 10 类违纪行为，整合规范为政治纪律、组织纪律、廉洁纪律、群众纪律、工作纪律和生活纪律等 6 类，使《条例》的内容真正回归党的纪律，为广大党员开列了一份'负面清单'"[1]。其二，关于《中国共产党问责条例》规定的基本情况。[2] 强调突出三项责任：主体责任、监督责任、领导责任。其次，个性部分的检察官和法官职业规范。现有《检察人员纪律处分条例（试行）》《人民法院工作人员处分条例》制定背景和依据很重要的参照是 2003 年 12 月颁布实施的《中国共产党党纪处分条例》。在十八大以后，于 2015 年修订颁布了新的《中国共产党纪律处分条例》，党的纪律和司法官纪律具有内在的紧密联系，一定意义上说，党的纪律也是司法官应当严格遵守的纪律，因此，下一步将会对现行《检察人员纪律处分条例（试行）》《人民法院工作人员处分条例》进行修改。除此之外，在这一时期，最高人民检察院、最高人

---

① 王岐山：《坚持高标准　守住底线　推进全面从严治党制度创新》，2017 年 3 月 15 日，人民日报（http：//politics. people. com. cn/n/2015/1023/c1024 - 277303 58. html http：//news. sina. com. cn/c/2015 - 10 - 23/doc - ifxizetf7982562. shtml）。

② 《中共中央印发〈中国共产党问责条例〉》，2016 年 7 月 19 日，新华网（ht-tp：//news. xinhuanet. com/politics/2016 - 07/17 /c_ 1119232150. htm）。

民法院分别结合本部门实际制定和颁布了《关于完善人民检察院司法责任制的若干意见》《关于完善人民法院司法责任制的若干意见》，[①] 这两份文件是新时期非常重要的职业规范，在文件中尤为突出的是对"尊重司法规律，完善司法责任，凸显司法官主体地位的内容"，界定了以司法责任为核心，以明确的司法权力划分为前提。最高人民检察院在文件中强调"谁办案谁负责、谁决定谁负责"。最高人民法院在文件中强调"让审理者裁判、由审判者负责"。接下来的改革中，最高人民检察院将逐步实现在全国范围内以权力清单方式明确检察长和检察官的权力边界，设定不同类别检察业务合理权力边界，则检察职权主体的司法责任将会清晰起来。最高人民法院则全面推进审判权运行机制改革，优化配置法院内部各主体的审判职权，制定独任法官、合议庭及审判委员会的权力清单，设定法院院长、副院长、庭长审判管理和监督的范围及权限，设立专业法官会议或者审判长联席会议提供专业意见等，这些都为认定审判责任打下了基础。

　　第三，司法官职业伦理惩戒制度的新发展。十八大以来，司法官职业伦理惩戒的基本制度有了新发展。在《关于完善人民检察院司法责任制的若干意见》《关于完善人民法院司法责任制的若干意见》文件中，分别涉及了惩戒制度的新内容，同时中央深改组还通过了《关于建立法官、检察官惩戒制度的意见（试行）》等文件。这些改革举措，一是着力发挥了司法官主体性，二是有利于防止来自上级领导对具体案件的干涉，防止报复。现将主要情况介绍如下：

　　首先，司法责任一直强调，从未放松，《关于完善人民检察院司法责任制的若干意见》与《关于完善人民法院司法责任制的若干意见》两份文件重要性在于着力解决司法机关内部办案权限，在此

---

　　① 十八大以来，根据司法改革的部署，最高人民检察院和最高人民法院分别颁布了《关于完善司法责任制的若干意见》，其中 2015 年 9 月 28 日，最高人民检察院举行新闻发布会发布《关于完善人民检察院司法责任制的若干意见》；2015 年 9 月 21 日，最高人民法院举行新闻发布会发布《最高人民法院关于完善人民法院司法责任制的若干意见》。

基础上，不仅明确了司法官职业伦理惩戒上非正式惩戒和正式惩戒两个方面的内容，使管理及惩戒有据可循，同时基于办案权限分置，明确了司法官的责任分担问题。两份文件有针对性地保护了司法官主体性地位，保障其职业权益，促使其合理行使权力。具体内容如下：其一，司法监督及管理，实际上是非正式惩戒问题。其中，《关于完善人民检察院司法责任制的若干意见》规定了对检察官更换、履职、案件质量的监督管理。其二，司法责任的范围、类型、认定和追究程序，明确司法官在职责范围内对办案质量的终身负责，属于正式惩戒。其中，《关于完善人民检察院司法责任制的若干意见》在健全司法办案组织及运行机制、界定检察人员职责权限的基础上，明确了检察官司法责任的范围、类型、认定和追究程序等问题。这里主要包括三点，一是司法责任的范围："包括故意违反法律法规责任、重大过失责任和监督管理责任。检察人员与司法办案活动无关的其他违纪违法行为，依照法律及《检察人员纪律处分条例（试行）》等有关规定处理。"二是司法责任的类型：故意违反规定了11种情形；有重大过失，怠于履行或不正确履行职责的规定了8种情形；因故意或重大过失怠于行使或不当行使监督管理权等情形。三是司法责任的认定和追究程序：人民检察院纪检监察机构经调查后认为应当追究检察官故意违反法律法规责任或重大过失责任的，应当报请检察长决定后，移送省、自治区、直辖市检察官惩戒委员会审议。检察官惩戒委员会根据查明的事实和法律规定做出无责、免责或给予惩戒处分的建议。《关于完善人民法院司法责任制的若干意见》除目标原则和附则外，还包括改革审判权力运行机制、明确司法人员职责和权限、审判责任的认定和追究、加强法官的履职保障。这里同样分为三点，一是审判责任的范围："法官在审判工作中，故意违反法律法规的，或者因重大过失导致裁判错误并造成严重后果的，依法应当承担违法审判责任。法官有违反职业道德准则和纪律规定，接受案件当事人及相关人员的请客送礼、与律师进行不正当交往等违纪违法行为，依照法律及有关纪律规定另行处理。"二是审判责任情形。三是责任认定和追究程序：人民法院监察部门经调查后，认为应当追究法官违法审判责任的，应当报请院长决定，并报送省（区、市）法官惩戒委员会审议。法官惩戒委员会根据查明的事实和法律规定做出无责、免责或者给予惩戒处分的建议。其三，办案权力分工及责任分担。在明晰和科学的办案权力分工体系下，明确了司法官行使司法权能时应该承担的司法责任，有利于司法官发挥主体性，承担主体责任。其中，《关于完善人民检察院司法责任制的若干意见》第36条至38条中有相似规定。《关于完善人民法院司法责任制的若干意见》第29条至31条中有相似规定。

其次，最高人民法院、最高人民检察院联合印发《关于建立法官、检察官惩戒制度的意见（试行）》等相关文件，建立了检察官、法官惩戒委员会和惩戒程序，对惩戒主体、事由、对象、程序及措施等方面进行详细规定。对于党纪惩戒和司法官专门惩戒的衔接而言，两者将结合更加紧密，司法官专门惩戒的走向公开化程序化，促使党纪惩戒也更加法制化。因此，对于防止来自领导干部对司法的干预，维护司法官主体性将会起到积极作用。不仅如此，严格的公开化、程序化。司法官惩戒制度还改变了过去行政惩罚色彩较浓的情况，也为司法官独立行使职权提供了制度保障。

第四章

司法官职业伦理的比较审视与
我国新时代前景展望

伴随着十八大司法改革及法治建设，司法官职业伦理从基本形成到改革发展，初步具备了与两大法系国家进行比较的现实基础。十九大的召开以及第十三届全国人民代表大会第一次会议审议通过的《中华人民共和国宪法修正案》（以下简称《2018 年宪法修正案》），既肯定了前期司法改革及法治建设成果，又为我国新时代司法职业伦理的发展提供了契机和平台。笔者主要从三个方面加以阐述，一是两大法系国家与我国当代司法官职业伦理的比较，既要认识到两者的普遍性特征，又要审视我国当代司法官职业伦理的特殊路径；二是我国当代司法官职业伦理亟须解决的现实问题；三是深入探索适合我国新时代司法官职业伦理发展的基本路径和策略，进而提出前景展望。

一　两大法系国家与我国当代
司法官职业伦理的比较

前文全面阐述了两大法系国家与我国当代司法官职业伦理，在此基础上，比较两大法系国家与我国当代司法官职业伦理，首先就是司法制度类型及法治建设的比较，这是前提性的，其次就是司法官职业角色的定位，最后是司法官职业伦理模式的辨识。

（一）司法制度类型的辨识

两大法系国家，如果以亚里士多德对于"法治"的经典定义作为标尺的话，显然是比较成熟的法治国家。相较而言，我国则处在朝向法治的方向努力并进行积极建构的阶段。对两大法系国家与我国司法制度类型及作为背景的法治进行辨识，既要找到属于最大公约数的共性，不断提高法治化程度，又要走一条结合自身条件的特殊道路。

1. 法治共性与个性的辨识

两大法系国家法治的共性与个性，既具有普适的共性特征又具有历史文化的个性痕迹，与我国现阶段法治样态存在重大差异。我国的法治发展并不是全盘模仿就可以走向全面法治，那只是脱离地气的幻想。只有符合现阶段我国实际情况的法治建设，才是最为稳妥和现实的法治。

（1）关于法治共性的辨识

首先，法治的基本内涵，无论是在规则之治、法律的平等实施及良法之治等方面，还是在实现法治首要的目标——约束和限制公权力方面，我国都承认内容的普遍性并以此为目标，尽管实践中，为了实现这一目标，往往采取的是变通的方法——"其他非法治的治理方式"追求结果。十八大以来，法治建设首先就是加强党性，强调党的领导权作为法治保障，在党主导下的迅速法治化。如果没有党的领导，法治建设的推进是不可想象的和难以获得的。我国实现法治目标的这一方式，对两大法系国家而言显然是难以想象的。当然，这并不是否认由于法治建设进程加快同时也带来的"其他非法治的治理方式"强化等问题。其次，法治国家的基本权力结构。两大法系国家"三权分立"是其作为法治国家的基本特征，司法权独立并获得保障。我国则是在党领导下的"一元多立"的基本权力结构，司法权是在人民代表大会监督下的权能，司法机关从事作为专门技术的职能分工，它是职权的独立行使。应该说，从法治的基本内涵到法治国家的基本权力结构，呈现出两种截然不同的结构形态，对司法权能的预期也差异巨大，从本质上来看，两者都反映了法治的基本内涵，作为对权力进行监督和约束的形式而存在，应该说都认识到"权力不受监督必然导致腐败，这是颠扑不破的真理。因为'一切有权力的人都容易滥用权力，这是万古不易的一条经验'"①。问题是，两种结构形态，孰优孰劣，却难以分辨。"橘生淮南则为橘，生于淮北则为枳"，以"三权分立"替代党领导下的"一元多立"的形态，其结果与预期之间很可能是一条鸿沟。十八大以来，党领导下的法治建设快速推进，同时坚持"党要管党，从严治党"，坚持了党的领导的强化与完善同步进行，这些都是在原有制度上的完善，可以说坚持了正确的方向。当然，这也带来了政策制定上的"其他非法治的治理方式"大大增加，改革"试错"过程可能带来法治的削弱与倒退。

（2）关于法治个性的辨识

两大法系国家的法治个性是欧洲大陆的法治国理想和英美的宪政保障学说不同的制度实践，大陆法系要求政府强势，以政府公权力维护社会秩序，直至传导到保障个人利益；英美法系则要求有限政府，赋予个人权利以保障个人利益，直至传导到保障社会秩序。在我国，社会主义法治事业和路径，在党领导下具有超强势特征，政府积极能动，司法能动，维护政治稳定与社会秩序，进而实现人权保障，与大陆法系具有相似性。十八大以来，社会主义法治的发展，强调重大改革于法有据，制定了法治发展的路线图，尤其是以司法责任制为核心推动司法体制改革试点，强调司法官的主体地位和主体责任，必然会进一步强化现有制度，司法官将积极发挥其能动性主导诉讼程序并将司法权渗透到诉讼程序的各个方面。与此同时，可能带来的问题在于以慢作为或者不作为的行为特征，以案结事了为目的，而脱离"以事实为依据，以法律为准绳"的基本法律原则。毫无疑问，如此下去，短期事情解决，就长期而论，则离法治基本精神内涵渐行渐远。

2. 司法制度类型的辨识

在司法制度类型上，如同在法治问题上，大陆法系国家科层型

---

① 孟德斯鸠：《论法的精神》上册，商务印书馆 1961 年版，第 154 页。

权力组织的政策实施程序与英美法系国家协作型权力组织的政策实施程序，两者具有更大的相似性，我国的极端科层型权力组织的政策实施程序与两者具有异质性。在与我国的辨识中，相比于英美法系国家，大陆法系国家与我国则具有更多的相似性。

（1）司法制度类型的共性及异质性

达玛什卡建构司法制度类型"理想类型"的材料尽管参考了社会主义国家的司法制度的内容，但主要还是来自两大法系国家，它们两者之间具有基本共性，而与我国具有基本的差异。正如达玛什卡所言，"在更远的东方，中国的司法制度和司法理念与西方是如此的不同，以至于任何带有西方特殊性印记的话语都有碍于我们理解那里的司法。透过常规的西方镜片来观察，人们发现中国人借以管理和运作其司法系统的程序很难说是合乎法律的：在那里，审判，律师——甚至法院或法律——都好像外生的、可有可无的"①。这种根本差异，无论是单从科层型权力组织的组织形态或者政策执行程序上，还是就两者融合后的结果而言，最后都会归结于我国司法制度类型的政治性，即党性，司法机关及司法官员都在党的领导下，如何保障职能分工而不是政治治罪，成为关键问题。十八大以来，以问题为导向的司法改革，针对这一问题，制定了防止党员领导干部违纪、非法干涉具体案件办理的制度，同时还对检察官、法官的主体性地位的保障以及保护司法人员依法履行法定职责等都做了详细安排和规定，应该说，实践中已经取得了初步成效，但是后续效果仍须继续观察。

（2）大陆法系国家与我国特征上的近似性

从特征来看，大陆法系国家司法制度类型与我国具备相似性，而与英美司法制度类型差异较大，这是较为明显的。有一种观点认为，可以借鉴英美法系的协作型权力组织的政策实施程序，对于我国科层型官僚组织即检察官、法官所具有的强大公权，通过赋予律师权力及增加对抗性程序来解决，以达到弱化我国司法制度类型上的极端性。另一种观点，也就是笔者所追求的，借鉴大陆法系国家

① ［美］米尔伊安·R.达玛什卡：《司法和国家权力的多种面孔——比较法视野中的法律程序》，郑戈译，中国政法大学出版社2004年版，导论第3页。

科层型权力组织的政策实施程序，通过加强和完善党的领导，严格司法责任，保障检察官、法官相对独立地行使职权来推进法治进步及司法制度类型的完善。笔者认为前一种思路可能导致方向性的错误，试图在我国的制度土壤不具备的条件下的移植，只会导致司法资源的浪费。施鹏鹏教授曾经指出要"为职权主义辩护"，向大陆法系国家学习。尽管在司法制度类型上，他采取职权主义和当事人主义模式展开论述，与本书所采纳的达玛什卡的分类完全不同，但是，完全可以借用他的一席话。他指出："但笔者担心，倘若未有正确的方向指引，无法准确把握诉讼形态运行的内在规律，则此一貌似'解决中国问题'的研究所触及的将仅仅是诉讼制度的表层问题，所提出的改革方案亦仅是基于利弊得失之权衡的权宜之策，甚至可能导致程序技术杂乱嫁接、诉讼结构混乱无章、制度学理逻辑相悖。"① 因此，笔者认为我国有必要学习大陆法系国家，围绕冠在我国司法制度类型上的"极端"加以限制，从而靠拢大陆法系国家科层型权力组织的政策实施程序，以合理借鉴。笔者这一主张，既有前述法治方面的原因，也源于大陆法系国家司法制度类型与我国特征上的近似性，这种近似性主要体现在如下方面：

首先，两者都是两种共同"理想类型"的融合，即科层型权力组织与政策实施程序的融合。在这种制度类型下，刑事司法官员承担主要司法工作而不是业余人士，检察官、法官之间存在严格等级秩序，不能像英美法系随时进入司法系统，做出裁决时首先依据技术性标准，同时也服从灵活的政策指引，总体上来看仍然是高效执行的，在这点上同样也不同于英美法系个性化地追求实质正义的裁决。十八大以来，由于党的领导的完善专注于党的思想领导、政治领导及组织领导而非个案，因此，在政策指引上、技术性标准的监督上更加严密。

其次，两者司法制度类型在法律依据及实施层面具有共同的特征。在法律依据上，重实体、轻程序是一贯以来的传统，近几十年来，大陆法系有了进步，程序意识大大增强，我国也开始强调程序

---

① 施鹏鹏：《为职权主义辩护》，《中国法学》2014 年第 2 期，第 277 页。

正义。在诉讼程序的实施层面，大陆法系司法官员对于程序的主导和控制，上下级司法机关及司法官员之间的程序制约、在整个诉讼程序中司法官员的程序排他性，与律师的从属性特征等，与我国都非常接近。这些共同特征与英美法系国家比较起来，差异非常显著。

（二）司法官职业角色定位的辨识

在两大法系的司法制度类型下，大陆法系司法官职业角色定位为刑事司法活动的"科层官僚"，英美法系国家定位为"协作者"，在我国司法制度类型下，司法官职业角色定位为"维护者"。在这里，笔者认为大陆法系的"科层官僚"定位＋"党的领导"≈我国"维护者"定位。通过辨识，无论是司法权定位还是司法官职业角色定位，大陆法系国家与我国的更为相近，而与英美法系国家相去甚远，当然这一比较都是以两大法系国家整体更为相近为前提的。现主要从两个方面予以辨识，一是司法权定位，二是司法官职业角色定位。

1. 司法权定位的辨识

对于司法权定位，可以从政府基本权力结构及司法权功能两个方面进行辨识，相较而言，都是大陆法系国家与我国存在相似的特征，英美法系国家则完全不同。第一，从政府的基本权力结构来看，如果不考虑"三权分立"与"一元多立"的权力架构，从位阶来看，大陆法系的司法权与我国的司法权位阶都不是最高的，大陆法系的司法权低于其他两权，我国司法权的行使受到党的领导和人民代表大会的监督；英美法系的司法权与其他两权是平等制约的，这个与我国毫无相似性。第二，从司法权的功能来看，大陆法系和我国的司法权都是远离政治的，并未赋予影响政治的权能。英美法系国家完全不一样，即使与大陆法系国家具有相同的"三权分立"结构，但是在它们那里，司法权可以通过司法审查职能影响政治活动。

2. 司法官职业角色具体定位的辨识

在司法官职业角色具体定位上，我国同样更加类似于大陆法系国家，而区别于英美法系国家。现主要从两个方面进行辨识，一是司法官员系统，是否隶属于国家公务员体系；二是刑事司法活动中，司法官员处于强势和主导地位抑或中立被动。大陆法系国家司法官员作为"科层官僚"，与我国都隶属于国家公务员体系，专业性较强，强调层级，并且都主导刑事诉讼的进行，在诉讼中处于强势。在英美法系国家，检察官和法官都属于"协作者"，检察官虽然属于行政体系，但是由于其律师身份，决定了它只是"公办律师"，通常这一职业对检察官整个职业生涯而言具有过渡性，他们还与大陪审团分享权力决定是否提起公诉；英美法系法官在实体上并不具有主导权，定罪这一重大权力由陪审团行使，与陪审团共同完成审判等，并且他们在系统内部层级上较为弱化。因此，除去我国大部分司法官作为"维护者"具有党员角色身份以外，司法官职业角色的"维护者"的具体特征与大陆法系较为相似。

（三）司法官职业伦理模式的辨识

正如前述，对于司法制度及法治，司法官职业角色定位的辨识，我国当代司法官职业伦理接近于大陆法系国家，而与英美法系国家差异较大。目前，大陆法系国家司法官为"司法责任型"职业伦理模式，英美法系国家司法官是"司法独立型"职业伦理模式，而我国司法官则是"司法奉献与服从型"职业伦理模式，我国尽管不同于两大法系国家，但是与大陆法系国家具有特征上的相似性。现在主要通过司法官职业伦理模式的含义、具体内容的区别与联系等方面进行辨识。

1. 司法官职业伦理模式含义的辨识

两大法系国家司法官职业伦理模式具有共同的前提和基础，并且在模式上也具有更多的本质上的共同性，相比而言，我国存在着学习两大法系国家司法官职业模式中的共性内容及大陆法系国家职业伦理模式表征的问题。两大法系国家司法官职业伦理模式，尽管选择的是以责任或者独立为立足点的发展路径，侧重点相异，但是这种侧重点无论是要求司法官充分履责还是要求司法官独立以保障个人权利，两者司法官的履责和独立都是存在的，不同的只是程度上的差异。在刑事司法领域，对于大陆法系国家，不是说要求司法官充分履责，司法官就可以一味追求实体法上的正义而不遵守正当程序的限制，检察官与法官就可以联合起来，主导诉讼进程以方便治罪，并以削弱辩方律师的辩护权、侵犯犯罪嫌疑人及被告人权利为代价；对于英美法系国家，也不是要求司法官独立以保障人权，司法官就可以不履责，就可以对放弃对实体法真相的客观追求，检察官在公诉，法官在主持审判等协作司法活动中，就可以任由外行人士的大陪审团、陪审团做出司法决定。可以说，两大法系国家无论是在司法官履责还是在司法官独立以保障人权两个方面，都有着共性的、基础的标准。这一标准，作为法治建设的最大公约数，也应该成为我国司法体制改革及司法官职业伦理模式完善的方向。十八大以来司法体制改革，我国司法官"司法奉献与服从型"职业伦理模式有了一定进步，但是与两大法系国家还存在差距。笔者现从"责任与独立"的脉络来分析十八大司法改革对司法官职业伦理模式的影响。首先，我国司法官履责在奉献层面更加强调，奉献不仅仅是价值追求，还是更高的履责行为标准。中央深改组关于司法体制改革的多个方案中，共同的、不变的内容，就是要求作为中国共产党党员、国家公务员的检察官、法官必须承担更大的责任，确保改革顺利进行。这一要求，不断说明着我国法治的进步和司法体制改革必须依赖于现有类似于"科层官僚"的体制性和路径，并延续这一路径。但是，在实践中，责任的超负荷运转，很难保证改革持续、有效地执行。其次，司法官在独立性方面的要求通过保障司法官主体地位及依法履行职权等方式予以实现，改革中制定了防止党员领导干部干预司法的文件规定、司法官员员额制以及正常履责保障等方面制度规定，同时，在各种场合又重申"党的各级组织同其他社会组织一样，都必须在宪法和法律的范围内活动""党必须在宪法和法律的范围内活动"等重大原则。① 实践中，虽然党的政法委已经明确不再对具体案件进行协调，但是，由于反腐建设的需要，出现了党的纪律检查委员会协调着公安机关、检察机关和法院

---

① 周强：《党的各级组织和领导干部必须在宪法法律范围内活动》，2017 年 1 月 18 日，人民网（http：//cpc. people. com. cn/n1/2016/1122/c64094 - 28885532. html）。

办理职务犯罪案件的情况，并在个别案件中，直接指挥司法机关和决定裁判结果，影响到司法官发挥其主体性及行使职权。

相较而言，现阶段我国司法体制及司法官职业伦理模式，还需要进一步向两大法系国家学习，在推进司法官"责任与独立"的共性要件发展过程中，尤其要考虑到"党的领导"、司法官职业作为党员角色等根本要素对司法官职业"责任与独立"的影响。同时，考虑到我国对于司法责任的重视及相关制度构建，这与大陆法系国家"司法责任型"司法官职业伦理模式具有相似性，因此，在我国完善司法官职业伦理模式的过程中，应该对大陆法系国家予以侧重。

2. 司法官职业伦理模式具体内容的辨识

全面进行辨识，主要从两个方面入手，一是"职业伦理"概念名称与内涵的辨识，这是基础和前提；二是司法官职业伦理观、伦理规范及惩戒制度等方面内容，这是辨识的主要方面。

（1）"职业伦理"概念的辨识

首先，司法官"职业伦理"的名称，在两大法系国家及我国已经成为通用的称谓，其内涵及涉及领域也有大致共识，但在具体层面仍然存在差异。两大法系国家的"职业伦理"概念，英美法系国家一直就存在，主要是大陆法系国家和我国借鉴了这一名称。英美法系国家的司法官的"职业伦理"，既是抽象的概念也是具体的名称，在大陆法系国家和我国的"职业伦理"的名称更侧重于抽象意义，具体层面，多使用"职业道德""行为规范""纪律"等称谓。其次，司法官"职业伦理"的概念，在内涵上存在侧重点的差异。大陆法系国家侧重科层官僚层级内部的监督管理，以目前发展来看，监督走向公开，并且允许公民提请监督；英美法系国家侧重行业自治，以目前发展来看，法官的监督主要是内部行业自治，如司法理事会；检察官的监督既来自律师协会，也来自司法部的管理或者法院的内部监督等。就我国而言，类似于大陆法系国家，但是我国的党纪及公务员纪律，对于司法官"职业伦理"而言，具有上位伦理的意味，往往叠加使用，这是不同于大陆法系国家的。

（2）司法官职业伦理观、伦理规范及惩戒制度等方面内容的

辨识

　　第一，司法官职业伦理观的辨识。在这里，主要包括理论层面的辨识和实践层面的辨识。首先，在理论层面，司法官职业伦理观，与法治精神、理念保持一致，作为最大公约数的法治决定了司法职业伦理观的内涵，两大法系国家与我国的司法官职业伦理观既有共性，也有个性。两大法系国家之间较为相近，前文已经比较，此处不再赘述。作为最大公约数的法治，最为重要的核心是"公权力必须受到制约和监督"的理念以及如规则之治、法律的平等实施及良法之治等作为法治的内容，这就决定了司法官职业伦理观的共性部分，如忠诚、服务、公正、独立、廉洁、尊严、能力、勤奋等伦理观，至少在大体内涵及语言表述方式上，两大法系国家与我国达成了一致。在最大公约数的法治之下，具体的法治理念及政府基本权力结构，其中包括司法权在整个政府权力结构中的地位及功能等，决定了司法官职业伦理观的个性部分，这些个性部分，是对共性部分的具体化，如忠诚价值，在两大法系国家主要包含忠于国家、忠于法律等含义，忠诚是超党派的；而在我国，忠诚价值不仅要求忠于国家、忠于法律，首要的就是要求司法官具有政治性或者党性，要忠诚于党，要求司法机关及司法官在思想、政治及组织上服从党的领导，认真领会党的政策精神，更好地理解法律，严格依法办案。独立价值，在两大法系国家处于基础地位，没有更高的价值，在我国的独立只能是相对独立，只能是在党领导下的独立行使职权。综上，两大法系国家与我国的司法官职业伦理观，在共性具体化过程中，最为明显的特征就是中国共产党的党性对于伦理观的影响。其次，在实践层面，两大法系国家的司法官职业伦理观更多是价值层面的指引，不在实践层面进行评判。即使在具有成文法传统的大陆法系国家，伦理观只在抽象层面，司法官并不存在非常具体的道德规定，而是通过具体判例的形式明确司法官不可为事项。我国当代司法官职业伦理观不仅发挥价值引领作用，还存在全面具体的评价功能，并通过党的文件、公务员及司法官纪律文件加以规定以及相应机关予以实施，这就等同于要求每名司法官以最为全面和最为完美的标准行事，这实际上是达不到的，这类文件通常是流于形式，或者被选择性实施，反而不利于发挥司法官职业伦理观的价值指引作用。

第二，司法官职业伦理规范的辨识。司法官职业伦理规范作为司法官职业角色的具体指引，大陆法系国家沿着强化司法官责任明确权力担当的方向发展，英美法系国家通过明确司法官独立以保障当事人权利行使的方向发展，而我国的方向则是明确党的领导权，强化司法官职业的"奉献与服从"意识；十八大以来的司法改革，对于这一方向有了深入发展，在笔者看来，主要是着眼于尊重司法规律，保障中立和裁判公正，细化"奉献与服从"的范围，并进一步发挥司法官的主体性。很显然，我国与大陆法系国家在司法官职业伦理规范的路径上，都着眼于司法官的责任担当，只不过，我国司法官是在党领导下的、作为极致的责任担当。

第三，司法官职业伦理惩戒制度的辨识。司法官职业伦理的惩戒，包括刑事、民事和纪律惩戒三个方面。两大法系国家及我国当代司法官职业伦理惩戒涉及刑事和民事方面的基本制度较为全面和详细，在刑事惩戒上，专门条款规定处理，民事惩戒上多由国家承担赔偿责任。据此，笔者将阐述的重点置于司法官职业伦理惩戒涉及纪律方面的基本制度，也即是非正式纪律惩戒（也是司法职务监督）和正式纪律惩戒。首先，非正式纪律惩戒（也是司法职务监督）的辨识。大陆法系国家非正式惩戒作为司法监督管理的形式而存在，通常作为正式惩戒的前置阶段，发挥了较大作用；英美法系国家检察官的非正式惩戒非常少见，法官的非正式惩戒也没有很系统的制度规范。我国类似于大陆法系国家，具有较为全面的司法官工作评鉴制度，并将这一制度作为司法监督管理的手段。其次，正式纪律惩戒责任及程序。整体而言，两大法系国家的正式纪律惩戒责任及程序，都考虑到司法官职业的中立性和裁判性，从惩戒主体、惩戒事由、惩戒程序直至惩戒措施，都比较严格和慎重。我国则类似于行政机关公务员。尽管我国司法改革在省一级成立惩戒委员会，在惩戒程序上较行政机关公务员更为严格，但是，由于现实中司法管理（非正式纪律惩戒）的存在及强势运行，正式的惩戒责任及程序极有可能沦为形式化的措施。

二　启示：我国当代司法官职业
伦理亟须解决的问题

我国当代司法官职业伦理，取得了长足发展和进步。但是，无论是在我国当代司法制度及法治建设，还是在司法官职业角色定位以及司法官职业伦理模式上，仍然存在和出现了一些亟须解决的问题。对于这些问题的认识，主要来源于两个方面，首先，司法官职业伦理具有普遍性的衡量标准，即以司法职业"责任与独立"为核心进行构建，并追求两者的基本统一为目标。在这一标准下，可以对我国当代司法官职业伦理进行评价。其次，通过对两大法系国家与我国当代司法官职业伦理的比较，解决了两方面的问题：一是明确了两大法系国家司法官职业伦理具有普遍性和特殊性的发展路径及制度构建；二是更加清晰地认识了我国当代司法官职业伦理的特殊性及发展道路。下文依据司法官职业伦理的研究路径，对我国当代司法官职业伦理亟须解决的问题分别予以说明。

（一）　司法制度及法治建设存在的问题

尽管我国当代司法体制改革及法治建设取得了很大进步，尤其是以党的领导为特色的"极端科层型权力组织的政策实施程序"，由于党的领导的强化和完善，发挥了很多积极作用。但是，实践中也出现了亟须解决的现实问题，如"其他非法治的治理方式"的强化、法治退化的可能性以及司法工具化等。

首先，当代法治建设状态的认知可能导致"其他非法治的治理方式"的强化。十八大以来，社会主义法治尽管处于快速发展和建设的进程中，作为"转型期法治"或者"有限法治"的整体特征并未改变，由于法治本身的发展性和未来可能性，何时达到"完成式法治"或者"全面法治"可以说是一个无法回答或者无解的问题。在这一法治建构过程中，最容易出现的状态是社会主义法治建设的停滞不前或者实质上的倒退。"转型期法治"或者"有限法治"的发展状态极有可能成为"其他非法治的治理方式"的借口并为其大开方便之门,"法治"停滞,其作为治国基本方略的认知极有可能再次滑入不可落实的"口号"。

其次,党的领导强化与完善的不同步可能导致法治退化的问题。我国当代问题的解决,走向法治化,关键在于党的领导。十八大以来,党的领导的不断强化,作为社会主义法治建设的根本保证,通过党的全会及深改组的全面部署推进,带来了法治建设的迅速推进,然而也意味着另外一重效果,就是在"法治"得以进步的同时,政治性或者党性,"其他非法治的治理方式"的成分大大超越之前的状态,这也意味着未来政策的随意性的可能性大大增加。如果对党的领导方式的完善不能与之同步匹配进行,法治的削弱与倒退并非不可能。

最后,司法制度类型上的激进使司法工具化及治罪倾向极具现实性。十八大以来,在法治建设及司法体制改革的同时,为了反腐的需要,司法制度类型上的极端的科层型政策执行程序处于一种激进状态。在这一状态下,整个司法官及司法机关体系能够迅速贯彻、有力执行党的方针政策,带来了极为瞩目的效果。尤其是在反腐过程中,党的纪律检查委员协调司法机关打击职务犯罪,成果丰硕。然而,在反腐过程中形成的司法官高效运作状态,极容易为了办案效率而逾越现有的法律规范规则,这不再仅仅是理论上的可能性,也在实践中具有现实性。司法官的工具化与积极追求的治罪,作为法治与司法制度类型的异化,极有可能带来新的司法不公、冤假错案等问题。

此外,尽管十八大以来,在司法体制改革及法治建设中,尊重司法规律、去行政化,重塑司法管理体制和司法权运行机制,取得了很大的成绩,但是,这些成绩的取得主要是通过内部规制进行,也许后续会立法,但是目前仍然是规制。达玛什卡指出,"但规制本身——即便是完善的规制——也不足以保障一种依'法律'进行的程序"。因此,司法改革,从规制到法律还有一个过程,需要进一步推进。在此基础上,也有一个将其实施并作为长效机制运行下去的问题。

（二）司法官职业角色定位发展存在的问题

我国当代司法官职业角色作为"维护者"定位，既是司法权能的定位，也是司法官在职业角色上的具体定位，十八大以来，这一定位的强化和发展，也带来了一些现实问题，比如，如何通过法制完善保障落实依法独立公正行使职权，如何通过保障司法官权利，以权责相当凸显主体地位，避免司法官放弃主体责任、不作为甚至滥作为等。

第一，对于司法权的定位而言，司法机关在党的领导权与依法独立公正行使职权之间仍然存在难以保持高度一致的问题。对于这一问题，改革开放以来至今的法治建设文件中都加以明确说明，但是在实践中仍然难以全面实现。2016 年 11 月，最高人民检察院检察长曹建明、最高人民法院院长周强分别在《人民日报》发表文章谈学习贯彻党的十八届六中全会精神的体会，曹建明检察长撰写的文章为《各级党委应当支持和保证同级司法机关对国家机关及公职人员依法进行监督》，周强院长撰写的文章为《党的各级组织和领导干部必须在宪法法律范围内活动》，两篇文章再次对党如何领导司法机关、司法机关如何服从党的领导进行了具体的阐述。但是，在实践中，极有可能仍会出现文件中预期建构的目标与达到的结果南辕北辙，也即是党组织或者党纪监察机关的个别领导干部不仅不保障司法机关依法行使职能，甚至还提出违法违纪的办案要求或暗示，司法机关依其具体行为惯性，不敢依据党的历次会议精神及宪法法律进行说明或向上级党组织反映，仍然逾越法律底线加以执行。在这一情况下，司法机关作为社会公平正义的维护机关，最为容易混淆的就是党的思想领导、政治领导及组织领导与具体案件领导上的差别，毕竟对此进行区分并不容易。实践中，司法改革以来，市、县级司法机关党组必须向同级党委定期汇报工作，法院院长、检察院检察长仍是同级党委政法委员会成员，因此，领导干部对案件办理的影响必然存在。同时，对于党的纪检监察机关的协调配合，也直接影响和支配着司法机关，因此，司法机关作为党领导下具有维护职能的专门机关，落实到具体案件中，司法官及司法机关容易接受个别领导干部对具体案件的干涉，并与其保持一致，导致案件办理上出现问题。

应该看到，中央深改组通过的《领导干部干预司法活动、插手具体案件处理的记录、通报和责任追究规定》《保护司法人员依法履行法定职责的规定》等文件，这些文件为领导干部干预司法画出"红线"，为司法机关依法公正行使职权提供了制度保障。但是，这一制度保障的法制化及落实问题，如当司法官及司法机关抵制不法干涉遭到打击报复时，是否可以有法律规定的司法救济方式，并保障救济得到公开公平审理或者听证等，这些仍是需要进一步完善的问题。

第二，就司法责任制下司法官的职业角色定位而言，作为"维护者"，司法官被赋予更大责任（终身责任），权利保障仍然滞后，这种权责不相当的情况，导致无权利保障则无主体责任的问题。面对司法责任进一步强化，权利保障滞后的情况，司法官选择放弃主体地位或者不作为，习惯性维持内部的行政性，是极为现实和可能的选项。

首先，基于抽象层面司法官与党、国家和人民的关系得到加强的情况，具有党员身份和党性主导下的公务员角色身份的绝大多数司法官，党性要求、政治纪律和规矩，成为实实地主导其角色性的基本属性，司法官最基本的要求是不徇私枉法、不犯错，在工作上服从命令听从指挥。如果如此，这就意味着司法官司法属性的丧失与行政属性的卷土重来。

其次，在司法官及司法机关与党的纪律检查委员会的关系上，就目前的发展主要有两种情况，第一种情况是追求实体定罪，导致问题出现。党的纪律检查委员会代表党委组织协调反腐，司法机关及司法官往往是作为下级部门参加办案，为实现反腐的政策目标和完成任务，它们通常会选择放弃主体责任，追求实体定罪，轻视乃至侵犯职务犯罪嫌疑人的程序性权利，并将这种情况发挥到极致。在这里，并不排除办案程序缺位导致的极端情况的出现，即原本是作为治标之策，在党的纪律检查委员会协调下的打击腐败行为，可能出现个别领导干部急功近利追求政绩，导致在职务犯罪案件中出现侵犯党员及其家人的人身、财产权等实体权利乃至出现冤假错案的情况；第二种情况是防止承担司法责任，导致问题出现。司法官为了避免出现办案责任追究终身负责的情况，在案件办理上，但凡在两可之间的罪名选择性质较轻的，在量刑幅度区间内的则选择程度较轻的，这就会导致案件中受损害的一方是社会利益或者被害人利益。可以说，这是另外一种不公平。

最后，立足司法官职业专门技能，就司法官职业之间、职业内部及其与辩护律师的关系而言，分为三种情况。第一种是司法官职业之间的关系。其中围绕《关于推进以审判为中心的刑事诉讼制度改革的意见》文件，"以审判为中心"的逻辑推演就是"以庭审为中心"，即实现庭审实质化，通过法庭审判的程序公正实现案件裁判的实体公正，防范冤假错案发生，促进司法公正。围绕《关于认罪认罚从宽制度改革试点方案》文件，授权最高人民检察院、最高人民法院开展刑事案件认罪认罚从宽制度试点，该项制度涉及侦查、审查起诉、审判等各个诉讼环节。这一系列改革，使公检法三方办案处于聚光灯下，进一步提高了对公检法三方办案的标准和要求，带来的直接结果，正面效应是整体上加大了人权保障的力度，负面效应则是司法官及司法机关出于稳妥目的打击犯罪的意愿和力度相对下降。结合办案终身追责，司法官及司法机关之间将会加大沟通协调力度，确保现有立案、公诉直至审判都顺利推进，不出现差错，不会被追责。如果长此下去，司法官不承担主体责任，不积极作为，可能会导致出现大范围放纵犯罪的情况。第二种是司法官职业内部关系。省以下地方法院、检察院人财物统一管理的改革，使得省检察院和省高级人民法院的话语权明显得到增强，尽管地方性干涉减弱，却增强了上下级机关的行政性；员额制改革以后，检察官、法官受到机关内部行政上级的影响将会减少，司法主体地位及独立办案将会凸显出来，带来的负面效应是现有没有入额的人员占有司法机关人员大部分，他们的工作积极性受到打击效率下降。第三种是司法官职业与辩护律师之间的关系。基于司法责任要求，司法官为了确保案件质量，对于案件的控制力度进一步加强，尽管同时辩护律师地位得到提高，但是辩护律师发挥实际作用的力度并没有大幅增强。

（三）司法官职业伦理模式完善存在的问题

我国当代法治与司法制度的进一步发展，尤其是十八大以来，司法官职业角色定位的进一步强化，既有正向效益，也有负面效应，与此对应的是我国"司法奉献与服从型"司法官职业伦理模式仍然需要进一步完善，其关键问题就是"司法奉献与服从"的疆域和边界。面对这一问题，解决之法，就是一个核心两个方面，"一个核心"指的是"司法奉献与服从"必须围绕尊重司法规律，不能以行政性代替司法性；"两个方面"指的是司法奉献与司法官及司法机关的权利保障的矛盾，司法服从与司法官及司法机关主体性的矛盾。下文将分别从司法官职业伦理观、职业伦理规范和职业伦理惩戒制度三方面加以说明。

1. 司法官职业伦理观的共性与个性方面存在的问题

我国当代司法官职业伦理观与为人民服务的宗旨紧密联系，强调奉献与服从的传统。但是在这一原则之下，"奉献与服从"的范围会因为行政和司法职业存在基本属性上的差别，同时，这种差别还在实践方面。

第一，司法官职业伦理观共性的极致可能导致实践虚化的问题。十八大以来，共性部分的党员与公务员角色的伦理观，在规范层面又增加和修订了很多文件和要求，它继承和发扬了党的制度建设的好的传统，在道德宣示和行动上具有极高的标准，从工作、家庭、个人等方面都做了全面、详细和明确的规定，集中展现了高尚的道德追求。但是，从高尚到具体，从伟大到平实、接地气，绝不是容易的事情，实践当中道德虚化、边缘化的问题伴随着道德追求的极致而凸显出来。司法官职业具有高尚的道德追求，这是角色身份应有之义，但是伟岸的道德追求如何容纳每一个具体的司法官作为普通人的瑕疵，这就需要防止两种倾向，一是防止来自高尚道德具体化过程带来的干扰和干涉，保证司法工作能够正常进行。如果司法官的主体性被动摇，无法保障，不能独立行使职权，很显然，从司法途径获得社会公平是缘木求鱼。二是防止在实践中出现道德宣示似的虚化与搁置。如果司法官可以无视道德指引，其裁判性的公正性堪忧。社会公正不是真空公正，司法公正的获得关键在于具有社会道德感的司法官。因此，当司法官职业伦理观共性达到极致并公开宣示的时候，其实践上的落地问题，就是下一步需要完善的问题。

第二，司法官职业伦理观个性的理念可能导致实践空转的问题。伴随着法治建设及司法改革的进行，司法官职业伦理观个性上的变革在政治性上增强，在职业性上与时俱进。但是，从本质上看，并没有根本的变化，只是因为不同时期整个国家工作侧重点的原因，作为社会职业角色的司法官工作的侧重点也跟随变化而已。这种工作上重要性排序的升降，并不对司法官职业伦理观产生根本性的影响。由于司法官职业伦理观的个性理念中政治性部分，一定意义上以司法职业伦理观的共性为蓝本，本身就有重合问题，在共性部分伦理观极为强势的情况下，个性理念中职业性部分尽管在职业伦理规范及惩戒制度上能够落地，但是实践中存在着依附于共性部分伦理观的问题，因此，司法官职业伦理观的个性理念出现"空转"，与共性理念的"虚化"相连接，都存在需要落实于具体实践的问题。

2. 司法官职业伦理规范的共性与个性方面存在的问题

第一，司法官职业伦理规范共性的严密可能导致实践中难于执行的问题。十八大以来，共性部分的党员与公务员角色的伦理规范，尤其是在《党章》基础上，作为党员的伦理规范上又有了新的更为深入的制度化文件，这些文件既有行为底线标准，又强调纪严于法，同时还有后果追究，可以说在制度上对党员的严格要求进一步细化，这种细化本身是非常好的行为导向，但是由于司法官职业本身具有的独立性要求，也就出现了难于执行的问题。首先，底线标准的衡量问题。伴随着社会发展，现阶段如何在数额或者情节上界定违纪？违纪的证据如何搜集、鉴别、使用？这些是非常难以解决的问题，原有的规定很显然已难以适用。司法官不同于普通公务员，它所具有的规则意识、证据意识等职业意识，必然要求对其惩戒时也具有严格的标准，否则，难以使司法官员自觉接受惩戒。其次，纪严于法，本身也是应然的，毕竟伦理标准高于法律标准，这也是共识性要求，但是，其中就存在一个问题，即如何才能防止在处理纪律问题的时候，把违法犯罪问题一并处理，同时，对于司法官员而言，如何在党纪惩戒时，不对司法官的相对独立性形成重大冲击，这都是需要深入研究的问题。最后，后果追究问题。对于司法官行为后果严重性的判断，在目前没有硬性标准的情况下，成为具有判断权的上级的自由裁量事项。很显然，后果追究会束缚司法官在案件上的裁量，司法官选择最为稳妥的完成职责方式，而不是选择最优的实现司法公平的方式，成为其防止被责任追究的理性选择。因此，党纪对司法官的追究，尤其是在司法官具有相对独立性的情况下，在执行上需要深入研究予以解决。

第二，司法官职业伦理规范个性的细化可能导致主体性束缚的问题。司法官职业伦理规范个性的细化，就是属于其职业专门角色的细化。司法改革中，司法官在司法职权划分中，依照权力清单从而确认其主体性和相对独立性，与这一改革相连的就是司法责任的细化。权力意味着责任，司法官在权力没有得到有力保障的情况下，抑或对司法官权力监督没有形成成熟体系的情况下，进行的司法责任追究，很有可能导致司法官放弃权力或者不作为，导致的结果必然是在案件裁判上对犯罪的放纵、对被害人利益及社会整体利益的损害。同时，司法官不作为或者放弃权力，还可能导致司法官机关行政性的增强等弊端，因此，如何对司法责任制的细化规则予以深入研究，以推动司法官的主体性实施，需要进一步解决。

3. 司法官职业伦理惩戒制度发展上存在的问题

十八大以来，伴随着司法改革，司法官伦理惩戒制度也有了新发展，但是原有制度性缺陷依然存在。现阶段，考虑到司法官职业伦理惩戒涉及刑事、民事方面的制度建构较为全面，笔者将重点放在司法官职业伦理惩戒涉及纪律方面的内容，并对此加以说明。总体来看，司法官职业伦理涉及纪律方面的惩戒，简单套用党纪惩戒和行政惩戒较多，在尊重司法规律，保障司法官主体性和相对独立行使职权方面存在不足。下文就司法官职业伦理惩戒涉及纪律方面的问题及十八大改革以来的新问题分别加以阐述。

第一，司法官职业伦理惩戒涉及纪律方面的问题。首先，就非正式纪律惩戒而言，根本性的原因在于其具有强烈的行政性，不符合司法职业特点。在非正式纪律惩戒方面，以考评为例，考评主体的不适格，考评标准的主观性，考评程序的形式化，考评结果的严重性等问题普遍存在，亟须正视并全面推动改革。如在司法官考评组成员组成上，个别成员的专家性、公正性堪忧，考评组成员（包括所在检察院、法院行政领导）的观感好恶严重影响和制约了被考评人的考评结果，很难让被考评人信服；在制定考评标准上，由于案件类型不同，实践中难以做到采用不同标准考评；在德行标准上，除非惩戒，就不适合量化的分数评定方式，更不用说即使行政机关公务员考评这一标准也难于实施；在重大疑难案件定性加分上，实践中，案件不可能随机分配、分值大小以及案件结果评定标准主观性较强等问题，导致这一标准上也存在争议；在考评结果上，类似"在年度考核中不过关，轻则诫勉，重则降职，甚至连续两年不合格的可能被辞退"的规定，这已经在责任上具有正式纪律惩戒的严重性，不是非正式纪律惩戒可以涵盖的；在考评结果的决定及救济上，由检察院、法院领导行政决定的方式，没有司法化的救济程序规定等。十八大以来，非正式纪律惩戒尚未进行全面改革，因此，下一步的问题仍须改革予以解决。其次，就正式纪律惩戒而言，存在问题的根源很显然也是惩戒的行政性不尊重司法规律造成的，现从惩戒主体、惩戒事由、惩戒程序和惩戒措施方面分别予以说明。其一，惩戒主体的不合理。我国司法官惩戒主体主要是作为司法机关的检察院、法院，人大及其常务委员会的罢免行为，通常基于检察院、法院的提请，其自身一般不会主动行使。这一监督，在我国形成了行政性的"自我监督"，即检察长、法院院长及其领导下的监察部门的监督。我国在司法类型上的极端形式的科层型权力组织的政策实施程序，决定了这种监督一定是将所有的监督权集中到检察长与法院院长手中。这一状况，与行政机关的首长负责制没有什么分别，导致的最大弊病就是法官的判断权将会受到行政上级的直接影响，不利于检察官、法官发扬其主体性。还需要指出的是，现有体制下，惩戒权与任免权在实质上具有统一性，检察长和法院院长一定意义上可以决定本院副院长以下法官的任命和提拔，无疑是强化了行政性，也会对检察官和法官行为产生影响。实践中，存在着最为突出的两个方面问题，一是检察官、法官丧失主体性，为确保自身裁判正确，在案件审理上听命于行政上级。二是检察长、法院院长在面对违法违纪事项时，自行内部处理并予以保密，以免影响自身仕途，这一放弃监督行为极易造成的后果是院内其他检察官、法官违纪乃至以身试法，最后形成司法辖区内的司法不公。如果把两个问题集于一身，也即检察长、法院院长腐败，则该司法辖区内司法不公将会极为盛行。总而言之，司法作为社会正义的最后一道防线，在司法体制改革上必须对现有惩戒主体予以限制或改变，才能保证司法公平乃至社会公平。其二，惩戒事由上的严密与疏漏。我国司法官职业惩戒事由的规定主要规定于《检察官法》及《检察人员纪律处分条例（试行）》，《法官法》及《人民法院工作人员处分条例》等文件中，这些文件的特点就是非常严密，涵盖了违反政治纪律的行为，违反组织、人事纪律的行为，贪污贿赂行为，违反财经纪律的行为，违反办案纪律行为，失职、渎职行为，严重违反社会主义道德的行为，妨碍社会管理秩序的行为等，并且还规定了万能的"其他条款"，这一惩戒事由上的严密性固然非常好，但是，一是带来了惩戒事由上难以穷尽，出现新情况难以纪律惩戒的问题，同时，如果用"其他条款"又存在取证难、认定难的问题；另一方面就是在惩戒事由上很明显缺乏对于"失当行为"的全面规定。"失当行为"重点在于引起当事人及社会公众对于司法官本人能否在案件中公正裁判的质疑，而不是已经出现司法不公的后果。现有规定参见《人民法院工作人员处分条例》第七节"违反管理秩序和社会道德的行为"，其中第91条规定："因工作作风懈怠、工作态度恶劣，造成不良后果的，给予警告、记过或者记大过处分。""失当行为"意味着司法官作为水源地的污染，或者说引起污染的怀疑，因此，现有规定以结果作为惩戒必备要素是没有意识到"失当行为"对于裁判的重要性，是需要加以解决的问题。其三，惩戒程序的形式化。司法官惩戒程序就是对党纪惩戒和行政部门惩戒简单套用后的结果，并不适合司法官职业特性。在这种程序下，更多是"行政处罚"，而没有留下"平等对抗"，进行更公正的程序救济的空间。最高人民检察院、最高人民法院的监察条例，从立案审批、案件调查和案件审理成员的组成及运行直至最后决定，本院检察长、法院院长都能够影响并发挥着决定性的作用。司法官作为司法裁判的主体，运用法律解决问题，被告人不服，可以提起上诉，这是一种法律常态。然而，如果司法官在惩戒上遭到不公平处分的时候，却只能通过复核和申诉获得救济，很显然，这是荒谬的，也得不到司法官来自内心的认同。固然，在实际处理中，由于司法制度类型上的极端形式的科层型权力组织的政策实施程序，处于本检察院和法院官僚制度顶端的检察长、法院院长，往往是大事化小、小事化了，力图内部消化，以免损害本司法机关的声誉和其仕途发展。这一情况似乎是保障了当事检察官、法官的利益，先不论这一利益保障是否合理，但是，对检察官、法官整体而言，却形成了非常恶劣的局面。这一局面就是惩戒程序被控制，走向形式化，逐步腐化为上级领导的治理工具，检察官、法官的主体性地位也遭到现实存在的威胁。很显然，这是一种非法律的解决方式，而非通过法治理念和方法解决惩戒问题。其四，惩戒措施的不相当。这一问题在非正式纪律惩戒里面存在，在正式惩戒措施里面也存在。我国现有司法官惩戒措施为警告、记过、记大过、降级、撤职和开除，与公务员惩戒措施一致。警告由司法机关内部决定，作为轻微惩戒而存在，是可以的。其他措施如记过、记大过及降级三种措施，处于警告手段与撤职、开除之间，这三种手段对于司法官而言是否有必要全部保留？司法官的特性就在于案件当中客观公正裁判，当事人对于检察官、法官的信任以及服从裁判，不仅来自司法机关的权威和公信力，还来自具体司法官的品格，如果当事人知道其案件当中的检察官和高坐审判席的法官，其实在道德上存在巨大瑕疵并处于被惩戒期间，试想谁会认为自己能够得到他们公正合理的处理呢？因此，现有三种措施，如果确有需要，可以保留降级处罚以外，记过与记大过存在的合理性存疑。对于降级处罚，也应审慎决定适用范围。至于三种措施重新设置可能带来的空间如何填满的问题，不能让应该受到相应程度惩戒的司法官继续主导司法活动，应该是下一步改革的思路。再有就是"撤职、开除"这一措施，这等于是架空人大及常委会的罢免措施，且不论人大及常委会对司法官罢免只是程序性存在并无实质性参与，就这一措施的严重性，也不应该仅仅由"经本院院长办公会议批准后下达纪律处分决定"，这一规定，无疑是将司法官与普通行政公务员等同的做法，并未尊重司法规律，并未认识到司法官员在法治进程中具有的特殊重要性及地位。因此，惩戒措施的不相当，作为下一步体制改革的问题还需要进一步探讨。

第二，十八大以来，司法官职业伦理惩戒涉及纪律方面的新问题。《关于完善人民检察院司法责任制的若干意见》《关于完善人民法院司法责任制的若干意见》《关于建立法官、检察官惩戒制度的意见（试行）》三份改革文件，它们是司法官职业伦理惩戒涉及纪律方面的基础性文件，尽管推动了司法惩戒制度的完善，但是仍然存在不容忽视的问题。

首先，司法官职业伦理涉及纪律方面的体制改革并没有实质性改变现有惩戒制度。无论是非正式纪律惩戒，还是在正式纪律惩戒中，都存在共性的问题，也就是尽管本次改革强调尊重司法规律，突出司法官主体性，但是作为行政领导的检察长、法院院长等领导仍然拥有实质性的影响乃至决定权，在惩戒方面也是如此。对于检察院检察长及其他内部行政领导而言，案件最终决定权、案件指令转移权及全面评鉴权等依然在握。如《关于完善人民检察院司法责任制的若干意见》第10条规定，"检察长（分管副检察长）有权对独任检察官、检察官办案组承办的案件进行审核。检察长（分管副检察长）不同意检察官处理意见，可以要求检察官复核或提请检察委员会讨论决定，也可以直接作出决定"；第16条第8项，检察长"主持检察官考评委员会对检察官进行考评"；第27条"当事人举报投诉检察官违法办案，律师申诉、控告检察官阻碍其依法行使诉讼权利，或有迹象表明检察官违法办案的，检察长可以要求检察官报告办案情况。检察长认为确有必要的，可以更换承办案件的检察官，并将相关情况记录在案"；第28条"建立以履职情况、办案数量、办案质效、司法技能、外部评价等为主要内容的检察官业绩评价体系。评价结果作为检察官任职和晋职晋级的重要依据"。对于法院院长及其他内部行政领导而言，全面评鉴权、分配案件权、案件监督权等重要权力仍然存在。如《关于完善人民法院司法责任制的若干意见》第21条规定，"主持审判委员会讨论审判工作中的重大事项，依法主持法官考评委员会对法官进行评鉴……副院长、审判委员会专职委员受院长委托，可以依照前款规定履行部分审判管理和监督职责"。第22条规定："庭长除依照法律规定履行相关审判职责外，还应当从宏观上指导本庭审判工作，研究制定各合议庭和审判团队之间、内部成员之间的职责分工，负责随机分案后因特殊情况需要调整分案的事宜，定期对本庭审判质量情况进行监督，以及履行其他必要的审判管理和监督职责。"第24条规定："对于有下列情形之一的案件，院长、副院长、庭长有权要求独任法官或者合议庭报告案件进展和评议结果……院长、副院长、庭长对上述案件的审理过程或者评议结果有异议的，不得直接改变合议庭的意见，但可以决定将案件提交专业法官会议、审判委员会进行讨论。院长、副院长、庭长针对上述案件监督建议的时间、内容、处理结果等应当在案卷和办公平台上全程留痕。"此外，在《关于建立法官、检察官惩戒制度的意见（试行）》文件第5条规定，"惩戒委员会不直接受理对法官、检察官的举报、投诉。如收到对法官、检察官的举报、投诉材料，应当根据受理权限，转交有关部门按规定处理"。第6条规定："人民法院、人民检察院在司法管理、诉讼监督和司法监督工作中，发现法官、检察官有涉嫌违反审判、检察职责的行为，需要认定是否构成故意或者重大过失的，应当在查明事实的基础上，提请惩戒委员会审议。除前款规定应报请惩戒委员会审议情形外，法官、检察官的其他违法违纪行为，由有关部门调查核实，依照法律及有关纪律规定处理。"这一规定，无疑是对检察院、法院作为惩戒主体的行政管理权、监督权及惩戒制度下的调查权和提请权的进一步确认，也是对极端形式的科层型权力组织的政策实施程序的确认，基于这一现状，司法官主体性的张扬仍然需要从体制改革上加以完善。

其次，新的惩戒制度安排存在被形式化的预期。依据前述文件，主要在两个方面有可能导致惩戒制度走向形式化。一是在惩戒主体和惩戒程序上增加了惩戒委员会及其惩戒建议权方面；二是惩戒事由和措施等集中于"违反法律法规，实施违反审判、检察职责的行为"等严重情形的处理方面。值得一提的是，整个司法体制改革包括惩戒制度改革，是在以司法责任制为核心的改革下进行的。在司法责任制下，作为惩戒主体的检察院、法院对于司法责任的承担，整体上来看，很显然是加重了，检察长和法院院长的管理监督责任也更重。如果检察长和法院院长在管理中竭尽全力最后都未能防止检察官、法官违法违纪发生，那么，之后将违纪情况向上级部门移送乃至公之于众，意味着必须承担监督的主体责任，很显然，在大多数情况下都是最后选项。针对前述的两个方面，下面分别予以说明：其一，惩戒主体及惩戒程序的改革，在现有极端形式的科层型权力组织的政策实施程序下，并没有改变检察院检察长、法院院长的实质权力。对于惩戒制度而言，惩戒三阶段即惩戒前，惩戒期间和惩戒后阶段的程序，惩戒期间和惩戒后检察长、法院院长无法掌控，可是惩戒前阶段，却可以有很大控制力。前面已经介绍，在现有司法制度类型下，检察长、法院院长在惩戒前程序存在不调查、不提请的自然倾向，如果他们决定不调查、不提请，可能存在情形如经过他们协调处理，大事化小，抑或由被惩戒嫌疑对象自行提出转岗或者辞职，惩戒委员会也就不存在启动程序乃至实施建议权的问题。有鉴于此，检察官、法官在司法中仍须正视上级行政领导的意见，其主体性发挥仍然受到约束。其二，惩戒事由和措施集中于严重性事项才能启动程序，至少存在两点问题：一是惩戒事由具有法律真实性和严重性，经提请惩戒委员会做出的建议惩戒措施，实际上只是一个形式化的确认，因此，本次改革与否，对现有制度而言，并没有非常重大的影响。二是忽视了"不当行为"事项，而恰恰这些事项是导致社会公众形成司法不公感的重要原因。对"不当行为"的惩戒，从细微处的引导，才能真正撼动司法官员，促使其以更高的伦理标准律己敬业。

三　我国新时代司法官职业伦理的前景展望

全面比较两大法系国家与我国当代司法官职业伦理，找到我国当代司法官职业伦理亟须解决的现实问题，面向新时代司法改革及法治建设，尤其是 2018 年《中华人民共和国宪法修正案》及《中华人民共和国监察法》（以下简称《监察法》）的颁布实施，就是要探索和完善我国新时代司法官职业伦理的发展路径和策略，进而提出前景展望。

（一）司法官职业伦理发展的基本路径及策略

我国新时代司法官职业伦理的改革创新，必须是尊重法治及司法规律，在全球化视野下的进步与发展，不能闭门造车，要结合我国本土实际，接地气，唯有如此，才能进步和长远。具体而言，我国选择的发展路径及策略，应该是学习和借鉴两大法系国家与我国当代司法官职业伦理具有普遍性的内容，即以"责任和独立"作为司法官职业伦理的核心，重点是大陆法系国家"司法责任型"司法官职业伦理模式。同时，要注意结合我国特色社会主义司法制度及法治体系等现实条件，采取"相对合理主义"①的基本策略，以渐进和技术性改良的方式推进我国当代司法官职业伦理的完善。

1. 完善我国当代司法官职业伦理的基本路径

完善我国当代司法官职业伦理模式的基本路径，实际是一个前提已经确定的问题，包括两个方面，一是学习和借鉴首先是具有普遍性的经验存在，这个是来自两大法系国家共性的、能为我国吸纳的先进经验。二是移植或者提供理论创新的借鉴，必须符合我国现实条件的个性存在。因此，在基本路径中，需要解决的问题落实为在法治建设中如何学习和借鉴的方向性问题，现实存

---

① 学者龙宗智提出的"相对合理主义"，是基于实践理性的，在法治的目标与现实之间进行司法改革的总体思路和策略。

在一种选择，一种是以大陆法系国家为方向，另一种是选择英美法系国家方向。在前述的辨识中，无论是法治、司法制度类型还是司法官职业角色定位及司法官职业伦理模式，我国与大陆法系国家都具有相当程度的近似性，与英美法系国家差异巨大是显而易见的，但是正是这一状况导致了目前选择的困难。相当多的学者认为，英美法系国家整个法治传统中对司法独立的维护及人权保障恰恰可以弥补我国的不足，从根本层面来变革我国的法治样态，促进法治及其各领域的进步与发展，其中"司法独立型"司法官职业伦理模式也必将对我国"司法奉献与服从型"司法官职业伦理模式产生影响；如果选择学习大陆法系国家对科层官僚含司法系统的倚重和对社会的控制，则对我国改变不大，原因就是太近似了。在笔者看来，这一观点很难经受住推敲。通常来说，彻底的变革需要彻底的背景转换，作为底色的转换，选择一条向英美法系国家学习的方向，意味着需要从司法制度类型及法治上的彻底转换，要求具有英美法系国家的宪政体制及协作式权力组织等司法制度构建，很显然，在我国，这是不可能的。正如达玛什卡所言，"在考虑移植某一外国规则的时候，当务之急是首先仔细考察在本国制度背景中是否存在使此外国规则有可能发挥实际效用的先决条件。本国制度能否接纳拟议中的创新？这是任何改革者都必须首先回答的问题"①。

因此，以达到两大法系国家具有共性的和普遍性的基本标准为前提，选择向大陆法系国家学习，是比较现实和可行的路径。具体到司法官职业伦理模式，两大法系国家司法官职业伦理模式中必须遵循的共同标准，这一共同标准在以"责任与独立"为核心范畴内，既要从奉献到责任，又要从服从到独立；借鉴大陆法系"司法责任型"司法官职业伦理模式，比如赋予司法官更大权力同时承担相应责任、司法官责任惩戒由内部的自我监督逐步接纳外部的公众监督等；同时在人权保障方面，要积极维护当事人及其辩护律师辩护权等。

---

① ［美］米尔伊安·R. 达玛什卡：《司法和国家权力的多种面孔——比较法视野中的法律程序》，郑戈译，中国政法大学出版社 2004 年版，第 3 页。

2. 完善司法官职业伦理的基本策略

在选择司法官职业伦理发展的基本路径之后，如何沿着这条路径去实现司法官职业伦理发展的目标及任务，成为一个迎面而来的问题。无论是两大法系国家司法官职业伦理模式中共性的、基本的，并且具有普遍性的标准，还是大陆法系国家独特的职业伦理标准，对于我国而言，都不是唾手可得的，都需要不懈的努力。当然，这也是任何一个进行法治建构的国家无法回避的问题。学习和借鉴的过程，不是盲目移植照搬照抄，我国的司法改革及法治建设不可能是两大法系国家抑或大陆法系国家的司法制度类型及法治的翻版，它只能是我国特色社会主义司法制度及法治，我国司法官有我国背景的功能定位，我国当代司法官职业伦理也是如此。这是由我国法治现状及政府权力基本构成等现实条件决定的。因此，完善我国当代的司法官职业伦理，必须既要学习和借鉴，有全球视野，又要联系我国本土实际，立足现实条件，这是一个较为困难和复杂的过程，必须采取行之有效的具体策略以实现这一目标及任务。在笔者看来，"相对合理主义"的司法改革思路和具体策略非常具有操作性和实践性。相对合理主义首先承认和接受具有公理性、普遍性的基本法律原则为司法改革的目标，但鉴于我国还处于法治的初级阶段，支撑现代法治的某些基本条件尚不具备，司法改革不能企求尽善尽美、一步到位，而只能采取渐进的、改良的方法，从逐步的技术性改良走向制度性变革。完善司法官职业伦理过程，亦是"相对合理主义"实践过程，包括以下几个方面：

（1）完善司法官职业伦理是一个渐进过程

两大法系国家与我国在司法制度及法治上的差异极大，学习和借鉴两大法系国家的司法官职业伦理模式，不可能采取一步到位式的移植，只能是逐步推进的过程，急于求成的方式只会在我国现实条件下碰壁，浪费资源。比如，司法官的独立性问题，在我国司法体制改革中采取了相对独立或者发挥主体性的进路，如果采取两大法系国家的司法官独立方式，哪怕是大陆法系国家具有司法管理传统的独立，都极有可能带来司法恣意等行为。在我国，司法官整体素质低于两大法系国家，司法腐败问题也并非个别现象，贸然进行司法独立上的授权，很难想象不会促使司法官职业产生更大的腐败。同时，个别司法官利用司法独立对抗"党的领导"，挑战现有基本政治制度，不得不预先加以防范。

（2）完善司法官职业伦理既要以结果为导向，又要有过程控制

结果导向的司法官职业伦理模式，就是要遵循司法规律，强调司法权的中立性和裁判性，并以两大法系司法官职业伦理的基本标准及大陆法系国家"司法责任型"司法官职业伦理模式等为目标，完善的过程意味着必须改变现有"奉献与服从"的职业伦理模式，现有模式与其说属于司法官，还不如说更加适合军队或者行政公务员的职业伦理。结果导向的目标与现有模式之间产生矛盾，这就要求职业伦理模式必须是在奉献与责任、服从与独立之间寻找，同时，进行"底线"控制。谈责任，要联系司法独立，要提供身份保障和物质保障，虽然当前我国难以达到两大法系国家水平，但不能以此为由放弃责任；谈独立，要联系党的思想、政治及组织上的领导，当前我国司法官还难以避免司法体制行政性的影响，但是不能以此为由，在个案中滥用职权、枉法裁判。需要注意的是，这里的"底线"，就是谈责任不能否定奉献，而是让奉献回归价值指引的本位；谈独立不是否定服从，搞不要"党的领导"的司法王国，而是让独立保障以抵抗来自领导干部不当干涉、插手司法活动和干预个案。

（3）完善司法官职业伦理是一个系统过程

这里要说的是，司法制度及法治，决定了司法官职业角色定位，司法官职业角色定位则派生出其职业伦理模式，这是一个完整的系统。司法官职业伦理的完善，应该是一个系统推进的过程，不是部分改变就可以的。具有实质意义的司法官职业伦理完善，必须伴随司法体制改革及法治建设的开展。因此，十九大以来的司法改革及法治建设，为我国当代司法官职业伦理的完善提供了较为难得的发展契机。

（二）司法官职业伦理的前景展望

我国新时代司法官职业伦理的改革与创新，对现有模式进行完

善，必须遵循一定的基本思路，在笔者看来，这一思路，实际上就是司法官职业伦理模式形成的各个构成环节的改革创新，贯穿其中就是追求"责任与独立"基本统一的职业伦理。完善司法官职业伦理，从根本上来说，必须考虑党的领导权与司法权之间的关系，进而为司法官"奉献与服从"设定边界。显然，这是一个典型的中国问题。"党的领导"是不能撼动的政治原则，也是宪法原则，《2018宪法修正案》第一条第二款，增加了"中国共产党领导是中国特色社会主义最本质的特征"内容，这是对"党的领导"的宪法确认。司法权具有中立性和裁判性，党的领导权对司法权行使的影响，也必然传导到司法官在具体案件的裁判上的影响，但是"党的领导"不是取代司法机关及司法官员"依法独立行使职权"，而是为了保证司法官正确行使职权，促进司法公正。因此，完善我国当代司法官职业伦理，使司法官"奉献与服从"职业伦理模式以我国独有的方式，朝向司法"责任与独立"基本统一方向发展，在技术上逐步完善直至进行制度构建，而非停留在理念和口号上，以实现司法公正和社会公正。尤其需要说明的是，必须对党纪以及新成立的国家监察委员会的监督与司法官职业伦理的关系进行全面的梳理，只有如此，才能更加清楚司法官职业伦理的地位。

1. "极端科层型权力组织的政策实施程序"司法制度类型的展望

我国的"极端科层型权力组织的政策实施程序"司法制度类型应当向去"极端化"方向发展，必须坚持符合我国司法制度及法治建设的实际情况。

首先，在司法制度类型的法治背景方面，由立法法治向司法运行法治化方向的发展。正是由于当前法治发展"转型期法治"或者"有限法治"的阶段性定位，这就为"其他非法治的治理方式"打开了方便之门。这一阶段，法治的深入发展，必须从法治的"立法中心主义"向"司法中心主义"转移，毕竟当前无法跨越阶段完成法治建构，也不是靠理论建构就可以在实践中实现法治，以问题为导向的法治发展具有现实意义。当前法治发展的首要问题，也是最为迫切的问题，不是没有法律，很多领域的法律规定甚至极为详尽，而是相当普遍的"违法不究"的状态，即便追究，还可能受到司法腐败等因素的干扰。因此，当前法治发展阶段，司法运行的法治化，法律得到及时准确实施，对于避免"其他非法治的治理方式"的强化至关重要，是法治社会实现的关键。

其次，司法制度类型上的激进向科层官僚的法条主义发展。十八大以来，基于反腐的严峻现实，我国司法制度类型上的极端的科层型政策执行程序处于一种激进状态，这种状态是在逻辑法条主义与技术官僚式的两种基本进路之间选择后者，由科层官僚主导和对结果进行评估，在这一状态下，科层官员侵入了法条主义的传统范畴。纪委及与其合属办公的国家监察委作为官僚阶层与司法官及司法机关在案件办理中处于同一系列，并处于更高层级，纪委及国家监察委在具体案件中会协调公安、检察机关及法院对案件的处理，在实体上更加追求打击职务犯罪，程序上相对说讲求便宜，因而，纪委及国家监察委办案的高效在打击腐败的同时，对法条主义形成了一定程度的冲击，司法权威及公正受到一定影响。《2018宪法修正案》第127条，《国家监察法》第4条规定："监察机关办理职务违法和职务犯罪事件，应当与审判机关、检察机关、执法部门互相配合、互相制约。"这是非常好的原则性内容。在腐败得到遏制的同时，纪委及国家监察委及司法机关应该朝向更加注重法条主义，从法律规定的规则标准出发，平等尊重现有实体法和程序法规定，从而推进司法公正。必须说明的是，法条主义可能导致官僚主义，也就是将法律规则作为不作为、慢作为的工具和盾牌。但是，官僚主义不是法条主义，它是法条主义不当实施的结果。

2. 作为"维护者"司法官职业角色定位的展望

我国当代司法官职业角色定位为"维护者"，应该向具有我国特色"科层官僚"方向发展。在这里，"维护者"作为前提的内容发生改变，即继续作为维护国家及社会发展的工具性存在，但是追求以法治为导向，法律将作为社会治理的主要方式而存在。纪委及国家监察委的重大政治改革，于法有据，全覆盖了对公职人员的监督，作为"维护者"的司法官也应该接受监督，但是这种监督，一定要与司法机关以外的公职人员相区分，应该体现司法性。党的领导继续加强，不仅在于将政治性蕴含于法律性之中，而且还应该将党的领导、党纪监督及国家监察委的监督程序化、公开化、具体化，继续保障和发挥司法官主体性。当然，我国的特色之处，在尊重司法规律，强调司法性同时，仍应保留一定程度的司法监督管理。

下文将分别从司法权定位、司法官职业角色的具体定位两方面分别加以阐述。

（1）司法权定位展望

对于司法权定位，可以从两个方面进行研究，一是党的领导权与司法权的关系，完善党的领导权，保障依法行使司法权；二是司法权在政府基本权力结构中制衡功能的强化。在这两个方面，都需要考虑国家监察委在参与政府基本权力分配后可能带来的影响。

首先，党的领导权完善，尊重司法规律，保障司法官发挥主体性，依法行使职权。党的十一届三中全会以来，宪法等文件要求党的各级组织和领导干部必须在宪法法律范围内活动。为了理顺党的领导与司法官及司法机关依法行使职权的关系，十八大以来，中央深改组制定了一系列具体文件。十九大提出宪法修改建议并经十三届全国人民代表大会通过，确认"中国共产党领导是中国特色社会主义最本质的特征"的宪法原则。党的领导的强化与完善，党的领导的集中不是要以"党治"代替法治，不是以"党治"代替司法官的职业化，而是法治的一部分。从严治党不是一句口号，而是要以党纪的更高标准来"治党"，以从严治党来防止党员领导干部插手和不当干预司法官具体案件办理，以保障司法权的行使，推进司法公正，当然，这一系列文件，从较为宏观抽象到具体制度，伴随着党的领导权的强化存在着无法落地的可能性。其中党的纪委协调办理职务犯罪案件时，也应该将权力纳入正当程序的笼子里，纪委不应该成为法外之地，尤其是在案件由国家监察委移交司法机关以后，要尊重和支持司法官依职权对案件进行公正裁判。因此，纪委协调办案、国家监察委与司法机关互相配合、互相制约的规范化、法治化进程需要加快。下一步，国家监察委员会全面铺开，司法权将会受到国家监察委员会的监察权的制约。作为前提，国家监察委自身应该走法治化道路，应自然延续纪委办案的法治化、遵守法律程序的思路和举措，国家监察委行使监察职能必须得到法律授权，受到法律制约，在《宪法》和《国家检察法》基础上，我国应制定《监察官法》以及《监察委员会组织法》等文件，确保反腐运行在法治轨道上。国家监察委员会的监察对象是所有行使公权力的公职人员，不论是党员、民主党派还是无党派，只要是公职，都在监察范围之内。检察官、法官属于公职人员，自然也应该受到监督。国家监察委是党领导下的国家监督机关和反腐败机构，必须贯彻党的政策和意志，但是履行监察权的过程必须遵守法律规定，以不危及司法机关及司法官独立行使职权为限，注意监察权与司法权的衔接、运行，既要保障反腐工作顺利进行，又要保障犯罪嫌疑人基本人权。

其次，司法权在我国政府基本权力结构中制衡功能的强化。我国当代党领导下的"一元分立"的权力结构中，司法权的行使没有对其他权力形成有效的监督制约作用。下一步，笔者建议两个发展方向，一是加强司法权，监督和制约行政权、监察权等权力，司法权将获得更大的空间，必将增强国家治理体系的整体功能。具体依托可以朝向加强行政诉讼方面发展，类似于德国独立的行政法院系统、法国隶属于行政系统的行政法院。在制约其他权力过程中，司法权通过具体的司法过程将国家治理体系中的各种关系纳入法治的轨道予以规范，实现法治作为基本方式向主要治理方式的重要转变。二是，国家监察委进入政府基本权力结构，则司法机关必须处理好与国家监察委的关系。具体而言，司法机关既要与国家监察委衔接，推动诉讼进行以打击职务犯罪，又要监督国家监察委的监察活动、调查手段的行使，保证其在法律范围内活动，不能无法可依、逾法而行，切实保障犯罪嫌疑人及被告人人权以避免出现冤假错案等。

（2）司法官职业角色具体定位展望

在司法责任（终身责任）更加明确和加强的情况下，司法权利保障应该及时跟进。司法官权利与义务的统一，既是司法责任与独立的前提，也是司法官职业伦理的基本内涵。我国法治处于转型期和建构期，固然存在权利和义务不平衡，只能在动态中保持统一的情况，但是这不是说可以在关键时期或者说司法改革的重要关头就可以放慢或者落下司法官权利保障，恰恰是在司法改革中，要在司法官权利保障上补课。否则，如同鸟之两翼的权利与责任，将会由于权利不到位，而导致司法官责任失之于空，司法改革踟蹰不前。尽管中央深改组在《保护司法人员依法履行法定职责的规定》中对此已经有了相关规定，肯定了保护司法官身份保障的重要性，但是，这还不够，下一步发展实践，如同党的领导权规定在我国《宪法》中，也类似于大陆法系国家关于司法官身份保障的规定，为了实现司法公正，建议在我国《宪法》层面对司法官的身份加以保障，原则上终身任职，非经法定事由不得免职、永久或暂时停职、或转任或令退休。

第一，抽象层面的司法官与党、国家和人民关系的展望。尊重司法规律，以司法官身份保障、物质保障来促使其主体性的发挥，以事实为依据，以法律为准绳，以司法功能的发挥来促进司法公正乃至社会公正，而不是行政性的一切服从上级领导的安排，并由上级承担结果。因此，司法官维护党、国家和人民的利益，与其实现司法功能应该保持一致，而不是以行政的逻辑治罪或者打击犯罪。

第二，司法官及司法机关与党的纪律检查委员会及国家监察委的关系展望。如同前述的司法权与监察权的衔接，司法官及司法机关与党的纪律检查委员会及国家监察委员会的关系衔接，应该保持一致。在这一背景下，司法官在得到权利保障的前提下，坚持中立和裁判的司法属性，在独立和责任中实现司法功能，既要监督国家监察委员会的调查活动，又要接受国家监察委员会的监督。否则，处于下级地位的司法官及司法机关，无视程序的乱作为、为求自保的保险作为都将继续影响司法办案公正。在这里，只是提出了大概的思路，接下来深入的研究还需要大量细致的工作。

第三，立足司法官职业专门技能，司法官职业之间，职业内部及其与辩护律师的关系的展望。首先，在司法官职业之间关系的展望。类似于大陆法系国家，未来发展是检察官职业与法官职业之间，地位相当，作为个体可以实现职业顺利转换。基于现有检察机关职能收缩，主要职能将朝向公诉、侦查监督等方面集中，在社会整体效能上的重要性降低，检察机关是否应该设置于法院内，有关检察官的规定纳入法官法并只在特别条款予以规定，以及是否归属于司法部则需要看下一步实践发展而定。对于这一展望，主要有两个方面的基础，一是十八大改革中《关于推进以审判为中心的刑事诉讼制度改革的意见》《关于认罪认罚从宽制度改革试点方案》《关于授权最高人民法院、最高人民检察院在部分地区开展刑事案件速裁程序试点工作的决定》等文件，检察官、法官必须承担更多的司法责任。二是国家监察委员会的全面成立。检察院的反贪、反渎机构以及检察院内部的预防腐败部门等将从检察机关整体剥离，移交给国家监察委。其次，司法官职业内部关系展望。十八大以来的司法官员额制改革，检察官、法官获得了一定的身份和物质保障，在此基础上，借鉴大陆法系国家，在司法官职业内部关系上，也应该尊重司法规律，采取司法的方式理顺现行具有较为浓厚行政性色彩的关系。司法监督管理将处于辅助地位，只在司法官轻微违纪的惩戒上由检察院检察长、法院院长进行，并且必须依照法定事由和法定程序。具体而言，检察官、法官主要涉及的内容如下：其一，检察官在层级及内部关系上，需要遵守上命下从原则，但是这种上命下从，是具有司法性的，对于上级检察院或者本级检察院检察长的指令权、职务收取权、转移权应该规定其行使权限和界限，通过修改现行检察院组织法，对权力行使的实质要件如权力行使的范围、理由等，程序要件如书面发出等进行规定，并制定检察长违反规定行使权力的惩戒机制。其二，法官在审级及内部关系上，法官依照职权独立审判，非因法定事由、法定程序不得撤换或者免职。法院院长在审判业务上作为法官职业身份，其职权范围应该是本院行政事务、后勤保障及其他事项。法院要在改革中弱化，将其作为办案的场所，而非管辖法官审判的机关。审级上，由于法官独立行使职权，在审判实务上由法官专门会议提供参考，法院内部的请示制度将不再涉及具体的案件情况及定罪量刑，刑事二审的审判监督功能将得到实化。最后，司法官与辩护律师关系展望。十八大以来，辩护权得到提高，这是值得肯定的，但是检察官、法官也被赋予更大责任，同时也获得更大的授权。借鉴大陆法系国家，在刑事诉讼中由司法官主导诉讼进行，律师处于从属地位，也是对现有诉讼制度的延续与改革，笔者也很赞成，但是，辩护权的提高与对司法官的限权应该有更大的进步。比如在律师调查权方面，在刑事诉讼法中规定辩护律师可以申请检察院、法院调取证据，并且除非特定事由，检察院、法院不得拒绝等。

3. "司法奉献与服从型"司法官职业伦理模式的展望

我国"司法奉献与服从型"司法官职业伦理模式应当向具有我国特色的"司法责任型"方向发展。我国司法制度及法治的发展，关键在于处理好党的领导权与司法权的关系，司法官的职业角色身份，则在于党员、公务员及司法专门职业的角色集，两者决定了我国当代司法官职业伦理具有独特性。基于对于法治普遍性的尊重，我国法治建设作为最大公约数纳入法治，借鉴具有两大法系国家司法官职业伦理模式中的共性内容和基础性内容，侧重相似性的大陆法系国家司法官职业伦理模式，也成为现实选择。因此，我国当代司法官职业伦理的发展路径，由"司法奉献与服从型"向具有大陆法系色彩而又有我国特色的"司法责任型"色彩的职业伦理模式发展，应当是最为可行的。对这一发展路径的展望，首先就是明确党纪及公务员纪律与司法官职业伦理的关系；其次就是对司法官职业伦理观、职业伦理规范及惩戒制度的司法官职业伦理模式。

（1）党纪及公务员纪律相关规定与司法官职业伦理的关系

第一，党纪与公务员纪律相关规定对于司法官职业伦理具有价值引领与实践指引作用。党纪与公务员纪律相关规定对于检察院、法院制定检察人员、法院工作人员道德规范、纪律处分条例起到了价值引领和实践指引作用，这是我国当代司法官职业伦理特有的、与我国司法制度类型及法治紧密相连的默认性存在。通常情况下，主要是党纪的修订会带来检察院、法院道德规范及处分条例的修改。十八大以来，由于从严治党的需要，为维护党的领导权，颁布和实施了一系列党规党纪，目前这些党规党纪还没有带来司法机关纪律处分条例的大幅度修改，主要原因是，司法改革中检察人员和法院工作人员正在进行员额制改革，对于进入员额制的检察官、法官的办案权力划分及其对应司法责任的认定，还需要一个过程。

第二，在党纪及公务员纪律之下，司法官职业伦理具有独特个性。目前，党纪对于作为党员角色的司法官没有特殊规定。《公务员法》考虑到作为公务员的司法官独特属性，规定对于法官、检察官等的义务、权利和管理另有规定的，从其规定。十八大以来，强调要尊重司法规律发挥司法官主体性，建立了法官、检察官惩戒制度。这一制度对于司法官惩戒，相对行政公务员而言具有更为严格的要求。虽然这一制度还不够完善，难以比肩两大法系国家，但这仍是司法官职业伦理发展的方向。在这里，司法官职业伦理惩戒上严格的要求，反过来会对党纪处分司法官产生直接影响。从发展而言，按照党纪处分司法官将会更加慎重，从实体和程序上都会达到与司法官职业伦理惩戒制度相当的标准。因此，党纪及公务员纪律之下，尤其是在惩戒上，应该更加严格，以不危及司法官主体性为限。

（2）司法官职业伦理模式

我国的司法官职业伦理模式必须是也应该是符合司法官职业属性，以"责任与独立"的基本统一为追求的职业伦理模式，这个与两大法系国家并没有区别。在具体侧重上，我国的司法制度类型及法治条件，更有利于借鉴大陆法系国家的司法官职业伦理模式，也就是由司法官"奉献与服从"职业伦理模式向"司法责任型"职业伦理模式发展。究而言之，司法官职业伦理模式的我国展望，其核心趋势就是由行政性向司法性、由封闭性向开放性的发展。

第一，司法官职业伦理观展望。对于司法官职业伦理观，可以从理论和实践两个层面分别来看。首先，从理论上看，司法价值观应该是法治观及司法观的具体化及发展。所有关于忠诚、服务、公正、独立、廉洁、尊严、能力、勤奋等司法官职业伦理观，都应该是以法治理念上"限制公权"及司法上的"中立性和裁判性"为内核的职业伦理观。在我国，司法官职业伦理观上的党性，对党忠诚、无私奉献等内容，也不应例外。我国当代司法官职业伦理观中党性的存在，其本身是区别于两大法系国家的独特存在，需要明确的是它只是推进和实现法治的手段，绝非目的。其次，从实践来看，我国当代司法官职业伦理观具有的崇高意义，已经渗透到司法官职业伦理各个方面，亟须设定一定边界。这里主要包括两个方面内容，其一，党的理念指引下的司法职业伦理观，在实践中要求司法官无私奉献和无条件执行，这是传统的行政理念的产物，不符合法治理念和司法属性要求。在司法职业伦理观中体现司法属性，这是必需的发展方向。同时，由于我国蕴含于极端的科层型政策执行程序中的司法官职业角色定位正在发生转化，为了避免职业伦理观上的自言自语，必须采纳来自社会领域的评价，这就促使司法官职业伦理观的评价由封闭走向相对开放的状态。其二，司法官职业伦理观，只是理念也应该回归理念，不应该成为实践评判标准，尤其在我国当代司法官职业伦理规范本已事无巨细、"包罗万象"的情况下。很显然，如果司法职业伦理观既是观念又是标准，只会导致其本身走向虚无，或者导致选择性惩戒司法官，这是不利于保障司法官的主体性和公正司法的。

第二，司法官职业伦理规范展望。首先，建立党员与公务员角色伦理规范同司法官专门职业伦理规范的衔接机制。一是在党员与公务员角色伦理规范修改后，司法官专门职业伦理规范应该及时修订，这种修订不应纳入可能侵犯司法官主体性的条款；二是党纪处分与司法官专门惩戒应该建立协调机制，并细化规定，防止出现党纪处分标准与司法官专门惩戒标准不一致、党纪代替专门惩戒及刑事责任等问题。其次，司法责任担当应该注意改革顺序。我国沿着大陆法系国家"司法责任型"路径发展，而不是英美法系国家的"司法独立型"路径，在制定司法官职业伦理规范时，必须是先有清晰的司法权力分配，后有责任担当；如果次序反了，司法官将畏首畏尾或者不作为，司法责任担当也没有办法推进。十八大以来，司法改革中检察院提出"谁办案谁负责、谁决定谁负责"，法院是"让审理者裁判、由审判者负责"，两者的思路仍处于探索和落实阶段，关键就在于检察长与检察官，法院院长与法官的办案权力分配问题，其中还有一个问题就是国家监察委的成立，权力与责任必须相当，过大的责任，可能会导致检察官或者法官放弃权力；过小的责任，授权过多又可能导致权力滥用。只有权力明确了，责任也就有的放矢，才可能协调两者，保持相对平衡。

第三，司法官职业惩戒制度展望。这里，主要是司法官职业伦理纪律惩戒的两个方面，也即非正式纪律惩戒（也是司法职务监督）和正式纪律惩戒的推进问题。总体来看，非正式纪律惩戒（也是司法职务监督）保持一定的行政性色彩，这里类似于大陆法系国家；正式纪律惩戒则应以司法化、类似于刑事程序的方式予以规范。首先，非正式纪律惩戒给予其行政性地位，但是不能任意化和侵犯正式纪律惩戒的疆域。以作为非正式纪律惩戒主要方式的业绩考评为例，考评主体适格，考评标准的客观性，考评程序的实质化，考评结果的运用及救济等方面都是要求标准化，而不可以由上级领导随意评定，尤其是业绩考评结果主要作为晋升和奖金发放的依据。对于严重的、多次的不合格虽然可以作为行政处分的依据，但是绝不可以作为"辞退"的依据，因为严重的惩戒措施只属于正式纪律惩戒，非正式纪律惩戒不应逾越。其次，正式纪律惩戒措施向司法化、类似于刑事程序的方向发展。在这里要求，弱化正式纪律惩戒的行政性，尊重司法官的司法属性，保持一定的开放性。其一，惩戒主体走向开放。十八大以来，虽然成立了检察官、法官惩戒委员会，惩戒委员会的组成由检察院、法院内部监督向法学专家、律师等社会公众开放，但是提起惩戒的权力仍然属于检察长、法院院长。检察长、法院院长拥有这一决定入口的职权，决定了惩戒委员会的组成人员的开放是不够的。因此，惩戒的提起权交给公众，并由惩戒委员会对提起原因进行审查，有利于进一步打破惩戒的内部性，可以作为对检察官、法官进行监督的另一开放举措。其二，惩戒事由轻微化。十八大以来，依据党纪和公务员纪律规范以及司法官专门职业伦理规范，惩戒事由覆盖非常广，甚至可以说全覆盖，但是，具体发挥实际效用的是规定司法官责任的几类重点情形，对于"不当行为"规定，只注重结果，不关注行为本身。因此，为了取得公众对司法官的信任和维护司法权威，惩戒事由更加关注"不当行为"本身将具有积极意义。其三，惩戒程序的正当化。十八大以来，尽管初步建立了检察官、法官惩戒制度，惩戒程序更加复杂，但是并没有从根本上动摇原有制度，行政性仍然占主导地位，本院检察长、法院院长对检察官、法官的惩戒依然具有控制力。因此，建立类似刑事诉讼的纪律程序，同时，结合惩戒提请权向公众开放，不仅可以最大限度地避免不公平惩戒司法官，还可以防止检察长、法院院长出于自身利益考虑放弃对违法违纪司法官提起惩戒。其四，惩戒措施的司法化。惩戒措施必须考虑到检察官、法官行使职权时以个体的司法权威为前提。如果对司法官的惩戒采取与其他行政机关公务员一致的措施，则容易使检察官、法官失去个体权威，也意味着当事人难以信服以及诉讼活动难以开展。因此，制定新的惩戒措施，使其符合司法属性，就是要避免出现检察官、法官接受惩戒处分的同时还在裁判案件，其裁判结果难以获得当事人认可的情况发生。

结　语

"中国道路"下的有益尝试

　　笔者采取"社科法学"的进路研究司法官职业伦理问题，不仅在于其创新性，而且有助于全面、深入认识司法官职业伦理，推进我国新时代司法官职业伦理的发展实践。同时，它还是一次"中国道路"下的有益尝试。迄今为止，中国道路的成功在于"一边坚决拒绝外来干预，一边主动地向世界上所有的先进经验学习，坚定不移地根据本国的国情，提出自己的经济体制改革乃至政治体制改革的方案，坚持根据自己的特点来决定自己的制度，从而使世界上出现了非西方的发展成功经验"①。在全球化的背景下，探讨中国道路，既要有"中国眼光"，也要有"世界视野"。"因为任何本土问题同时也是世界问题，任何世界问题同时也是本土问题。"② 基于"中国道路"范式的比较分析，司法制度及法治没有唯一模式，它既具有普遍性，又具有发展特殊性，既有西方两大法系国家的司法制度类型及法治模式，也有中国的司法制度类型及法治模式。中国的司法制度类型及法治发展模式在最大公约数意义上与西方两大法系国家具有普遍性，同时又丰富了特殊性模式的多样性。据此，在我国当代司法改革及法治建设进程中，司法官职业伦理的改革创新，必须借鉴和吸纳两大法系国家并为我国所认可的符合法治发展的普遍规律，重点是具有相似性的大陆法系国家成功经验，立足中

---

　　① 周弘：《全球化背景下"中国道路"的世界意义》，《中国社会科学》2009 年第 5 期，第 44 页。其中对于政治改革的论述，转引自邓小平《关于政治体制改革问题》（1986 年 9 月 29 日），载《邓小平文选》第 3 卷，人民出版社 1993 年版，第 178 页。

　　② 吴海江：《中国道路的世界意义及其话语体系构建》，《北大马克思主义研究》2015 年总第 4 辑，第 159 页。

国特色社会主义司法制度类型及法治，明确司法官职业角色定位，大力推进司法官职业伦理模式的发展。具体而言，两个方面的认识尤为重要，一是司法官职业伦理的普遍性和特殊性。它以司法官"责任和独立"为核心，追求两者的基本统一，同时在借鉴上有所侧重。在我国，就是在立场上要立足"责任"，在发展上要强调具有相对"独立"意义的主体性。二是我国当代司法官职业伦理的特殊性，即充分考虑党对司法机关的领导以及党纪对司法官职业伦理的主导和引领作用。

总而言之，研究司法官职业伦理，本书既采取了"社科法学"的研究进路，又可以视为"中国道路"下的有益尝试，唯深感自身学识浅陋，恐贻笑于方家，但聊胜于无，若一得之见引起各方探讨，则幸甚。

参考文献

一 中文文献

(一) 专著类

1. 陈长文、罗智强：《法律人，你为什么不争气？——法律伦理与理想的重建》，法律出版社 2007 年版。

2. 陈光中主编：《刑事诉讼法》，北京大学出版社、高等教育出版社 2014 年版。

3. 陈宜、李本森主编：《律师职业行为规则论》，北京大学出版社 2006 年版。

4. 党江舟：《中国讼师文化——古代律师现象解读》，北京大学出版社 2005 年版。

5. 《邓小平文选》第 3 卷，人民出版社 1993 年版。

6. 樊崇义教授 70 华诞庆贺文集编辑组：《刑事诉讼法哲理探索》，中国人民公安大学出版社 2010 年版。

7. 何家弘：《外国刑事司法制度》，中国人民大学出版社 2006 年版。

8. 何家弘主编：《检察制度比较研究》，中国检察出版社 2008 年版。

9. 怀效锋主编：《法官行为与职业伦理》，法律出版社 2006 年版。

10. 怀效锋主编：《法院与法官》，法律出版社 2006 年版。

11. 怀效锋主编：《司法惩戒与保障》，法律出版社 2003 年版。

12. 季卫东：《法治秩序的建构》，中国政法大学出版社 1999

年版。

13. 姜世明：《法律伦理学》，台湾：元照出版公司 2010 年版。

14. 姜世明：《举证责任与真实义务》，台湾：新学林出版股份有限公司 2006 年版。

15. 金邦贵主编：《法国司法制度》，法律出版社 2008 年版。

16. 黎敏：《西方检察制度史研究——历史缘起与类型化差异》，清华大学出版社 2010 年版。

17. 李建华等：《法律伦理学》，湖南人民出版社 2006 年版。

18. 李学尧：《法律职业主义》，中国政法大学出版社 2007 年版。

19. 林钰雄：《检察官论》，法律出版社 2008 年版。

20. 刘思达：《失落的城邦》，北京大学出版社 2008 年版。

21. 刘小吾：《走向职业共同体的中国法律人——徘徊在商人、牧师和官僚政客之间》，法律出版社 2010 年版。

22. 卢学英：《法律职业共同体引论》，法律出版社 2010 年版。

23. 罗国杰等：《德治新论》，研究出版社 2002 年版。

24. 齐树洁主编：《美国司法制度》，厦门大学出版社 2010 年版。

25. 齐树洁主编：《英国司法制度》，厦门大学出版社 2007 年版。

26. 全亮：《法官惩戒制度比较研究》，法律出版社 2011 年版。

27. 任喜荣：《刑官的世界：中国法律人职业化的历史透视》，法律出版社 2007 年版。

28. 邵建东主编：《德国司法制度》，厦门大学出版社 2010 年版。

29. 石文龙：《法伦理学》，中国法制出版社 2006 年版。

30. 宋冰编：《程序、正义与现代化——外国法学家在华演讲录》，中国政法大学出版社 1998 年版。

31. 宋希仁主编：《社会伦理学》，山西教育出版社 2007 年版。

32. 宋英辉等：《外国刑事诉讼法》，法律出版社 2006 年版。

33. 孙谦：《检察：理念、制度与改革》，法律出版社 2004 年版。

34. 孙谦主编：《检察理论研究综述（1999—2009）》，中国检察出版社 2009 年版。

35. 孙笑侠等：《法律人之治》，中国政法大学出版社 2005 年版。

36. 台北律师公会主编：《法律伦理》，台湾：五南图书出版股份有限公司 2012 年版。

37．台湾东吴大学法学院主编：《法律伦理学》，台湾：新学林出版股份有限公司 2009 年版。

38．台湾"法务部"司法官训练所编印：《司法伦理》，2006 年。

39．唐凯麟：《伦理学》，高等教育出版社 2001 年版。

40．田秀云等：《角色伦理——构建和谐社会的伦理基础》，人民出版社 2014 年版。

41．王公义主编：《中外司法体制比较研究》，法律出版社 2013 年版。

42．王惠光等：《法律伦理核心价值探讨》，台湾：新学林出版股份有限公司 2007 年版。

43．王戬：《不同权力结构模式下的检察权研究》，法律出版社 2011 年版。

44．王进喜：《美国律师职业行为规则理论与实践》，中国人民公安大学出版社 2005 年版。

45．魏武：《法德检察制度》，中国检察出版社 2008 年版。

46．项退结编译：《西洋哲学大辞典》"社会伦理"条目，台湾编译馆 1978 年版。

47．徐静村主编：《21 世纪中国刑事程序改革研究》，法律出版社 2003 年版。

48．许身健主编：《法律职业伦理论丛》第 2 卷，知识产权出版社 2015 年版。

49．张千帆：《西方宪政体系》，中国政法大学出版社 2001 年版。

50．张文显：《法的概念》，法律出版社 2011 年版。

51．张文显：《法治与法治国家》，法律出版社 2011 年版。

52．张文显：《司法理念与司法改革》，法律出版社 2011 年版。

53．张文显、信春鹰、孙谦主编：《法律职业共同体研究》，法律出版社 2003 年版。

54．赵震江主编：《法律社会学》，北京大学出版社 1998 年版。

55．中国政法大学刑事法律研究中心组织编译：《英国刑事诉讼法》（选编），中国政法大学出版社 2001 年版。

56. 最高人民法院司法改革小组编：《美英德法四国司法制度概况》，韩苏琳编译，人民法院出版社 2002 年版。

（二）译著类

1.《德国刑事诉讼法》，宗玉琨译，知识产权出版社 2013 年版。

2. ［德］罗伯特·霍恩：《德国民商法导论》，楚建译，中国大百科全书出版社 1996 年版。

3. ［法］爱弥尔·涂尔干：《职业伦理与公民道德》，渠东、付德根译，上海人民出版社 2006 年版。

4. ［法］贝尔纳·布洛克：《法国刑事诉讼法》，罗结珍译，中国政法大学出版社 2009 年版。

5. ［法］孟德斯鸠：《论法的精神》上册，张雁深译，商务印书馆 1961 年版。

6. ［美］艾伦·德肖微茨：《最好的辩护》，唐交东译，法律出版社 1994 年版。

7. ［美］艾伦·德肖维茨：《致年轻律师的信》，单波译，法律出版社 2009 年版。

8. ［美］安索尼·T. 克罗曼：《迷失的律师：法律职业理想的衰落》，田凤常译，法律出版社 2010 年版。

9. ［美］布莱恩·甘迈迪：《美国法律伦理》，郭乃嘉译，台北：商周出版 2005 年版。

10. ［美］德博拉·L. 罗德：《为了司法/正义：法律职业改革》，张群、温珍奎、丁见民译，中国政法大学出版社 2009 年版。

11.《美国律师协会职业行为示范规则（2004）》，王进喜译，中国人民公安大学出版社 2005 年版。

12. ［美］赫恩等：《英国律师制度和律师法》，陈庚生等译，中国政法大学出版社 1992 年版。

13. ［美］赫尔德等：《律师之道》，袁岳译，中国政法大学出版社 1992 年版。

14. ［美］罗伯特·N. 威尔金：《法律职业的精神》，王俊峰译，北京大学出版社 2013 年版。

15．［美］罗伯特·戈登：《律师独立论——律师独立于当事人》，周潞嘉等译，中国政法大学出版社 1992 年版。

16．［美］罗斯科·庞德：《通过法律的社会控制》，沈宗灵译，商务印书馆 2010 年版。

17．［美］米尔伊安·R. 达玛什卡：《司法和国家权力的多种面孔——比较法视野中的法律程序》，郑戈译，中国政法大学出版社 2004 年版。

18．［日］森际康友编：《司法伦理》，于晓琪、沈军译，商务印书馆 2010 年版。

19．《外国反腐败法译丛·美国政府道德法、1989 年道德改革法、行政部门雇员道德行为准则》，蒋娜、张永久、邵丽坤、朱圳、马帅译，中国方正出版社 2013 年版。

20．《外国反腐败法译丛之"德国联邦公务员法、德国联邦公务员惩戒法"》，徐久生译，中国方正出版社 2014 年版。

（三）论文类

1．陈光中：《比较法视野下的中国特色司法独立原则》，《比较法研究》2013 年第 2 期。

2．陈洪涛：《大陆法系与英美法系法官素质之考察——以英法两国为例》，《中国政法大学学报》2008 年第 4 期。

3．陈瑞华：《法学研究方法的若干反思》，《中外法学》2015 年第 1 期。

4．陈瑞仁：《美国检察官伦理简介》，服务机关：台湾新竹地方法院检察署。

5．程味秋：《两大法系刑事诉讼模式之比较》，《比较法研究》1997 年第 2 期。

6．单民、董坤：《检察官职业伦理比较研究》，《中国司法》2013 年第 9 期。

7．范愉：《当代中国法律职业化路径选择——一个比较法社会学的研究》，《北方法学》2007 年第 2 期。

8. 葛晨虹：《罗国杰德治理论及其新德性主义伦理学》，《道德与文明》2015 年第 4 期。

9. 韩大元、于文豪：《法院、检察院和公安机关的宪法关系》，《法学研究》2011 年第 3 期。

10. 何怀宏：《底线伦理的概念、含义与方法》，《道德与文明》2010 年第 1 期。

11. 金泽刚：《司法改革背景下的司法责任制》，《东方法学》2015 年第 6 期。

12. 黎敏：《比较刑事司法程序的一个绝好读本——读〈司法和国家权力的多种面孔：比较视野中的法律程序〉》，载苏力主编《法律书评》第 3 辑，法律出版社 2005 年版。

13. 李军、陈淑萍：《中外法官职业伦理比较》，《内蒙古民族大学学报》（社会科学版）2013 年第 3 期。

14. 林丽莹：《试论司法官的伦理规范体系》，最高人民检察院台湾事务办公室的材料汇编，2011 年。

15. 刘俊生：《公务员惩戒权设定：五国经验及其解释》，《南京社会科学》2007 年第 5 期。

16. 龙宗智：《论司法改革中的相对合理主义》，《中国社会科学》1999 年第 2 期。

17. 钱福臣：《宪政基因概论——英美宪政生成路径的启示》，《法学研究》2002 年第 5 期。

18. 施鹏鹏：《不日而亡？——以法国预审法官的权力变迁为主线》，《中国刑事法杂志》2012 年第 7 期。

19. 施鹏鹏：《为职权主义辩护》，《中国法学》2014 年第 2 期。

20. 史彤彪：《批判与超越——大革命时期法国人对英美宪政的认识》，《成人高教学刊》2004 年第 2 期。

21. 孙谦：《维护司法的公平和正义是检察官的基本追求——〈检察官论〉评介（一）》，《人民检察》2014 年第 7 期。

22. 孙琴、刘俊：《法国司法官考评制度及其适用》，《人民检察》2013 年第 7 期。

23. 陶珂宝：《日本和法国的法官惩戒制度简介》，《法律适用》

2003 年第 9 期。

24. 田秀云：《角色伦理的理论维度和实践基础》，《道德与文明》2012 年第 4 期。

25. 王恩海：《各国冤案预防与救济》，《检察风云》2014 年第 1 期。

26. 王恒、常士闾：《宪制下的权力平衡〈基本法〉与德国民主的巩固》，《云南行政学院学报》2013 年第 6 期。

27. 王守安：《司法官职务序列改革的体制突破与司法价值》，《当代法学》2014 年第 1 期。

28. 王欣、黄永茂：《国外检察官考核考评制度之比较及启示》，《江苏大学学报》（社会科学版）2013 年第 2 期。

29. 王雅琴：《德国“法治国”的理论与实践》，《太原大学学报》2014 年第 4 期。

30. 吴海江：《中国道路的世界意义及其话语体系构建》，《北大马克思主义研究》2015 年第 00 期。

31. 项焱：《议会主权原则下的英国司法审查——以 2005 年〈宪法改革法〉为视角》，《求是学刊》2010 年第 6 期。

32. 闫召华：《公诉不端：美国的实践及其启示——基于判例与规则的双重分析》，《中国刑事法杂志》2010 年第 7 期。

33. 姚建宗：《国家统一司法考试与我国司法官遴选：基本认识与框架设计思路》，《法制与社会发展》2002 年第 2 期。

34. ［英］马塞尔·柏宁斯、克莱尔·戴尔：《英国的法官》，《现代法学》1997 年第 2 期。

35. 张建军：《我国司法官遴选制度的建构》，《国家检察官学院学报》2005 年第 5 期。

36. 赵峰、秦岭：《公务员重大过错行政侵权赔偿责任研究》，《江苏警官学院学报》2004 年第 4 期。

37. 郑先红、徐前、凌瑾：《英国司法制度概述及启示》，《中国司法》2011 年第 12 期。

38. 周弘：《全球化背景下“中国道路”的世界意义》，《中国社会科学》2009 年第 5 期。

39. 周宗良：《中国司法转型的实然、应然与路径———从达玛什卡的司法类型学出发》，载《厦门大学法律评论》第 12 辑，厦门大学出版社 2006 年版。

40. 朱景文：《论法治评估的类型化》，《中国社会科学》2015年第 7 期。

41. 朱孝清：《中国检察制度的几个问题》，《中国法学》2007年第 2 期。

二　外文文献

1. Bundesbeamtengesetz《德国联邦公务员法》（2009 年 2 月 5日），参见 https：// www. gesetze-im-internet. de/bbg_ 2009/。

2. Miller P. F. and Coady, W. T. , "Vocational Ethics：Toward the Development of an Enabling Work Ethic. Springfield：Illinois Department of Adult, Vocational and Technical Education", *ERIC Document Reproduction Service*, No. ED088 062, 1986.

3. Ordonnance n° 58 – 1270 du 22 décembre 1958 portant loi organique relative au statut de la magistrature. 《关于司法官地位之组织法之 1958 年 12 月 22 日第 58 – 1270 号条例》（截至 2016 年 5 月版本），参见 https：//www. legifrance. gouv. fr/。

4. The Code for Crown Prosecutors《英国皇家检察官守则》，参见英国皇家检察署网站 http：//www. cps. gov. uk/publications/ code_ for_ crown_ prosecutors/。

三　学位论文

1. 贺绍奇：《论法官的职业伦理》，博士学位论文，中国社会科学院，2001 年。

2. 卢少锋：《底线伦理：刑事职业伦理共识研究——控辩审的

视角》，博士学位论文，中国人民大学，2011 年。

3．聂施恒：《美国检察制度研究》，博士学位论文，吉林大学，2011 年。

4．孙曼如：《英国公务员道德立法及借鉴研究》，硕士学位论文，上海师范大学，2012 年。

5．王淑荣：《论法官职业伦理——一种法官职业化视角的研究》，博士学位论文，吉林大学，2007 年。

6．王永：《我国检察官职业伦理规范研究》，博士学位论文，山东大学，2012 年。

7．张海辉：《现代化视域下的当代中国职业道德研究》，博士学位论文，华东师范大学，2010 年。

四　电子文献

1．［法］阿·玛蒂娜：《自 2007 年以来法国司法改革的总结与展望》，赵永升译，2017 年 2 月 16 日，《法国司法前沿专号》（http：//ies. cass. cn/Article/tszl/flyj/201403/8156. asp）。

2．《赴英预防腐败体系建设培训体会》，上海世博土地储备中心监察审计室（http：//www. expoland. org/party/detail. aspx？ classId = 72339069014638592&Id = 47）。

3．葛峰：《监督法官要有技术含量》，2017 年 2 月 27 日，南方周末（http：//www. infzm. com/content/107525）。

4．《光明日报：反腐败是一场输不起的斗争》，2016 年 4 月 17 日，人民网（http：//theory. people. com. cn/n/2015/0822/c405 31 – 27500700. html）。

5．《皇家检察署纪律政策》，2017 年 2 月 25 日，英国皇家检察署网站（http：//www. legalservicesboard. org. uk/what_ we_ do/regulation/pdf/annex18_ disciplinary_ policy. pdf）。

6．《回顾：习近平总书记在中央纪委历次全会上的重要讲话》，2016 年 4 月 17 日，新华网（http：//news. xinhuanet. com/politics/

2016 – 01/12/c_ 128620810. htm）。

7. 蒋惠岭、杨奕：《英国是如何选聘法官的?》，2016 年 10 月 22 日，围一桌 · 中国最有影响的 HR 分享平台（http：//www. wewehr. com/news/803/）。

8. 施鹏鹏、谢鹏程：《法国有一套严格的司法官惩戒程序》，检察日报社多媒体数字报刊平台（http：//newspaper. jcrb. com/html/2015 – 01/20/content_ 177341. htm）。

9. 台湾地区《"从德国法官法论我国法官职务法庭建置规划"研究计划报告书》，委托机关："司法院"行政诉讼及惩戒厅，受托机关：台湾政治大学，计划主持人：詹镇荣副教授，协同主持人：吴绮云博士，第 48 页，2017 年 2 月 23 日，台湾地区"司法部"网址（http：//www. judicial. gov. tw/work/work14/"从德国法官法论我国法官职务法庭建置规划". pdf）。

10. 台湾地区"考试院"委托台北大学研究案：《德国文官制度之研究》，第 8—10 页，2017 年 3 月 7 日，台湾"考试院"网址（http：//history. exam. gov. tw/cp. asp? xItem = 6456&ctNode = 594& mp = 1）。

11. 王岐山：《坚持高标准 守住底线 推进全面从严治党制度创新》，2016 年 7 月 19 日，人民日报（http：//news. sina. com. cn/c/2015 – 10 – 23/doc – ifxizetf7982562. shtml）。

12. 《王岐山在中央纪委四次全会上发表讲话（全文)》，2016 年 4 月 17·日，中新网（http：//www. chinanews. com/gn/2014/ 10 – 25/6716945. shtml）。

13. 《习近平在十八届中央纪委二次全会上发表重要讲话》，新华网（http：//news. xinhuanet. com/politics/2013 – 01/22/c_ 114461056. htm）。

14. 徐盈雁：《职业道德流淌在每名检察官的血液里——最高检政治部负责人就检察官职业道德基本准则答问》，2016 年 12 月 6 日，正义网（http：//news. jcrb. com/jxsw/201612/t20161206_ 1690930. html）。

15. 《中共中央印发〈中国共产党问责条例〉》，2016 年 7 月 19

日，新华网（http：//news. xinhuanet. com/politics/2016 – 07/17/c_ 1119232150. htm）。

16. 周强：《党的各级组织和领导干部必须在宪法法律范围内活动》，2017 年 1 月 18 日，人民网（http：//cpc. people. com. cn/n1/ 2016/1122/c64094 – 28885532. html）。

17. 周强：《深化审判管理改革促进司法为民公正司法——中华人民共和国最高人民法院》，2016 年 12 月 8 日，最高人民法院网（http：//www. court. gov. cn/zixun-xiangqing – 32371. html）。

18. 周强：《深入推进法院党风廉政建设和反腐败斗争——中华人民共和国最高人民法院》，2016 年 1 月 8 日，最高人民法院网（http：//www. court. gov. cn/zixun-xiangqing – 16507. html）。

19. 周强：《深入学习贯彻党的十八届六中全会精神　始终坚持从严治党从严治院——中华人民共和国最高人民法院》，2016 年 12 月 8 日，人民法院报（http：//www. court. gov. cn/zixun-xiangqing – 32311. html）。

致　谢

　　本书付梓之时，新时代奋斗的号角已经吹响。瞭望新征程，我踌躇满志。尽管因为学识浅陋还留下不少缺憾，但本书仍是以新的学术视野、在"中国道路"下的小小而又有益的尝试。显然，本书不单属于天资驽钝、执着于此的我个人，还属于帮助过我的大家，它实在承载着太多人的殷切期望、鼎力支持与无私帮助。感谢你们！

　　感谢孙谦教授，您尽管使命在肩政务繁忙，同时学术研究任务繁重，但是您一直以来对我谆谆教诲、悉心指导，使我在人生境界和学识素养上有了长足的提高和进步。在与老师您的交流中，我深切感受到您为人襟怀坦荡、待人谦和有礼以及处世果断有力，这都使我发自内心地敬仰并引以为楷模。希望本书的出版能够给您一个稍微满意的答复而不致太过于失望。

　　感谢吴振兴教授，在深圳这个远离吉林大学浓厚学术氛围的地方，能够得到老师您的全面指导和悉心指点，实乃人生幸事，老师不仅在我写作本书过程中，而且在学术作风的养成上都使我受益终生。感谢吉林大学法学院李洁教授、张旭教授、闵春雷教授、徐岱教授等诸位老师的教诲和帮助，你们的关心厚爱我都会铭记于心。感谢王志远教授，您在本书撰写过程中的精心指导和全力帮助使我受益匪浅。感谢李立丰教授、李海滢教授、郑军男副教授、谢登科副教授、刘雄伟副教授、刘雪斌副教授，你们在本书成形过程中的帮助和平日的交流指导，使我收获良多。

　　感谢陈济鹏教授，在中国刑事警察学院求学期间，您严谨的治学态度和实事求是的学术作风，深刻影响着我的言谈举止，指引着我的人生航向；您始终将我树立为师弟师妹们的学习榜样，尽管愧不敢当，却时刻激励着我勉力奋进、砥砺前行，唯恐稍有懈怠，辜负所望；您的学术旨趣和学术期望，为我确定跨学科研究方向打下了最初的理论根基。感谢尚武教授，您先后多次安排我参与具有全国性影响大案、要案的侦破工作，珍贵的一线侦查实战经历使我得以迅速提高自身业务素养。感谢初敏教授，在淮安期间，您在侦查实务上对我的精心指导、生活上的关怀备至，至今难忘。

感谢我的大师兄吴飞飞，师姐蔡巍，师兄卢希起、陈庆安、白云飞，师弟吴宪国以及其他同门的热情帮助，你们的支持和鼓励增添了我完成本书的决心和勇气。感谢师兄范德繁、师弟郑军福，你们的鞭策和督促推动我不断前行。感谢师姐王青，经历过系统学术训练的您，曾经的批评指正，极大促进了我文风的形成。感谢我的同学王祖书、谢忠锋、高玥、李国莉、李健、唐世奇、李佳欣、王静、肖楠、王瑀、王弘宁、曲晟、孙琴、刘佩、林滨渤以及其他同窗，曾经和你们一起度过的博士求学时光是我人生最精彩的回忆。

感谢深圳市公安局的各位领导、同事，本书的完成离不开你们在工作、生活上对我的大力支持和有力帮助。感谢深圳市社会科学院的各位领导、中国社会科学出版社的各位编辑，你们为出版本书尽心竭力，非常感谢！

这里还要特别感谢贤妻叶迎珠女士，没有你的全力支持和无私付出，完成本书是不可想象的。感谢我的父亲廖传华、母亲吕细福以及其他亲人，从儿时至今你们始终是我的坚强后盾，恩情难忘。还有我的儿子廖正朴，你出生至今，完整经历和见证了我的写作过程，谢谢你给我带来的欢乐；同时，希望我在学术研究上的坚持和为人处世上的真诚能够对你有所启示。

最后，再次感谢帮助过我的所有人，祝你们年年幸福、欢乐常伴！

廖大刚于深圳盐田东海道 429 号静室

2018 年 3 月 20 日